Lógica de programação e estruturas de dados

2ª edição

Sandra Puga   Gerson Rissetti

Lógica de programação e estruturas de dados

com aplicações em Java

2ª edição

PEARSON

© 2009, 2004 Sandra Puga & Gerson Rissetti

Todos os direitos reservados. Nenhuma parte desta publicação poderá ser reproduzida ou transmitida de qualquer modo ou por qualquer outro meio, eletrônico ou mecânico, incluindo fotocópia, gravação ou qualquer outro tipo de sistema de armazenamento e transmissão de informação, sem prévia autorização, por escrito, por escrito, da Pearson Education do Brasil.

Diretor editorial: Roger Trimer
Gerente editorial: Sabrina Cairo
Supervisor de produção editorial: Marcelo Françozo
Editora sênior: Tatiana Pavanelli Valsi
Editora: Gabriela Trevisan
Preparação: Carla Montagner
Revisão: Renata Assunção e Renata Del Nero
Capa: Rafael Mazzo
Ilustrações: Eduardo Borges
Projeto gráfico: Jordana Chaves/Casa de Idéias
Produção gráfica e diagramação: Lucas Godoy/Casa de Idéias

Dados Internacionais de Catalogação na Publicação (CIP)
(Câmara Brasileira do Livro, SP, Brasil)

Puga, Sandra
  Lógica de programação e estruturas de dados, com aplicações em Java / Sandra Puga, Gerson Rissetti. – 2. ed. – São Paulo : Pearson Prentice Hall, 2009.

  ISBN 978-85-7605-207-4

  1. Dados - Estruturas (Ciência da computação) 2. Java (Linguagem de programação para computador) 3. Lógica I. Risseti, Gerson. II. Título.

8-10777   CDD-005.1

Índice para catálogo sistemático:

1. 1. Lógica estruturada : Computadores : Processamento de dados   005.1

5ª reimpressão – Outubro 2014
Direitos exclusivos para a língua portuguesa cedidos à
Pearson Education do Brasil Ltda.,
uma empresa do grupo Pearson Education
Rua Nelson Francisco, 26
CEP 02712-100 – São Paulo – SP – Brasil
Fone: 11 2178-8686 – Fax: 11 2178-8688
vendas@pearson.com

*Dedico este trabalho a meus filhos
Pedro e Lucas, a meu esposo Ricardo e a
Antônia, minha mãe.*

Sandra Puga

*Agradeço a meus pais, que, com ética,
dedicação e perseverança, souberam guiar-
me na escolha do melhor caminho.*

Gerson Rissetti

Sumário

Apresentação XI
Prefácio XIII

Capítulo 1 – Introdução à lógica 1
    1.1 O uso do raciocínio lógico no dia-a-dia 2
    1.2 O uso da lógica aplicada à informática 2
    1.3 Exercícios para fixação 4
    1.4 Exercícios complementares 5

Capítulo 2 – Introdução aos algoritmos 9
    2.1 Algoritmos aplicados à solução de problemas computacionais 11
    2.2 Tipos de algoritmos 11
    2.3 Pseudocódigo 11
    2.4 Fluxograma 13
    2.5 Exercícios para fixação 14
    2.6 Exercícios complementares 16

Capítulo 3 – Conceitos de programação 19
    3.1 Introdução à programação 20
    3.2 Tipos de linguagens de programação 22
    3.3 Conceitos sobre a programação orientada a objetos 25
    3.4 Escrevendo programas em Java 31
    3.5 Exercícios para fixação 33
    3.6 Exercícios complementares 34

Capítulo 4 – Conceitos básicos sobre algoritmos 35
    4.1 Tipos de dados 36
    4.2 Variáveis 38
    4.3 Constantes 39
    4.4 Operadores 39
    4.5 Exercícios para fixação 45
    4.6 Exercícios complementares 46

Capítulo 5 – Construção de algoritmos: estruturas de controle 49
   5.1 Entrada 49
   5.2 Saída 50
   5.3 Estruturas de seleção ou decisão 56
   5.4 Estruturas de seleção simples 56
   5.5 Estruturas de seleção compostas 58
   5.6 Estruturas de seleção encadeadas 61
   5.7 Estruturas de seleção de múltipla escolha 65
   5.8 Estruturas de repetição 69
   5.9 Exercícios para fixação 78

Capítulo 6 – Estruturas de dados estáticas 83
   6.1 Estruturas indexadas – vetor (*array*) 84
   6.2 Conceito de matrizes 100
   6.3 Exercícios para fixação 107
   6.4 Exercícios complementares 109

Capítulo 7 – Procedimentos e funções 111
   7.1 Procedimentos 111
   7.2 Escopo de variáveis 121
   7.3 Funções 122
   7.4 Parâmetros 127
   7.5 Exercícios para fixação 131
   7.6 Exercícios complementares 131

Capítulo 8 – Busca e ordenação 133
   8.1 Ordenação 133
   8.2 Busca 144
   8.3 Exercícios para fixação 154
   8.4 Exercícios complementares 155

Capítulo 9 – Acesso a arquivos 157
   9.1 O que é um arquivo? 157
   9.2 Arquivo-texto 158
   9.3 Tipos de arquivo quanto às formas de acesso 159
   9.4 Operações de manipulação de arquivos 160
   9.5 Exercícios para fixação 195
   9.6 Exercícios complementares 195

Capítulo 10 – Estruturas de dados dinâmicas 197
    10.1 Listas.. 198

    10.2 Listas de encadeamento simples... 202

    10.3 Listas duplamente encadeadas 214

    10.4 Filas 219

    10.5 Pilhas 226

    10.6 Árvores.. 232

    10.7 Exercícios para fixação 244

    10.8 Exercícios complementares... 246

Apêndice – Um pouco sobre o Java 249

Bibliografia 259

Índice remissivo 261

Sobre os autores 263

Apresentação

Algoritmos e lógica de programação são disciplinas indispensáveis para a área de informática, tanto no bacharelado quanto em cursos tecnológicos. Sua importância reside em desenvolver a lógica e o raciocínio do estudante, que, normalmente, sente dificuldade para elaborar e desenvolver algoritmos.

Os alunos devem entender que a lógica de programação não depende de linguagens como C, Pascal ou Java, mas sim de seu raciocínio e habilidade. As linguagens de programação são ferramentas que implementam a lógica no computador, bastando respeitar a sua gramática.

Lógica de programação e estruturas de dados oferece uma introdução gradual à lógica de programação e às técnicas de elaboração de algoritmos, deixando claro aos alunos a importância de organizar o raciocínio lógico antes da codificação em uma linguagem específica de programação.

A utilização da linguagem Java mostra-se fundamental como ferramenta de programação, confirmando suas características de robustez, portabilidade e facilidade de programação, também no meio acadêmico.

Já na 2ª edição, este livro vem sendo utilizado em instituições de ensino superior com muita aceitação tanto por parte do corpo docente quanto do discente.

Professor doutor Cao Ji Kan
Doutor em engenharia da computação
pela Universidade de São Paulo (USP)

Prefácio

Lógica de programação e estruturas de dados com aplicações em Java é um livro destinado a todos os interessados em programação de computadores, mas especialmente aos estudantes das áreas de computação e tecnologia da informação, ávidos pela aplicação da tecnologia e pela busca de respostas.

Procuramos sintetizar em um único livro os assuntos que julgamos essenciais e que contribuem para a formação de um bom programador: lógica de programação, estrutura de dados e aplicações em Java. Escolhemos a linguagem de programação Java para implementação dos algoritmos por dois motivos: a crescente demanda por profissionais especializados nessa linguagem e a necessidade de uma bibliografia específica, que mostrasse passo a passo o uso das técnicas de programação e estruturas de dados com Java.

A linguagem de programação Java é fundamentalmente orientada a objetos, considerada complexa e inviável para o nosso propósito. Contudo, seu uso vem crescendo nos cursos introdutórios de técnicas de programação, demonstrando essa quebra de paradigma. Nosso objetivo é utilizar de forma simples e eficiente alguns recursos da linguagem, necessários à codificação dos exemplos, sem nos preocuparmos com questões mais sofisticadas da orientação a objetos, que poderão ser desenvolvidas posteriormente.

Os conceitos aqui abordados podem ser adaptados às questões encontradas no dia-a-dia, inclusive com o uso de outras linguagens, uma vez que todos os exemplos são descritos em pseudocódigo e depois transcritos para Java. Deixamos de demonstrar o uso de uma ferramenta específica de programação, considerando que professores e alunos poderão escolher aquela com que mais estejam familiarizados.

No Capítulo 1 são abordados alguns conceitos da lógica como ciência pura, ainda sem a sua aplicação na computação. Mostramos que o uso da lógica faz parte de nosso cotidiano.

Algumas das aplicações dos algoritmos na resolução de diferentes tipos de problemas são mostradas no Capítulo 2. É apresentada uma breve introdução ao conceito de entrada, processamento e saída e, também, as formas de representação dos algoritmos, como pseudocódigos e fluxogramas.

O Capítulo 3 aborda de maneira bastante simplificada alguns dos paradigmas da programação, como a linear e a estruturada, tratando dos princípios da programação orientada a objetos, necessários para o entendimento das aplicações aqui desenvolvidas.

Posteriormente, no Capítulo 4, são apresentados os tipos de dados básicos e seus desdobramentos na linguagem de programação Java. Além disso, são definidos o conceito, a aplicação e a identificação de variáveis e constantes, demonstrando o uso dos operadores de atribuição, aritméticos, relacionais e lógicos tanto na notação algorítmica quanto na linguagem de programação Java. Nesse capítulo também são exemplificados a construção de expressões de atribuição, aritméticas e lógicas, a ordem de precedência matemática utilizada na resolução de problemas e o uso da tabela-verdade como recurso facilitador do entendimento do uso dos operadores lógicos.

No Capítulo 5 — que trata dos conceitos relacionados à lógica de programação — são estudados os recursos para entrada e saída de dados e o uso de estruturas de repetição e seleção. É por meio do uso dessas estruturas que o programador cria rotinas para controle do fluxo dos dados em seus programas. Essas rotinas possibilitam ou impossibilitam o acesso a determinadas informações e implementam estruturas de dados mais sofisticadas.

O Capítulo 6 trata das estruturas de dados estáticas e homogêneas, isto é, de vetores e matrizes e das operações que tais estruturas suportam. Também são abordadas algumas aplicações práticas.

O capítulo seguinte aborda alguns recursos que melhoram a legibilidade do código de programação ou do algoritmo e que podem possibilitar a reutilização do código por outros programas. Esses recursos são os procedimentos, as funções e os parâmetros que são passados para eles.

No Capítulo 8 são apresentados recursos para a ordenação dos dados que serão armazenados ou manipulados, de maneira a facilitar e agilizar a busca de informações específicas, necessidade freqüente de muitas aplicações computacionais.

Já o Capítulo 9, por sua vez, trabalha as técnicas de criação e manipulação de arquivos-texto seqüenciais e randômicos, permitindo a persistência de dados em forma de registros e o desenvolvimento de aplicações mais sofisticadas.

O Capítulo 10 aborda as estruturas de dados, pilhas, filas e árvores de maneira simples e com exemplos que ilustram, passo a passo, como criar e utilizar essas estruturas.

No Apêndice, são apresentados alguns recursos da linguagem de programação Java, sua estrutura e sua forma básica de utilização.

Assim, esta obra procura de maneira bastante simples e prática abordar algumas questões que, por vezes, parecem muito complexas ao programador iniciante. Todos os assuntos são explicados e exemplificados por meio de soluções comentadas. Ao final de cada capítulo existem exercícios propostos, os quais têm como objetivo fixar o conteúdo estudado ou então, no caso de exercícios mais sofisticados, complementar o aprendizado.

Mas este texto não acaba aqui. Na Sala Virtual do livro (sv.pearson.com.br), professores e estudantes têm acesso a materiais adicionais que facilitam tanto a exposição das aulas quanto o processo de aprendizagem. Para o professor,[1] oferecemos apresentações em PowerPoint e o manual de soluções. Os estudantes podem fazer o download de exercícios resolvidos, um apêndice e um estudo de caso.

Esperamos, com *Lógica de programação e estruturas de dados com aplicações em Java*, poder contribuir para o aprendizado dos nossos leitores.

Sandra Puga e Gerson Rissetti

---

[1] Esses materiais são de uso exclusivo dos professores e estão protegidos por senha. Para ter acesso a eles, os professores que adotam o livro devem entrar em contato com seu representante Pearson ou enviar um e-mail para *universitários@pearson.com*. (N.E.)

1 Introdução à lógica

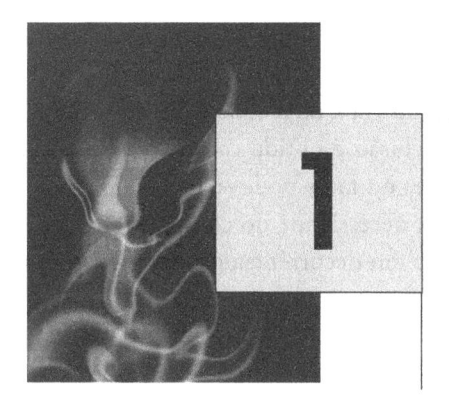

» Introdução à lógica
» Aplicações da lógica

OBJETIVOS:
Abordar o conceito de lógica como ciência; destacar o uso da lógica de maneira muitas vezes incondicional, nas tarefas do dia-a-dia; usar o raciocínio lógico para a tomada de decisões e para a resolução de problemas.

O filósofo grego Aristóteles é considerado o criador da lógica. No entanto, ele não a chamava assim, denominava-a "razão". O termo "lógica" só passou a ser utilizado mais tarde.

A palavra "lógica" é originária do grego *logos*, que significa linguagem racional. De acordo com o dicionário *Michaelis*, lógica é a análise das formas e leis do pensamento, mas não se preocupa com a produção do pensamento, quer dizer, não se preocupa com o conteúdo do pensamento, mas sim com sua forma, isto é, com a maneira pela qual um pensamento ou uma idéia é organizada e apresentada, possibilitando que cheguemos a uma conclusão. Um argumento pode ser composto por uma ou várias premissas, as quais podem ser verdadeiras ou falsas e conduzem à conclusão, que também poderá ser verdadeira ou falsa. No argumento exemplificado a seguir, temos em 1 e 2 as premissas e em 3 a conclusão:

1. Sandra é mais velha do que Ricardo.
2. Ricardo é mais velho do que Pedro.
3. Logo, Sandra é mais velha do que Pedro.

Os argumentos podem ser dedutivos ou indutivos. Os argumentos indutivos são aqueles que, com base em dados, chega-se a uma resposta por meio de uma analogia, ou seja, pela comparação com algo conhecido. Esse tipo de raciocínio, contudo, não oferece certeza de que a resposta será de fato verdadeira. É necessário conhecer os fatos ou as situações para que se possa fazer a comparação. Por exemplo:

1. Ontem não havia nuvens no céu e não choveu.
2. Hoje não há nuvens no céu.
3. Portanto, hoje não vai chover.

Na argumentação indutiva, os casos singulares são elevados ao universal; no caso do nosso exemplo, o caso de "ontem não havia nuvens no céu" (premissa 1) comparado ao caso de "hoje também não há nuvens no céu" (premissa 2) conduziu a uma conclusão (induzida).

Já os argumentos dedutivos são aqueles cuja conclusão é obtida como conseqüência das premissas, isto é, por meio da análise das situações ou fatos pode-se obter a resposta. Trabalha-se com a forma das sentenças, sem que haja necessidade do conhecimento prévio das situações ou fatos, isto é, a conclusão é obtida em decorrência das premissas. Por exemplo:

1. Joana é uma mulher.
2. As mulheres são seres humanos.
3. Logo, Joana é um ser humano.

De modo geral, podemos dizer que a dedução consiste no seguinte:

1. A é verdade de B.
2. B é verdade de C.
3. Logo, A é verdade de C.

A lógica aristotélica, denominada "lógica formal", codifica argumentos, testes e demonstrações de consistência e validade, partindo de axiomas e tabelas-verdade. Temas conhecidos como "cálculo proposicional" e "cálculo de predicados" sistematizam inferências e operações em conta das preposições.

A lógica nos permite caminhar pelos limiares das diversas ciências!

1.1 O USO DO RACIOCÍNIO LÓGICO NO DIA-A-DIA

Desde os tempos primitivos o homem utiliza-se do raciocínio lógico para a realização de suas atividades. Isso é comprovado pelo fato de ele ter estabelecido seqüências adequadas para a realização de suas tarefas com sucesso. Podemos citar alguns exemplos relacionados às suas atividades do dia-a-dia:

» Uma pessoa adulta, para tomar banho, primeiro tira a roupa para não molhá-la e também para estabelecer contato direto entre sua pele e a água.
» Uma criança, desde pequenina, aprende que, para chupar uma bala, é preciso tirá-la da embalagem.
» Foi utilizando-se do raciocínio lógico que o homem conseguiu criar a roda!

1.2 O USO DA LÓGICA APLICADA À INFORMÁTICA

A lógica é aplicada a diversas ciências, tais como a informática, a psicologia, a física e o direito, entre outras. Na informática e na computação, aplica-se a todas as suas áreas para a construção e o funcionamento do hardware e do software. Por exemplo, na construção de um circuito integrado para o teclado, trabalha-se com o conceito de portas lógicas para a verificação da passagem ou não de pulsos elétricos, a fim de que seja estabelecida uma comunicação entre os componentes. Já na construção de software, é por meio do raciocínio lógico que o homem constrói algoritmos que podem ser transformados em programas de computador capazes de solucionar problemas cada vez mais complexos. É justamente esse assunto que estudaremos neste livro.

> Hardware – Parte física do computador – Peças. Exemplo: teclado.
> Software – Parte lógica do computador – Programas. Exemplo: editor de textos.
> Algoritmo – Seqüência de passos ordenados para a realização de uma tarefa.
> Programa – Conjunto de instruções legíveis para o computador, capazes de realizar tarefas.

Para auxiliar na resolução dos problemas de construção de algoritmos aplicados à informática, faremos uso da lógica formal. Esta, como já foi visto, preocupa-se com a forma da construção do pensamento; isso permite que se trabalhe com variáveis para que se possa aplicar o mesmo raciocínio a diferentes problemas. Por exemplo:

1. Gerson é cientista.
2. Todo cientista é estudioso.
3. Logo, Gerson é estudioso.

Substituindo as palavras "Gerson" e "estudioso" por A e B:

1. A é cientista.
2. Todo cientista é B.
3. Logo, A é B.

> Para saber mais sobre variáveis, consulte o Capítulo 4.

O raciocínio lógico leva a uma resposta que pode ser "verdadeiro" ou "falso". Na construção de algoritmos para a solução de problemas computacionais, trabalha-se com esse tipo de raciocínio. As informações a ser analisadas são representadas por variáveis que posteriormente receberão valores. As variáveis, por sua vez, representarão as premissas. Por exemplo:

Dados dois valores quaisquer, deseja-se saber qual é o maior.

Os dois valores são representados pelas variáveis A e B. Analisa-se o problema a fim de averiguar qual é a melhor maneira de descobrir a solução, então se monta a seqüência para que seja verificada a questão. Para descobrir a solução, pode-se partir de problemas similares já resolvidos e, por analogia, aplicar o mesmo método ao problema atual, ou podem-se estudar formas de resolvê-lo buscando dados com especialistas no assunto em questão.

Nesse caso, vamos substituir as variáveis por valores conhecidos, apenas como modelo para facilitar o entendimento do raciocínio aplicado:

A será substituída por 7 e B, por 19.

Para que seja verificado o maior valor, deve-se fazer uma comparação, por exemplo: 7 é maior do que 19?

Logo, temos a resposta: falso.

Então, podemos concluir que 19 é o maior número entre os dois.

> A resposta a uma questão deve ser "verdadeiro" ou "falso"; nunca podem ocorrer as duas opções ao mesmo tempo.

Quando os valores são desconhecidos, na representação para a solução do problema, trabalha-se apenas com as variáveis:

A é maior do que B?
Se a resposta é "verdadeiro", A é o maior valor.
Se a resposta é "falso", B é o maior valor.

> Não está sendo considerada a possibilidade de os valores A e B serem iguais, por tratar-se apenas de um exemplo para a construção do raciocínio, não sendo levada em conta a complexidade do problema em questão para o caso de uma implementação.

1.3 EXERCÍCIOS PARA FIXAÇÃO

1. Dadas as premissas a seguir, verifique quais são as sentenças que representam a conclusão correta:

    I – Cavalos são animais. Animais possuem patas. Logo:
      a) Cavalos possuem patas.
      b) Todos os animais são cavalos.
      c) Os cavalos possuem quatro patas.

    II – Retângulos são figuras que têm ângulos. Temos uma figura sem nenhum ângulo. Logo:
      a) Essa figura pode ser um círculo.
      b) Não é possível tirar conclusões.
      c) Essa figura não é um retângulo.

    III – Se o verde é forte, o vermelho é suave. Se o amarelo é suave, o azul é médio. Mas ou o verde é forte ou o amarelo é suave. Forte, suave e médio são as únicas tonalidades possíveis. Logo:
      a) O azul é médio.
      b) Ou o vermelho é suave ou o azul é médio.
      c) O amarelo e o vermelho são suaves.

2. Responda:
    a) Qual é a importância da lógica para a informática?
    b) Descreva algumas atividades relacionadas ao seu dia-a-dia nas quais o uso da lógica é presente e perceptível.
    c) O que são argumentos?
    d) Qual é a diferença entre argumentos dedutivos e argumentos indutivos? Exemplifique.

3. Analise e descreva uma maneira de mover os discos do pino A para o pino C, mantendo

a mesma ordem (Figura 1.1). Em hipótese nenhuma um disco maior poderá ficar sobre um menor. Para que um disco seja movido de A para C, deve-se passar pelo pino B e vice-versa.

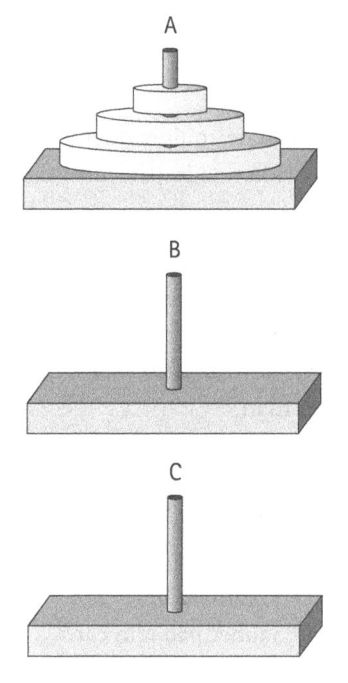

FIGURA 1.1 Torre de Hanói.

4. Um pastor deve levar suas três ovelhas e seus dois lobos para o pasto que fica ao sul da região. Ele deve levar também a provisão de alimentos para as ovelhas, que consiste em dois maços de feno. No entanto, no meio do caminho existe um grande rio cheio de piranhas, e o pastor tem apenas um pequeno barco à sua disposição, o qual lhe permite levar dois "passageiros" de cada vez. Considere como passageiros as ovelhas, os maços de feno e os lobos e considere ainda que, se as ovelhas ficarem em menor número do que os lobos, serão comidas e, se o feno ficar com as ovelhas sem um lobo por perto, as ovelhas comerão o feno. Ajude o pastor a atravessar o rio e preservar suas posses.

5. Identifique o próximo número da seqüência 12, 13, 15, 18, 22, 27, 33?

1.4 EXERCÍCIOS COMPLEMENTARES

1. Dadas as premissas a seguir, verifique quais são as sentenças que representam a conclusão correta:

   I – Você está dirigindo seu carro. Se brecar repentinamente, um caminhão baterá na traseira. Se não brecar imediatamente, você atropelará uma criança que está atravessando a estrada. Logo:
   a) As crianças devem afastar-se das estradas.
   b) O caminhão baterá na traseira de seu carro ou você atropelará a criança.
   c) O caminhão vai muito depressa.

   II – Somente quando B é X, K é Z. E é X ou Z somente quando K não é Z. Duas letras não podem ser uma só. Logo:
   a) Quando B é X, E não é X nem Z.
   b) Quando K é Z, X ou Z é E.
   c) Quando B não é X, E não é X nem Z.

   III – Quando B é maior que A, J é menor que A, porém A nunca é maior que B e jamais é igual a B. Logo:
   a) J nunca é menor que B.

b) J nunca é menor que A.
c) J nunca é maior que B.

IV – Todas as plantas verdes têm clorofila. Algumas coisas que têm clorofila são comestíveis. Logo:
a) Alface é comestível.
b) Algumas plantas verdes são comestíveis.
c) Alface tem clorofila.

2. As amigas de Maria organizaram um chá-de-panela para comemorar seu casamento, que estava próximo. Como é de costume, cada amiga compareceu à reunião com um presente devidamente embrulhado. O chá-de-panela consiste em uma brincadeira que é feita com a noiva, na qual ela deve adivinhar o presente contido em cada embrulho que recebe. Se errar, recebe castigos. Sua tarefa é descobrir o presente que cada amiga levou. De acordo com as dicas a seguir, preencha a tabela.

» Maria adivinhou os presentes de Janete e Sandra.
» Maria não adivinhou o conteúdo do embrulho que continha uma garrafa térmica, por isso teve de vestir uma fantasia de coelhinha.
» Márcia pediu que Maria dançasse a dança da garrafa.
» Renata a castigou com uma maquiagem de palhacinho.
» Maria acertou os embrulhos da frigideira e da jarra para suco.
» O faqueiro não foi presente de Izabel.
» Por ter errado o caldeirão, Maria acabou ficando embriagada.
» No embrulho de Sandra estava escrito "frágil", e isso facilitou muito a descoberta.

Amiga	Presente
_____	_____
_____	_____
_____	_____
_____	_____
_____	_____

3. Oito carros de equipes diferentes estão alinhados lado a lado para uma corrida. De acordo com as pistas a seguir, descubra a ordem dos carros para a largada e a cor de cada carro. (Obs.: a cor utilizada não é a cor original das equipes.)

» O carro branco está à esquerda do Jordan.
» O carro da equipe Ferrari está entre os carros vermelho e branco.
» O McLaren é o segundo carro à esquerda do Ferrari e o primeiro à direita do carro azul.
» O Sauber não tem carro à sua direita e está logo depois do carro preto.
» O carro preto está entre o Sauber e o carro amarelo.
» O Jaguar não tem carro algum à sua esquerda e está à esquerda do carro verde.
» À direita do carro verde está o Renault.
» O Jordan é o segundo carro à direita do carro prata e o segundo à esquerda do carro laranja.
» O Toyota é o segundo carro à esquerda do Minardi.

4. Considere a seguinte seqüência infinita de números:

3, 12, 27, ___, 75, 108, ... n.

O número que preenche adequadamente a quarta posição dessa seqüência é:

a) 42.
b) 36.
c) 48.
d) 40.
e) 44.

5. (Questão 44 do concurso para auditor fiscal/2003) Um professor de lógica percorre uma estrada que liga, em linha reta, as vilas Alfa, Beta e Gama. Em Alfa, ele avista dois sinais com as seguintes indicações: "Beta a 5 km" e "Gama a 7 km". Depois, já em Beta, encontra dois sinais com as indicações: "Alfa a 4 km" e "Gama a 6 km". Ao chegar a Gama, encontra mais dois sinais: "Alfa a 7 km" e "Beta a 3 km". Soube, então, que, em uma das três vilas, todos os sinais têm indicações erradas; em outra, todos os sinais têm indicações corretas; e na outra um sinal tem indicação correta e outro sinal tem indicação errada (não necessariamente nesta ordem). O professor de lógica pode concluir, portanto, que as verdadeiras distâncias, em quilômetros, entre Alfa e Beta e entre Beta e Gama são, respectivamente:

a) 5 e 3.
b) 5 e 6.
c) 4 e 6.
d) 4 e 3.
e) 5 e 2.

6. Qual é o próximo número da seqüência 1, 1, 2, 3, 5, 8, 13, ___, ... n?

2 Introdução aos algoritmos

» Introdução aos algoritmos
» Tipos de algoritmos
» Pseudocódigo
» Fluxograma

OBJETIVOS:
Mostrar as aplicações dos algoritmos para resolução de diferentes problemas; especificar a importância dos algoritmos para a resolução de problemas computacionais; abordar os conceitos de entrada, processamento e saída do ponto de vista computacional; definir os tipos de algoritmos a serem utilizados neste livro (pseudocódigo e fluxograma).

A idéia de **algoritmo** é muito antiga, discutida por matemáticos e filósofos, dentre os quais podemos destacar Gottfried von Leibniz, que vislumbrava, no século XVII, máquinas universais de calcular e estranhas linguagens simbólicas para representar idéias complexas por meio de sinais convencionais. A matemática clássica é, em grande parte, o estudo de determinados algoritmos, como os aplicados na álgebra elementar, que substitui os números por letras e define um conjunto de símbolos que são manipulados por meio de regras práticas, como uma receita, um guia. Exemplificando, o produto de (a+b) e (a+b) é obtido da seguinte forma:

1. a é multiplicado por a;
2. a é multiplicado por b duas vezes;
3. b é multiplicado por b;
4. os resultados obtidos são somados.

Como resultado, obteríamos a seguinte expressão: $a^2 + 2ab + b^2$. Uma máquina poderia ser programada para executar os passos já descritos, de forma rápida e eficiente.

Assim, podemos dizer que um algoritmo é uma seqüência lógica e finita de instruções que devem ser seguidas para a resolução de um problema ou a execução de uma tarefa. Os algoritmos são amplamente utilizados nas disciplinas ligadas à área de ciências exatas, tais como matemática, física, química e computação, entre outras, além de ter aplicação muito ampla em outras áreas e atividades, sem apresentar, contudo, essa mesma conotação.

No dia-a-dia, as pessoas utilizam algoritmos de maneira intuitiva, sem que haja necessidade de planejar previamente a seqüência de passos para a resolução das tarefas cotidianas. Dentre os inúmeros exemplos existentes, podemos citar:

1. Quando uma dona de casa prepara um bolo, segue uma receita, que nada mais é do que um algoritmo em que cada instrução é um passo a ser seguido para que o prato fique pronto com sucesso.
   Bata quatro claras em neve.
   Adicione duas xícaras de açúcar.
   Adicione duas xícaras de farinha de trigo, quatro gemas, uma colher de fermento e duas colheres de chocolate.
   Bata por três minutos.
   Unte uma assadeira com margarina e farinha de trigo.
   Coloque o conteúdo na assadeira.
   Leve ao forno para assar durante vinte minutos em temperatura média.

2. Um motorista que necessita efetuar a troca de um pneu furado segue uma rotina para realizar essa tarefa:
   Verifica qual pneu está furado.
   Posiciona o macaco para levantar o carro.
   Pega o estepe.
   Afrouxa os parafusos.
   Levanta o carro.
   Retira os parafusos.
   Substitui o pneu furado.
   Recoloca os parafusos.
   Abaixa o carro.
   Dá o aperto final nos parafusos.
   Guarda o macaco e o pneu furado.

3. Um matemático, para resolver uma equação qualquer, utiliza passos predeterminados que conduzam à obtenção do resultado. O cálculo do delta (Δ), usado na obtenção das raízes de uma equação de 2º grau, pode ser obtido pela resolução da expressão $\Delta = b^2 - 4ac$, de acordo com os passos:
   Identifique o valor de b.
   Eleve b à segunda potência.
   Identifique o valor de a.
   Identifique o valor de c.
   Multiplique 4 por a e c.
   Subtraia do valor obtido no segundo passo o resultado da quinta etapa.

Inúmeros exemplos poderiam ser apresentados aqui, entretanto, nosso objetivo é tratar dos algoritmos aplicados à solução dos problemas computacionais, aqueles implementados na programação de computadores.

2.1 ALGORITMOS APLICADOS À SOLUÇÃO DE PROBLEMAS COMPUTACIONAIS

Os algoritmos são amplamente utilizados na área da ciência da computação, desde a definição das instruções realizadas pelo hardware — processadores e demais dispositivos —, passando pelas operações executadas pelo sistema operacional, no gerenciamento dos computadores, até a documentação das operações necessárias à elaboração de soluções voltadas para a construção de interfaces entre software e hardware, programas e demais aplicativos.

2.2 TIPOS DE ALGORITMOS

Existem diversos tipos de algoritmos, dentre os quais podemos citar: pseudocódigo, descrição narrativa, fluxograma e diagrama de Chapin.

» O **pseudocódigo** utiliza linguagem estruturada e assemelha-se, na forma, a um programa escrito na linguagem de programação Pascal. O pseudocódigo também é denominado por alguns autores **português estruturado**, embora existam pequenas diferenças em sua estrutura e simbologia. É bastante utilizado para representação da resolução de problemas computacionais.
» A **descrição narrativa** utiliza linguagem natural para especificar os passos para a realização das tarefas. Mas como isso dá margem a interpretações errôneas e ambigüidades, inerentes à sua característica pouco formal, é pouco utilizada para essa finalidade.
» O **fluxograma** é uma forma universal de representação, pois utiliza figuras geométricas para ilustrar os passos a serem seguidos para a resolução dos problemas. Bastante utilizado, é também chamado por alguns autores de **diagrama de blocos**.
» O **diagrama de Chapin**, também conhecido como **diagrama Nassi-Shneiderman** ou **diagrama N-S**, apresenta a solução do problema por meio de um diagrama de quadros com uma visão hierárquica e estruturada. Esse tipo de diagrama não é muito utilizado, pois é difícil representar a recursividade, entre outros procedimentos.

Neste livro, serão abordadas as duas formas mais comuns de representação de soluções para problemas computacionais, o pseudocódigo e o fluxograma, cujas características são descritas a seguir.

2.3 PSEUDOCÓDIGO

O **pseudocódigo** é uma forma de representação de algoritmos que utiliza uma linguagem flexível, intermediária entre a linguagem natural e a linguagem de programação. É utilizado para organizar o raciocínio lógico a ser seguido para a resolução de um problema ou para definir os passos para a execução de uma tarefa. Também é utilizado para documentar rotinas de um sistema.

A palavra "pseudocódigo" significa "falso código". Esse nome se deve à proximidade que existe entre um algoritmo escrito em pseudocódigo e a maneira pela qual um programa é representado em uma linguagem de programação.

O Exemplo 2.1 propõe um problema simples para o qual será utilizado o pseudocódigo.

EXEMPLO 2.1 – Desenvolver um pseudocódigo para ler a idade e o salário de 50 pessoas e verificar quantas possuem idade inferior a 30 anos e salário superior a R$ 3.000,00.

```
Algoritmo Exemplo2.1                          Identificação do algoritmo
```

```
Var salario: real                             Declaração das variáveis
    idade, n_pessoas, tot_pessoas: inteiro
```

```
Início                                        Corpo do algoritmo
    n_pessoas ← 1
    tot_pessoas ← 0

    Enquanto (n_pessoas <= 50) Faça
        Ler (idade, salario)
        Se (idade < 30) e (salario > 3000,00) Então
            tot_pessoas ← tot_pessoas + 1
        Fim-Se
        n_pessoas ← n_pessoas + 1
    Fim-Enquanto
    Mostrar ("Número total de pessoas: ", tot_pessoas)
Fim.
```

2.3.1 Identificação do algoritmo

Todo algoritmo representado por um pseudocódigo deve, primeiramente, ser identificado. Para identificar ou nomear o algoritmo, recomenda-se:

» Não utilizar espaços entre as letras. Por exemplo: para um cadastro de clientes, o correto seria cad_cli ou cadcliente. O caractere "sublinha" ou "underline" (_) pode ser utilizado para representar o espaço entre as letras.
» Não iniciar o nome com algarismos (números). Por exemplo: não usar `1algoritmo`; o correto seria `algoritmo1`.
» Não utilizar palavras reservadas, isto é, palavras que são utilizadas nos algoritmos para representar ações específicas. Por exemplo: `Se` (palavra que representa uma condição ou teste lógico); `Var` (palavra que representa a área de declaração de variáveis).
» Não utilizar caracteres especiais, como acentos, símbolos (? / : @ # etc.), ç, entre outros.
» Não utilizar nomes iguais para representar variáveis diferentes.
» Ser sucinto e utilizar nomes coerentes.

2.3.2 Declaração de variáveis

Todas as variáveis que serão utilizadas na resolução do problema devem ser previamente declaradas, isto é, todas as informações necessárias à resolução do problema devem ser representadas. Esse assunto será abordado com mais detalhes no Capítulo 3.

2.3.3 Corpo do algoritmo

É a área do algoritmo reservada para a resolução do problema. Nessa parte, devem-se escrever todos os passos lógicos necessários para solucionar o problema, representando, entre outras:

» a entrada de valores para as variáveis;
» as operações de atribuição, lógicas e aritméticas;
» a abertura e o fechamento de arquivos;
» os laços de repetição;
» a exibição dos resultados.

2.4 FLUXOGRAMA

O **fluxograma** é um tipo de algoritmo que utiliza símbolos gráficos para representar as ações ou instruções a serem seguidas. Assim como o pseudocódigo, o fluxograma é utilizado para organizar o raciocínio lógico a ser seguido para a resolução de um problema ou para definir os passos para a execução de uma tarefa. Também é utilizado para documentar rotinas de um sistema, mas só é recomendado para casos pouco extensos.

> O fluxograma, por utilizar figuras para representação das ações, é considerado um algoritmo universal.

2.4.1 Simbologia

Cada instrução ou ação a ser executada deve ser representada por meio de um símbolo gráfico. Os símbolos utilizados neste livro são apresentados a seguir:

Terminal
Representa o início e o final do fluxograma.

Processamento
Representa a execução de operações ou ações como cálculos aritméticos, atribuição de valores a variáveis, abertura e fechamento de arquivo, entre outras.

Teclado
Representa a entrada de dados para as variáveis por meio do teclado.

Vídeo
Representa a saída de informações (dados ou mensagens) por meio do monitor de vídeo ou de outro dispositivo visual de saída de dados.

Decisão
Representa uma ação lógica que resultará na escolha de uma das seqüências de instruções, ou seja, se o teste lógico apresentar o resultado "verdadeiro", realizará uma seqüência e, se o teste lógico apresentar o resultado "falso", realizará outra seqüência.

Preparação
Representa uma ação de preparação para o processamento, ou seja, um processamento predefinido.

Conector
Utilizado para interligar partes do fluxograma ou para desviar o fluxo corrente para um determinado trecho do fluxograma.

Conector de páginas
Utilizado para interligar partes do fluxograma em páginas distintas.

Seta de orientação do fluxo
Orienta a seqüência de execução ou leitura, que pode ocorrer de forma horizontal ou vertical.

Para o Exemplo 2.2, apresentado a seguir, o fluxograma foi feito horizontalmente e representa a entrada de dados por meio do teclado e a saída pelo vídeo dos dados inseridos.

O fluxograma pode ser desenvolvido seguindo a posição horizontal, conforme o exemplo da Figura 2.1, mas pode seguir, basicamente, a posição vertical, como ilustra a Figura 2.2, o que permite incluir uma seqüência maior de instruções, facilitando a leitura, a visualização e a apresentação.

O Exemplo 2.3, mais complexo do que o anterior, utiliza-se de laços de repetição e seleção – que serão tratados no Capítulo 5 – e processamento, além da entrada de dados pelo teclado e saída pelo terminal de vídeo. Pode-se observar, também, o uso de um conector.

EXEMPLO 2.2 – Ler o nome e a idade de uma pessoa e mostrar na tela.

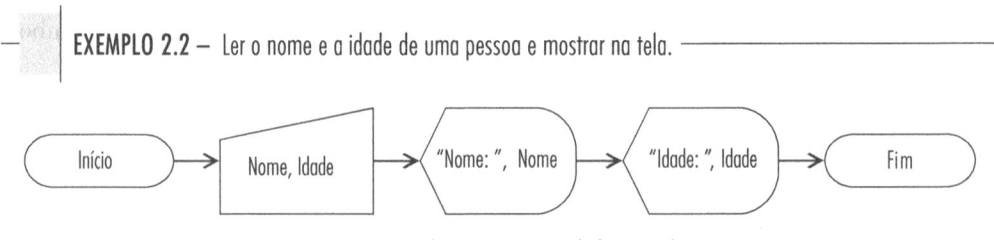

Início → Nome, Idade → "Nome: ", Nome → "Idade: ", Idade → Fim

FIGURA 2.1 Fluxograma – sentido horizontal.

2.5 EXERCÍCIOS PARA FIXAÇÃO

1. Qual é a principal função dos algoritmos?
2. Pesquise uma aplicação para os algoritmos, diferente das citadas, explicando sua finalidade.
3. Escolha uma das formas de representação de algoritmos e explique suas características.
4. Comparando-se o fluxograma ao pseudocódigo, pode-se perceber que, no fluxograma, as variáveis não precisam ser declaradas. Entretanto, existe uma similaridade na seqüência de resolução das tarefas em ambos. Observe qual é a similaridade e comente-a.
5. Um cliente deseja fazer a consulta do saldo de sua conta corrente no computador, por meio de uma aplicação de *home banking*. Suponha que o computador esteja ligado e conectado à Internet. A seguir, estão os

EXEMPLO 2.3 – Desenvolver um fluxograma para ler a idade e o salário de 50 pessoas e verificar quantas têm idade inferior a 30 anos e um salário superior a R$ 3.000,00.

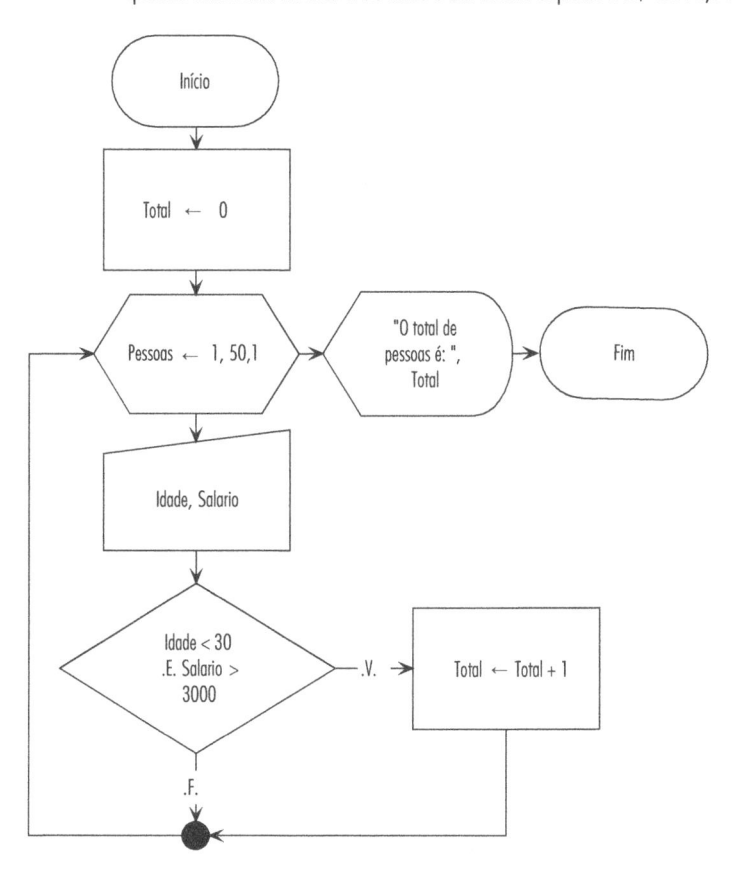

FIGURA 2.2 Fluxograma – sentido vertical.

passos que poderiam ser utilizados, porém, foram colocados fora de ordem. Procure organizá-los na ordem correta.

a) Inserir a senha.
b) Clicar no botão "OK" de acesso.
c) Selecionar a opção de saldo.
d) Encerrar a sessão.
e) Abrir o navegador.
f) Preencher dados do número da agência e conta.
g) Confirmar ou digitar o nome do usuário.
h) Fechar o navegador.
i) Digitar o endereço do site do banco.

6. De maneira semelhante ao exercício anterior, escreva a seqüência de passos para que um robô seja capaz de trocar uma lâmpada queimada que está localizada no centro de uma sala. Há uma escada posicionada logo abaixo da lâmpada queimada, e o robô está em frente à escada.

7. Considerando a expressão 5 – 4 + 2 × 4, escreva a seqüência de operações que devem ser realizadas para que o cálculo apresente o resultado correto. Observe a limitação de que apenas uma operação pode ser realizada de cada vez.

8. Supondo que você possua uma calculadora simples, reescreva o algoritmo do exer-

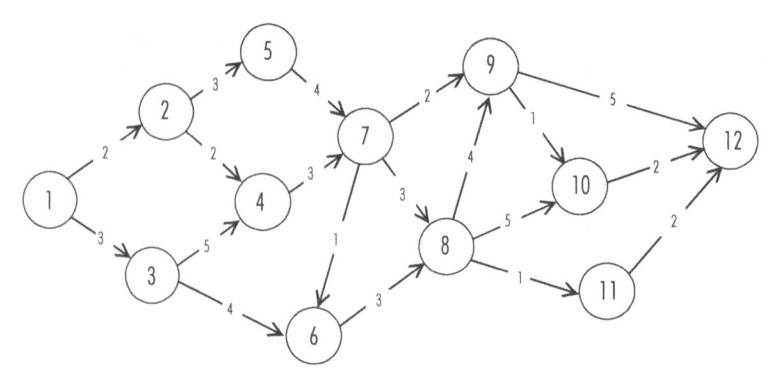

FIGURA 2.3 Grafo.

cício 7 indicando as operações que devem ser realizadas por meio das teclas que precisam ser acionadas.

9. A Figura 2.3, chamada de grafo, apresenta círculos numerados, representando pontos a serem alcançados e setas com números, indicando o tempo necessário para ir de um ponto a outro. Por exemplo, para ir de 2 até 5 o tempo necessário é 3.

   a) Indique o percurso que consome o menor tempo, partindo de 1 para chegar em 12.
   b) Apresente um percurso que passe pelo menor número de pontos para, partindo do ponto 1, chegar ao 12.

2.6 EXERCÍCIOS COMPLEMENTARES

1. Escreva a seqüência de passos para que uma pessoa abra um arquivo do tipo texto armazenado em um *pen drive*.

2. Escreva os passos necessários para uma pessoa efetuar um saque de R$ 100,00 em um caixa eletrônico.

3. Quem nunca tentou encontrar o caminho nos jogos de labirinto? Dependendo da complexidade do desenho, isso pode tomar um tempo considerável, a não ser que houvesse um roteiro a ser seguido.

   Elabore um roteiro do caminho a ser seguido para o labirinto da Figura 2.4, partindo da seta.

4. Voltando ao exercício 2, considere a possibilidade de o cliente não possuir saldo suficiente, podendo sacar apenas R$ 50,00.

5. Escreva os passos necessários para uma pessoa efetuar uma compra em um site da Internet, fazendo o pagamento por meio de cartão de crédito.

6. Uma multiplicação nada mais é do que um certo número de somas sucessivas de um dado número. Por exemplo, para multiplicar 34 por 5, basta somar o número 34 com ele mesmo 5 vezes. Escreva um procedimento de multiplicação para um número X por um dado número Y.

7. Escreva um procedimento para a realização de uma divisão. Para simplificar, considere apenas a divisão de um número inteiro por outro, de forma que o resultado também deva ser um número inteiro.

8. No início deste capítulo demos um exemplo de rotina para a troca de um pneu furado. Reescreva a rotina, levando em conta que, somente após ter "levantado o carro" e "retirado os parafusos", o motorista pega o estepe e verifica que ele também está furado.

9. Indique o caminho no labirinto da Figura 2.5, agora usando a marcação feita para as linhas e colunas. Por exemplo:

E1, A1, A4 etc.

10. Escreva a seqüência de passos necessários para o cálculo da seguinte expressão: ½ dividido por ¼.

FIGURA 2.4 Labirinto.

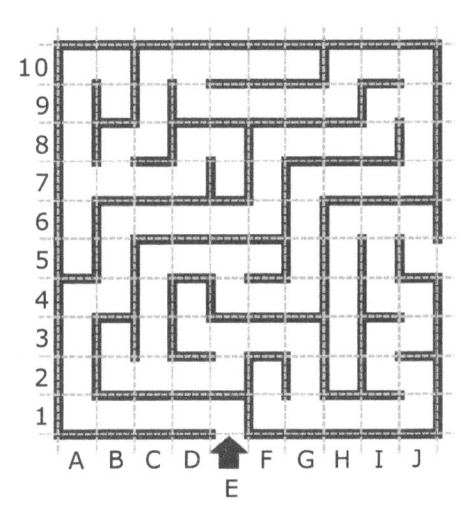

FIGURA 2.5 Labirinto com grade.

3 Conceitos de programação

» Noções gerais sobre as diferentes formas de programação
» Características e vantagens das linguagens de programação
» Aplicabilidade das diferentes linguagens

OBJETIVOS:

Abordar os principais paradigmas da programação, para que o leitor passe a conhecer os diferentes tipos de linguagens e suas aplicações. Estabelecer um comparativo entre a programação estruturada e a orientada a objetos. Tratar de alguns princípios básicos da orientação a objetos e de sua importância para o correto desenvolvimento dos programas e a implementação dos algoritmos que serão propostos nos próximos capítulos.

Um programa é um conjunto de instruções escrito em uma determinada linguagem que diz ao computador o que deve ser feito. Existem muitas formas e diferentes tipos de linguagens de programação, cada qual com uma finalidade específica. Elas podem ser classificadas em níveis, que vão desde o nível de dispositivos e lógico digital,[1] chamado baixo nível, até o de linguagem orientada a problemas, chamado de alto nível. A designação alto nível está associada ao fato de que nele utilizam-se linguagens que procuram aproximar-se das linguagens naturais, usadas pelas pessoas.

A maioria dos computadores modernos usa dois ou mais níveis de programação, sendo que os programas escritos em linguagem de alto nível precisam ser traduzidos para o nível mais baixo, de forma que possam ser "entendidos" ou executados pela máquina. Não pretendemos discutir aqui as estratégias de tradução, mas é importante saber que as linguagens de programação usadas para desenvolver os algoritmos são, geralmente, diferentes das linguagens executadas pelos computadores.

Os primeiros computadores, como o Eniac e o Univac, consistiam, principalmente, em válvulas e relés e tinham de ser programados conectando-se uma série de plugues e fios. Uma equipe de programadores podia passar dias introduzindo um pequeno programa em uma dessas máquinas, que ocupavam salas inteiras.

É aí que entram os diversos níveis de programação. Hoje em dia, existem linguagens de programação que atuam diretamente no hardware da máquina, movimentando dados e acionando dispositivos ligados ao computador. É a chamada **linguagem de baixo nível**.

---

1 O nível lógico digital é conhecido como o nível das portas lógicas, formadas pelos transistores e demais componentes do hardware.

Como esse tipo de linguagem é de difícil programação, a exemplo do que ocorria com os primeiros computadores, criaram-se níveis diferentes de linguagens.

Assim, as **linguagens de alto nível**, como Pascal, C, C++ e Java, são utilizadas pelos programadores no desenvolvimento de sistemas. Os programas digitados nessas linguagens constituem o que se chama de **código-fonte**, o qual é convertido (traduzido) para programas de baixo nível, em um processo chamado de **compilação** ou **interpretação**. O programa assim traduzido pode ser executado pela máquina, reproduzindo aquilo que o programador deseja.

Embora as linguagens de programação consideradas de alto nível tenham o objetivo de aproximar-se da linguagem humana, esse objetivo ainda está longe de ser alcançado. O máximo que se conseguiu foi criar instruções mnemônicas, em inglês, para facilitar o processo.

> Eniac (*electronic numerical integrator and calculator*) – É considerado o primeiro computador digital eletrônico.
> Univac (*universal automatic computer*) – Primeiro computador a ser comercializado.

3.1 INTRODUÇÃO À PROGRAMAÇÃO

Apesar de existirem vários níveis de programação, neste livro serão tratadas as linguagens de alto nível, utilizadas para o desenvolvimento dos algoritmos, objeto de nosso estudo.

A linguagem de programação, como qualquer linguagem, é formada por palavras. Estas são agrupadas em frases para produzir um determinado significado. Dessa forma, podem-se chamar as palavras de uma linguagem de programação de **palavras-chave**, e as frases criadas com essas palavras, de **estruturas de programação**.

Assim, um programa é constituído de palavras-chave e estruturas de programação definidas segundo as regras dessa linguagem (gramática), elaboradas de modo que sejam mais facilmente compreendidas pelo ser humano. A exemplo da linguagem usada em nossa comunicação no dia-a-dia, a linguagem de programação possui uma sintaxe, definida por essas regras.

Por que existem tantos tipos de linguagem? Uma linguagem é melhor que outra? A resposta para essas perguntas está justamente no objetivo para o qual elas foram criadas. Cada linguagem de programação foi desenvolvida para solucionar determinado tipo de problema e cumprir uma dada função. Uma linguagem pode ser melhor para a execução de cálculos matemáticos complexos, com aplicações na área científica; outra pode ser melhor para processar uma grande quantidade de dados submetidos a operações simples, com aplicações na área financeira; e, ainda, outras exigem uma interface elaborada e de fácil interação com o usuário. Como se pode ver, a linguagem escolhida para o desenvolvimento de uma aplicação depende de sua adequação à tarefa que se pretende executar. Como exemplo, podemos citar algumas das linguagens de programação mais utilizadas:

Pascal

É uma linguagem de alto nível, poderosa e eficientemente estruturada. Criada para ser uma ferramenta educacional, pela simplicidade de sua sintaxe, vem sendo utilizada até hoje nos meios acadêmicos. Deu origem a uma enorme quantidade de dialetos, em grande parte pelo sucesso do Turbo Pascal, e tem como sua representante atual a Object Pascal, utilizada no Delphi® e, na versão gratuita para Linux, o Kylix.

A linha de código a seguir exemplifica uma instrução em Pascal para exibir uma frase na tela do computador.

```
WRITE("Algoritmos e Estruturas de Dados");
```

C

Linguagem estruturada utilizada até pouco tempo para o desenvolvimento de aplicações comerciais. Ultimamente, tem grande aplicação no desenvolvimento de software básico e aplicações com forte interação com o hardware. A mesma instrução do exemplo anterior pode ser escrita em C como:

```
printf("Algoritmos e Estruturas de Dados");
```

C++

Linguagem de alto nível orientada a objetos; uma evolução do C que preserva seus princípios de eficiência e facilidade de programação. A programação orientada a objetos será discutida ainda neste capítulo. O exemplo anterior pode ser reproduzido com a instrução:

```
cout<<"Algoritmos e Estruturas de Dados";
```

Java

Linguagem orientada a objetos de fácil programação e larga utilização no mercado. É amplamente utilizada em aplicações de processamento distribuído e para a Internet. Java está sendo utilizada neste livro para exemplificar a implementação dos algoritmos estudados. Uma descrição mais detalhada da linguagem encontra-se no Apêndice. Reproduzindo o exemplo anterior, tem-se:

```
System.out.println("Algoritmos e Estruturas de Dados");
```

Como podemos observar, existe grande semelhança na sintaxe utilizada pelas diversas linguagens de programação, e o aprendizado de uma delas depende de convívio e utilização freqüentes. Um bom programa é aquele que tem, dentre outras qualidades, um código eficiente. Programas eficientes são desenvolvidos com técnicas de programação adequadas e algoritmos eficientemente projetados.

> A sintaxe é a parte da gramática que se dedica ao estudo da estruturação das palavras em uma frase, termo usado de forma análoga no que se refere às linguagens de programação, para especificar a construção de instruções e comandos.

3.2 TIPOS DE LINGUAGENS DE PROGRAMAÇÃO

Existem diferentes linguagens de programação, que foram criadas ao longo do desenvolvimento dos sistemas computacionais, cada uma com sua particularidade e recursos existentes à sua época. Algumas delas sobreviveram, receberam novas funcionalidades e foram adaptadas a uma nova realidade em termos de hardware e características dos sistemas.

As primeiras linguagens de programação eram seqüenciais — a chamada **programação linear**, em função das características dos sistemas existentes, em que havia pouca ou nenhuma interatividade — e destinavam-se a uma atividade específica. Posteriormente, surgiram as linguagens estruturadas, ou **programação estruturada**, que permitiu o desenvolvimento de sistemas mais interativos, de forma mais organizada e com maior funcionalidade.

Mais recentemente, a **programação orientada a objetos** promoveu uma grande transformação na forma como os sistemas são concebidos e codificados, trazendo grande interatividade, processamento distribuído e grande diversidade de ambientes e dispositivos.

Além da diferença entre as linguagens, existem formas diferentes de programar, mesmo utilizando a mesma linguagem de programação. É como se fossem comparados textos que tratam do mesmo assunto, mas que foram escritos por pessoas diferentes. Embora as linguagens de programação possuam características e regras que determinam como o programa deverá ser escrito, estilos e recursos diferentes podem ser utilizados, muitas vezes, de forma inadequada, prejudicando a legibilidade e a manutenção do código.

3.2.1 Conceitos sobre a programação linear

A **programação linear** pressupõe a criação de programas que, na sua execução, obedeçam a uma seqüência de passos executados consecutivamente, com início e fim definidos. Esse princípio era utilizado pelas primeiras linguagens de programação, as quais usavam códigos numéricos ou mnemônicos para codificação das instruções.

O Assembly é um bom exemplo desse tipo de linguagem, criado para facilitar a programação, substituindo as instruções numéricas em binário por uma seqüência de caracteres. A instrução de soma de dois valores pode ser representada por "ADD", mnemônico obtido da expressão em inglês para adicionar.

Linguagens como o Basic surgiram depois, inspiradas no Assembly, criando uma simbologia mais simples e ampliando o número de instruções, mantendo, porém, a característica linear de programação. Em Basic, as linhas de código eram numeradas uma a uma, a execução seguia essa ordem, e eventuais desvios eram executados apontando-se para a linha desejada, usando a instrução "GOTO" (ir para). A seguir, apresentamos um exemplo de programa.

```
10  CLS
20  A = 1
30  PRINT A
40  A = A + 2
50  IF A > 99 THEN END
60  GOTO 30
```

Embora alguns tipos de linguagem tenham restrições na forma de programação, dando pouca flexibilidade ao desenvolvedor, nada impede que programas lineares sejam gerados utilizando linguagens estruturadas ou orientadas a objetos.

A desvantagem da programação linear é a complexidade. Programas lineares extensos são difíceis de ser desenvolvidos e até compreendidos.

> A linguagem Assembly ainda é utilizada em procedimentos que manipulam diretamente o hardware do computador e em equipamentos eletrônicos. É corriqueiramente referenciada como Assembler, de forma incorreta, em alusão ao software que faz a tradução dessa linguagem para a de baixo nível em binário, o Montador.

3.2.2 Conceitos sobre a programação estruturada

Usando o velho provérbio "dividir para conquistar", pode-se afirmar que, para a consecução de um objetivo, é melhor e bem mais fácil dividir as tarefas a serem realizadas em etapas, executando-as uma por vez, até que todo o trabalho tenha sido feito. Pode-se, ainda, pensar que esse trabalho pode ser realizado em equipe. A divisão do trabalho e a distribuição adequada das tarefas a cada um dos elementos da equipe, se bem coordenadas, com certeza produzirão resultados melhores e bem mais rápidos. O problema, muitas vezes, está em como dividir essas tarefas de forma adequada e eqüitativa e gerenciar seu desenvolvimento.

Em programação, pode-se pensar da mesma forma. A construção de um programa monolítico que execute uma tarefa complexa, além de ser complicada e demorada, pode não produzir o resultado esperado. Mesmo que o resultado seja alcançado, o tempo despendido pode ser demasiado. Essa situação é agravada ao considerar-se que esse tempo gasto representa custos no desenvolvimento de uma aplicação que podem superar as expectativas de custos do projeto.

Deve-se utilizar essa filosofia de dividir o problema em partes para criar um programa extenso e complicado. Um bom programador deve ser como um bom gerente no momento de atribuir funcionalidades a um programa; deve separar as tarefas que este precisa realizar e depois atacá-las uma a uma, tornando o trabalho menos "assustador". Essa abordagem é o que norteia o conceito da **programação estruturada**.

Na programação estruturada, a divisão de tarefas é um processo chamado de **modularização**. Nesse processo, divide-se o programa em partes ou módulos que executam tarefas específicas. É importante que essas tarefas, representadas pelos módulos, sejam específicas e que cada uma delas tenha a maior independência possível das demais realizadas por outros módulos do programa, isto é, a independência funcional está relacionada diretamente à modularização.

Como exemplo, suponha que você pertença a uma equipe que está participando de uma gincana, na qual várias tarefas são determinadas e o prazo final está estabelecido. Vence a equipe que completar o maior número de tarefas dentro do prazo. Se as tarefas forem divididas adequadamente, será grande a chance de que todas sejam cumpridas no tempo determinado. Por outro lado, se ocorrer um erro nessa distribuição e alguém fizer algo que outro elemento do grupo também esteja fazendo, com certeza o tempo não será suficiente ou alguma tarefa deixará de ser realizada.

Procedimentos ou **funções** são blocos de programas que executam determinada tarefa. Cada um desses blocos de código recebe um nome, o qual é utilizado como chamada de procedimento ou função. Tanto procedimentos quanto funções podem receber valores para que possam realizar suas tarefas. A diferença entre eles é que os procedimentos, embora possam receber valores, não retornam um valor como resultado, enquanto uma função retorna o resultado das operações que realizou.

Os nomes dos procedimentos, normalmente, são palavras ou pequenas frases que procuram associá-los de forma mnemônica à tarefa realizada. Por exemplo:

```
AtualizarDados()
```

As funções são nomeadas da mesma maneira que os procedimentos, lembrando que o nome de uma função pode ser utilizado em uma expressão como se fosse uma variável, porque uma função retorna um valor quando termina sua execução. Por exemplo:

```
soma(x, y)
```

Podemos considerar nesse exemplo que a função soma executa o somatório de dois valores que lhe foram passados (x e y, que podem ser chamados de parâmetros) e deve retornar o resultado desse cálculo após sua execução.

A seguir, apresentamos um pequeno programa em linguagem C, que executa a soma de dois números introduzidos pelo teclado e exibe o resultado na tela.

```
1.  /* funcao.c */
2.  main()
3.  {
4.  int x, y, r;
5.  printf("Digite dois números: ");
6.  scanf("%d %d",&x, &y);
7.  r = soma(x, y);
8.  printf("A soma dos números é: %d", r);
9.  }
10. /* soma() */
11. /* retorna a soma de dois numeros */
12. soma(j, k)
13. int j, k;
14. {
15. return(j+k);
16. }
```

No exemplo, as variáveis x e y recebem os números cuja entrada é feita pelo teclado (linha 6). A função soma(x, y) é chamada na linha 7, com a passagem dos valores, que é executada partindo da linha 12 e, na linha 15, retorna o valor da soma dos números. O valor retornado é atribuído à variável r (linha 7).

O exemplo é bastante simples e, obviamente, não seria necessário criar uma função apenas para somar dois números. Serve apenas como ilustração para a chamada de uma função com passagem e retorno de valores.

Ainda no exemplo, podem-se encontrar outras funções internas da própria linguagem, como printf( ) e scanf( ), que funcionam, a princípio, da mesma forma que a função soma( ). Estudaremos outros exemplos de procedimentos e funções no Capítulo 7, que tratará esse assunto com mais profundidade.

Quando se pensa na criação de um programa, surge a pergunta: por onde devo começar? Uma forma de desenvolver um programa é partir de sua representação em pseudocódigo ou fluxograma, conforme discutido no Capítulo 2. O fluxograma é um tipo de algoritmo que utiliza símbolos gráficos para representar as ações ou instruções a serem seguidas, assim como o pseudocódigo; ele é utilizado para organizar o raciocínio lógico a ser seguido para a resolução de um problema ou para a definição dos passos na execução de uma tarefa.

Quando essa seqüência de passos é muito extensa ou apresenta procedimentos repetitivos, é necessário avaliar a possibilidade de separação ou divisão da tarefa em etapas. Isso pode ser feito tanto para o pseudocódigo quanto para o algoritmo, criando-se um nome para cada uma dessas etapas ou sub-rotinas, o qual pode ser utilizado para identificação do procedimento ou função que será criado quando da programação.

3.3 CONCEITOS SOBRE A PROGRAMAÇÃO ORIENTADA A OBJETOS

No item anterior, foram vistos os conceitos de programação estruturada e de como é possível, partindo de um programa extenso e complexo, subdividi-lo em procedimentos ou funções. Essa subdivisão auxilia no desenvolvimento, de forma que módulos pequenos e específicos ficam mais fáceis de ser programados e compreendidos. Esses módulos executam tarefas determinadas, interagindo com outros módulos ou com o programa principal, retornando valores ou não, dependendo do que deve ser realizado.

A **programação orientada a objetos** representa uma mudança no enfoque da programação, na forma como os sistemas eram vistos até então. Representa uma quebra de paradigma, revolucionando todos os conceitos de projeto e desenvolvimento de sistemas existentes anteriormente.

> "Paradigma é um conjunto de regras que estabelecem fronteiras e descrevem como resolver os problemas dentro dessas fronteiras. Os paradigmas influenciam nossa percepção; ajudam-nos a organizar e a coordenar a maneira como olhamos para o mundo."
>
> Daniel C. Morris e Joel S. Brandon.
> *Reengenharia: reestruturando sua empresa.*
> São Paulo: Makron Books, 1994.

O enfoque tradicional para o desenvolvimento de sistemas e, por conseqüência, para a programação baseia-se no conceito de que um sistema é um conjunto de programas inter-relacionados que atuam sobre um determinado conjunto de dados que se deseja manipular de alguma forma para obter os resultados desejados. O enfoque da modelagem de sistemas por objetos procura enxergar o mundo como um conjunto de objetos que interagem entre si e apresentam características e comportamento próprios representados por seus atributos e suas operações. Os atributos estão relacionados aos dados, e as operações, aos procedimentos que um objeto executa.

Assim, supondo que se deseja desenvolver um sistema de controle de estoque para uma empresa, procura-se identificar os objetos relacionados a esse sistema, como os produtos, os pedidos de compra, os recibos, as pessoas etc., conforme detalharemos a seguir. Portanto, pode-se dizer que é possível modelar, por meio da orientação a objetos, um setor, um departamento e até uma empresa inteira.

Esse enfoque justifica-se, de forma resumida, pelo fato de que os objetos existem na natureza muito antes de haver qualquer tipo de negócio envolvido ou qualquer tipo de sistema para controlá-los. Equipamentos, pessoas, materiais, produtos, peças, ferramentas, combustíveis, documentos etc. existem por si sós e possuem características próprias determinadas por seus atributos (nome, tamanho, cor, peso) e um determinado comportamento no mundo real relacionado aos processos do qual participam.

A Figura 3.1 mostra a diferença entre as abordagens estruturada e orientada a objetos, sendo que, na primeira, o programa é constituído apenas de processos (procedimentos e funções) e os dados são tratados de forma independente. Em orientação a objetos, os dados e as operações que os afetam fazem parte de uma única estrutura.

A discussão que se segue, sobre os princípios da orientação a objetos, é de fundamental importância para o entendimento e o uso adequado de linguagens que se baseiam nesse paradigma, como é o caso do Java, empregada nos exemplos deste livro. A linguagem e seus componentes foram desenvolvidos respeitando esses princípios, e os programas desenvolvidos por seu intermédio devem, da mesma forma, respeitá-los.

O uso adequado dos recursos da linguagem tem como objetivo aproveitar seus benefícios, como reutilização de código e aumento da produtividade, segurança por meio do encapsulamento de dados e operações, robustez dos programas, aplicações e facilidade de desenvolvimento, alteração e manutenção dos programas e aplicações.

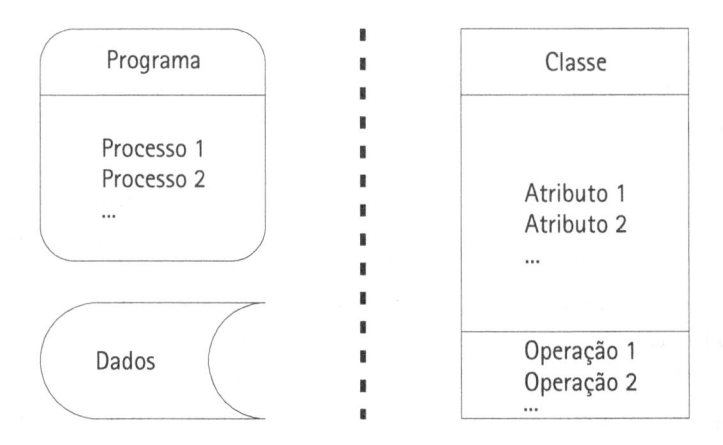

FIGURA 3.1 Enfoque tradicional × enfoque orientado a objetos.

3.3.1 O que é um objeto?

Um dos princípios básicos da orientação a objetos é o do próprio objeto. Um **objeto** é uma extensão do conceito de objeto do mundo real, em que se podem ter coisas *tangíveis*, um *incidente* (evento ou ocorrência) ou uma *interação* (transação ou contrato).

Por exemplo, em um sistema acadêmico em que João é um *aluno* (*objeto*) e Carlos é um *professor* (*objeto*) que ministra *aulas* (*objeto*) da *disciplina* (*objeto*) algoritmos, para poder assistir às aulas da disciplina do prof. Carlos, João precisa fazer uma *matrícula* (*objeto*) no *curso* (*objeto*) de computação.

Com base no texto anterior, temos as seguintes ocorrências de objetos:

» tangíveis: aluno e professor;
» incidente: curso, disciplina, aula;
» interação: matrícula.

A identificação dos objetos em um sistema depende do nível de abstração de quem faz a modelagem, podendo ocorrer a identificação de diferentes tipos de objetos (exemplificados na Figura 3.2) e diferentes tipos de classificação destes. Não existe um modelo definitivamente correto; isso dependerá de quem faz a modelagem e de processos sucessivos de refinamento, até que se possa encontrar um modelo adequado a cada aplicação.

> Abstração consiste em concentrar-se nos aspectos essenciais, próprios, de uma entidade e em ignorar suas propriedades acidentais. Isso significa concentrar-se no que um objeto é e faz, antes de decidir como ele deve ser implementado em uma linguagem de programação.

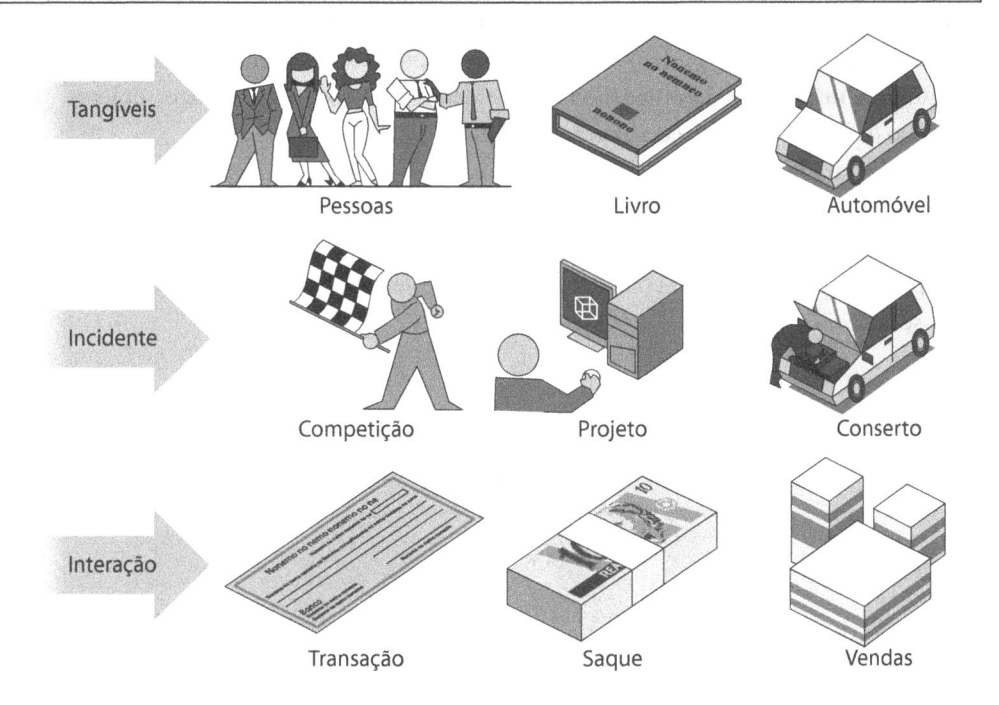

FIGURA 3.2 Tipos de objetos.

3.3.2 Como visualizar um objeto?

Pode-se imaginar um objeto como algo que guarda dentro de si dados ou informações sobre sua estrutura (seus atributos) e possui um comportamento definido por suas operações (Figura 3.3).

Os dados ficam protegidos pela interface, que se comunica com os demais objetos do sistema. Nessa interface, representada pela camada mais externa de nosso modelo, estão as operações. Todo tipo de alteração nos dados do objeto (atributos) somente poderá ser feito por meio das operações, as quais recebem as solicitações externas, fazem as alterações nos dados (se permitidas) e retornam outras informações para o meio externo.

3.3.3 Conceito de classes

Como o conceito de objeto, o de classe é muito importante para o entendimento da orientação a objetos. No mundo real, costumamos classificar os objetos com os quais lidamos, a fim de facilitar o tratamento e a forma de referenciá-los. É muito comum ouvirmos, por exemplo, que os produtos alimentícios sofreram um aumento de preços; produtos alimentícios agrupam um conjunto específico de alimentos que pode ser considerado uma classe.

Uma **classe** é uma coleção de objetos que podem ser descritos por um conjunto básico de atributos e possuem operações semelhantes. Falamos em um conjunto básico de atributos e operações semelhantes, pois veremos adiante que nem todos os objetos da mesma classe precisam ter exatamente o mesmo conjunto de atributos e operações.

Quando um objeto é identificado com atributos e operações semelhantes em nosso sistema, diz-se que pode ser agrupado em uma classe. Esse processo é chamado de **generalização**. Por outro lado, pode ocorrer que um objeto, ao ser identificado, constitua-se, na verdade, de uma classe de objetos, visto que dele podem se derivar outros objetos. Já esse processo é chamado de **especialização**.

Na Figura 3.4, partindo-se de uma classe *veículos*, observa-se a existência de vários tipos de veículos e a criação de especializações como: os *utilitários*, os veículos *esporte*, os de *passeio* e os de transporte de *passageiros*. Porém, se os veículos *utilitários*, *esporte*, de *passeio* e de transporte de *passageiros* são considerados tipos de veículos, pode-se generalizar criando-se a classe *veículos*.

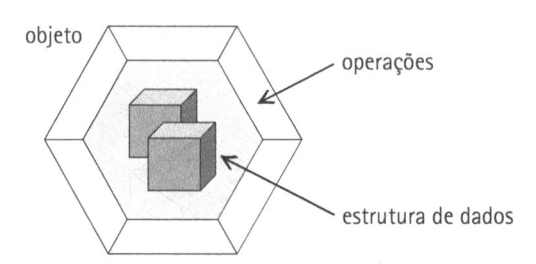

FIGURA 3.3 Interpretação da visualização de um objeto.

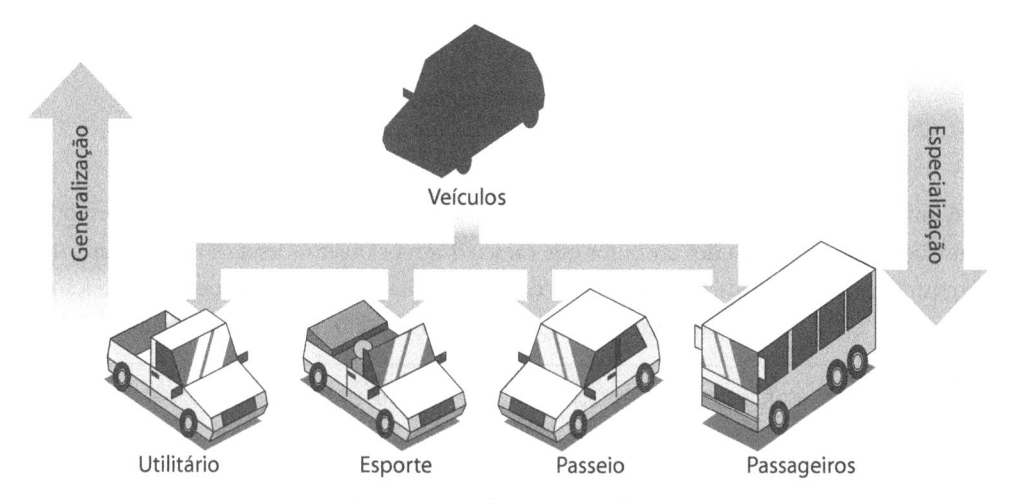

FIGURA 3.4 Generalização e especialização.

O critério para criar a classe ou as especializações dessa classe está relacionado aos atributos e às operações de cada um dos objetos. Assim, podemos dizer que para todos os tipos de veículos temos atributos genéricos como: *marca*, *modelo*, *ano* de fabricação, *potência* do motor, número de *eixos*, capacidade de *carga* etc. Temos, também, operações semelhantes para todos, como: *incluir novo*, *alterar dados*, *selecionar*, *excluir* etc.

Nada impede, contudo, que os veículos de *passeio* sejam subdivididos em outros tipos, como os tipos *sedan*, *minivan* etc. Nesse caso, a classe *veículos* teria uma subclasse *passeio*, e desta derivariam os veículos *sedan* e as *minivans*.

Apresentamos a seguir um pequeno trecho de código em linguagem Java para declaração da classe Veiculos. Trata-se de uma amostra de código apenas para ilustrar o procedimento. Mais detalhes serão tratados quando da apresentação dos exemplos no decorrer dos próximos capítulos.

```
1.    public class Veiculos {
2.        private String marca;
3.        private String modelo;
4.        private int ano;
5.        private int potencia;
6.        private int eixos;
7.        private int carga;
8.
9.        public Veiculos(String marca, String modelo,
10.       int ano, int potencia, int eixos, int carga){
11.           this.marca = marca;
12.           this.modelo = modelo;
13.           this.ano = ano;
14.           this.potencia = potencia;
15.           this.eixos = eixos;
16.           this.carga = carga;
```

```
17.          }
18.          public void alterar(String modelo){
19.              this.modelo = modelo;
20.          }
21.  }
```

A linha 1 mostra a instrução para declaração do nome da classe, as linhas de 2 a 7 correspondem às instruções de declaração dos atributos que caracterizam os objetos dessa classe. As linhas de 9 a 17 mostram o método construtor de objetos da classe, o qual é o responsável pela instanciação, e as linhas de 18 a 20 mostram um método para alteração do modelo de um determinado veículo.

> Método de uma linguagem orientada a objetos é a implementação de uma operação, que pode ser considerada, grosso modo, como equivalente a uma função ou procedimento.

3.3.4 Instâncias de objetos

As classes são modelos que servem para a geração ou a criação de objetos com as características para ela definidas, funcionando como um padrão. Como exemplo, considere que será modelado um sistema para uma revendedora de veículos que comercializa os veículos conforme o esquema citado. Cada novo veículo adquirido pela revendedora seria cadastrado no sistema obedecendo sua classificação. Supondo que o veículo seja um automóvel de passeio do tipo *sedan*, cria-se um novo objeto dessa classe, que será chamada de uma **instância** de objeto, conforme o seguinte esquema:

Classe	Veículos	Veículos
Subclasse	Passeio	Passeio
Subclasse	Sedan	Minivan
Instância	marca: Opel	marca: Stylus
	modelo: Fire	modelo: SW
	ano: 2006	ano: 2007
	potência: 195 cv	potência: 250 cv
	eixos: 2	eixos: 2
	carga: 850 kg	carga: 900 kg

Dessa forma, para cada novo veículo adquirido seria criada uma nova instância de objeto de uma determinada subclasse.

3.3.5 Herança

Foi dito anteriormente que uma classe é constituída de objetos com atributos e operações semelhantes. Esse princípio orienta a implementação da **herança**. A herança nada mais é do que a implementação da generalização; é o compartilhamento de atributos e operações entre classes com base em um relacionamento hierárquico. Quando se cria uma nova instância de um objeto, dizemos, em orientação a objetos, que esse novo objeto "herda" os atributos e as operações de sua classe.

No exemplo de instância de objeto, foi visto que um novo veículo adquirido possuía os seguintes atributos: marca: Opel; modelo: Fire; ano: 2006; potência: 195 cv; eixos: 2; e carga: 850 kg. Os nomes e tipos desses atributos são herdados da classe *veículos*, bem como suas operações: *incluir novo*, *alterar dados*, *selecionar*, *excluir*. Em outras palavras, o objeto da classe Sedan de marca Opel poderá executar as mesmas operações definidas em sua classe, sem que para tanto elas tenham de ser redefinidas para ele.

O conceito de herança é importantíssimo na orientação a objetos, bem como na programação e nos exemplos que serão apresentados neste livro. Os códigos escritos na definição da classe, os atributos e as operações são aproveitados por suas subclasses e instâncias de objeto, o que reduz o número de linhas de programação, gera maior qualidade e facilita a programação, a verificação de erros e futuras correções.

3.4 ESCREVENDO PROGRAMAS EM JAVA

As instruções de Java podem ser escritas em um arquivo de texto ou em ambientes integrados que possibilitem a edição e a compilação de programas. Existem vários ambientes integrados para desenvolvimento de aplicativos em Java, chamados de IDE, do inglês *Integrated Development Environment*. Esses ambientes oferecem ao usuário diversos recursos que facilitam a tarefa de escrever códigos complexos, como editor, compilador, depurador e gerador de distribuições.

Dentre as diversas ferramentas IDE disponíveis, destacamos algumas cujo download pode ser realizado gratuitamente:

BlueJ – Criada pela Universidade Monash (Austrália) e mantida por um grupo de pesquisadores da Universidade Deakin (Austrália) e da Universidade de Kent (Reino Unido), com apoio da Sun Microsystems. Suportada pelas plataformas: Solaris, Linux, Mac OS e Windows. Disponível em: www.bluej.org.

Eclipse – Foi criada pela IBM e atualmente é mantida por uma comunidade sem fins lucrativos, a Eclipse Foundation. Suportada pelas plataformas: Linux Mac OS e Windows. Disponível em: www.eclipse.org.

JCreator – Desenvolvida e distribuída pela holandesa Xinox Software, possuindo uma versão profissional e uma gratuita para Windows. Disponível em: www.jcreator.com.

Jdeveloper – Criada e mantida pela Oracle. Suportada pelas plataformas: Linux, Mac OS e Windows. Disponível em: www.oracle.com.

NetBeans – Criada e mantida pela Sun Microsystems. Suportada pelas plataformas: Solaris, Linux, Mac OS e Windows. Disponível em: www.sun.com.br.

A escolha da IDE depende do objetivo e da experiência do desenvolvedor. Algumas ferramentas são mais simples e adequadas para programadores iniciantes, outras são mais sofisticadas, oferecendo recursos profissionais.

Para desenvolver os exemplos e exercícios apresentados neste livro, o uso de uma ferramenta de desenvolvimento não é fundamental, bastando baixar e instalar o ambiente Java Developmente Kit (JDK) disponibilizado no site da Sun Microsystems (http://java.sun.com). No Apêndice apresentamos um tutorial de instalação.

Vamos analisar um exemplo simples de uma aplicação Java, que faz o cálculo da operação de potenciação.

```
import javax.swing.JOptionPane;
public class Potencia{
    public static void main(String[] args){
        JOptionPane.showMessageDialog(null, "Resultado: " +
Math.pow(5,4));
    }
}
```

Agora, vamos detalhar cada uma das partes do programa do exemplo, destacando e comentando cada uma das linhas de código.

```
import javax.swing.JOptionPane;
```

import – palavra que inicia uma declaração de importação de pacotes adicionais para o funcionamento do programa. Java possui um pacote básico (java.lang) de programas necessários ao seu funcionamento, que é importado automaticamente; contudo, funcionalidades adicionais podem requerer outros pacotes.

javax.swing – pacote de implementação de componentes gráficos da linguagem como janelas, caixas de texto, botões etc. Um pacote (*package*) possui um conjunto de classes.

JOptionPane – classe que disponibiliza recursos de exibição de mensagens ao usuário como avisos, solicitação de entrada de dados ou apresentação dos resultados.

> Informações adicionais sobre pacotes e outras características da linguagem estão no Apêndice.

```
public class Potencia{
```

public – modificador da classe que indica que esta possui acesso irrestrito ou público.

class – palavra reservada que antecede o nome na declaração de uma classe, que é composta por um conjunto de instruções delimitadas por chaves.

Potencia – nome da classe.

> O nome da classe, por convenção, deve começar com uma letra maiúscula e ter as demais letras em minúsculo. São aceitos, na composição do nome, letras, números, _ (underline/sublinha) e $, contudo não deve haver espaços e não pode ser uma palavra reservada da linguagem. Se o nome da classe for composto por várias palavras, por convenção, para cada palavra a primeira letra deve ser escrita em maiúsculo. Exemplos:
>
> class Exemplo1
> class ExemploDeClasse
> class Exemplo_01
> class Exemplo$
> class $exemplo
> class _exemplo

```
    public static void main(String[] args){
```
public – modificador do método que indica que este é acessível a objetos de outras classes.

static – qualificador do método que indica que este poderá ser invocado do nome da classe; indica que é compartilhado por todos os outros métodos da classe.

void – indica que este método realizará uma tarefa, mas que não terá nenhum valor de retorno.

main – indica ao compilador que este é o método principal, a parte que receberá atenção inicial durante a execução do programa.

`(String[] args)` – lista de argumentos que poderá ser passada (ou não) para o método por meio de linha de comando. Neste caso, é um vetor de *Strings* denominado args.

`JOptionPane.showMessageDialog(null, "Resultado: " + Math.pow(5,4));`

JOptionPane – classe que disponibiliza caixas de diálogo configuráveis.

showMessageDialog – método que gera uma caixa de diálogo para exibição de mensagens.

null – indica que a mensagem será apresentada no centro da tela.[2]

"Resultado: " – texto que é exibido na caixa de mensagem.

+ – operador de concatenação do texto anterior com o valor retornado na execução do cálculo matemático.

Math.pow(5, 4) – chamada do método pow da classe Math que faz a operação de potenciação (5 elevado a 4) e retorna o resultado que é exibido na caixa de mensagem. A classe Math faz parte do pacote básico da linguagem, o java.lang.

> Outros detalhes da programação serão tratados no decorrer da apresentação dos exemplos, bem como poderão ser obtidos no Apêndice, que traz informações sobre a estrutura dos principais pacotes da linguagem Java.

3.5 EXERCÍCIOS PARA FIXAÇÃO

1. Faça um comparativo entre a programação estruturada e a programação orientada a objetos e cite as vantagens de cada uma.
2. Quais são as principais características da programação estruturada?
3. Quais são as principais características da programação orientada a objetos?
4. Quais são as principais características da programação linear?
5. Explique a principal diferença e a principal similaridade entre um procedimento e uma função na programação.
6. Explique o princípio da modularização aplicado na programação estruturada.

---

[2] showMessageDialog: a caixa de diálogo gerada pode receber outros parâmetros que não serão abordados. Para isso pode ser consultado Deitel (2007).

7. Pesquise as palavras-chave (ou reservadas) da linguagem de programação C e apresente-as em um quadro.
8. Apresente uma definição para objeto, sob o ponto de vista da orientação a objetos, citando três exemplos.
9. Identifique uma classe, relacione seus principais atributos (pelo menos 5) e dê exemplo de três objetos (instâncias) que fariam parte dela.
10. Aplicando o princípio da especialização, identifique uma classe e pelo menos três subclasses que fariam parte dela.

3.6 EXERCÍCIOS COMPLEMENTARES

1. Linguagens de baixo nível possuem uma forte interação com o hardware dos computadores. Pesquise as vantagens e desvantagens no uso dessas linguagens de programação.
2. Explique com mais detalhes o funcionamento do processo de compilação de um programa de computador.
3. Faça uma analogia entre os processos de compilação e interpretação de programas de computadores.
4. Pesquise e cite três linguagens de programação, diferentes das mencionadas neste capítulo, indicando para cada uma delas: origem, finalidade e classificação, considerando os tipos: seqüencial, estruturada e orientada a objetos.
5. A linguagem de programação Java possui características que a tornam vantajosa sob determinados aspectos e aplicações. Pesquise pelo menos três vantagens dessa linguagem e explique-as.
6. As linguagens de programação possuem instruções com sintaxe bastante semelhante, conforme discutido no item 3.1, que usam palavras-chave (reservadas) muito parecidas. Pesquise cinco palavras-chave que são usadas de forma análoga em Java e em C, explicando brevemente sua finalidade na construção dos comandos.
7. Explique melhor a questão da quebra de paradigma ocorrida com o surgimento da orientação a objetos.
8. Considere uma loja de automóveis que comercializa veículos novos e usados, nacionais e importados. Monte um esquema semelhante ao apresentado na Figura 3.4.
9. Um aplicativo gráfico para desenho de formas geométricas em duas dimensões usa uma série de figuras. Considerando que essas figuras são objetos de desenho, especifique quais seriam esses objetos, seus atributos e uma possível classificação, usando o princípio da generalização estudado.
10. Um ambiente integrado de desenvolvimento (IDE) apresenta muitos recursos para os desenvolvedores. Identifique pelo menos cinco recursos normalmente oferecidos e explique-os.

4 Conceitos básicos sobre algoritmos

» Tipos de dados
» Variáveis
» Constantes
» Operadores
» Tabela-verdade

OBJETIVOS:
Mostrar os tipos de dados básicos e seus desdobramentos na linguagem de programação Java; definir o conceito, a aplicação e a identificação de variáveis e constantes; demonstrar o uso dos operadores de atribuição, aritméticos, relacionais e lógicos tanto na notação algorítmica quanto na linguagem de programação Java; exemplificar a construção de expressões de atribuição, aritméticas e lógicas; mostrar a ordem de precedência matemática utilizada na resolução de problemas; apresentar a tabela-verdade como recurso que facilita o entendimento do uso dos operadores lógicos.

Os dados são, na verdade, os valores que serão utilizados para a resolução de um problema. Esses valores podem ser fornecidos pelo usuário do programa, podem ser originados de processamentos (cálculos) ou, então, de arquivos, bancos de dados ou outros programas.

> Dados × informações — Para alguns autores, os dados correspondem aos valores fornecidos na entrada e que serão processados, gerando uma informação.

Os dados são armazenados temporariamente em variáveis para que sejam processados de acordo com as especificações do algoritmo. Para que haja integridade no resultado obtido, os dados devem ser classificados de acordo com o tipo do valor a ser armazenado na variável, isto é, para evitar problemas que podem ser ocasionados por conta do fornecimento de valores inadequados à operação que será realizada. Por exemplo, vamos supor que o algoritmo deva especificar os passos para efetuar a soma de dois números quaisquer fornecidos pelo usuário, então, será feita uma operação aritmética (soma), que só poderá ser realizada com valores numéricos.

Os tipos de dados são definidos, normalmente, a partir dos tipos primitivos criados em função das características dos computadores. Como os dados manipulados pelos computadores durante a execução dos programas são armazenados na memória, esses tipos seguem as características de formato e espaço disponível nessa memória. Assim, são organizados em bits, bytes e suas combinações. Por exemplo, para representar um número inteiro, poderiam ser usados 2 bytes ou 16 bits. Isso resultaria em 2^{16} combinações possíveis para a representação de números, ou 65.536 possibilidades, considerando os estados possíveis que um bit pode assumir: 0 ou 1. Lembrando que os números poderiam assumir valores negativos e positivos nessa faixa, teríamos representações que iriam de –32.768 a 32.767, conforme pode ser verificado na Tabela 4.1.

> Byte – Conjunto de 8 bits que pode representar um caractere (letras, números ou símbolos especiais).
> Bit – A menor unidade de informação reconhecida pelo computador; pode representar os estados 0 (desligado) ou 1 (ligado).

4.1 TIPOS DE DADOS

Definir o tipo de dado mais adequado para ser armazenado em uma variável é uma questão de grande importância para garantir a resolução do problema. Ao desenvolver um algoritmo, é necessário que se tenha conhecimento prévio do tipo de informação (dado) que será utilizado para resolver o problema proposto. Daí, escolhe-se o tipo adequado para a variável que representará esse valor. Na confecção de algoritmos, utilizamos os tipos de dados primitivos (literal, inteiro, real e lógico), uma vez que os algoritmos apenas representam a resolução dos problemas. Já na confecção de programas, existem desdobramentos para esses tipos de dados a fim de adequá-los melhor ao propósito de cada linguagem e à resolução prática dos problemas. Veja na Tabela 4.1 as definições dos tipos de dados primitivos e seus desdobramentos na linguagem de programação Java.

> Alguns tipos de dados da linguagem de programação Java têm particularidades. Vejam a seguir quais são elas.

O tipo long deve ser identificado com a letra l para não ser "compactado" pela linguagem em um tipo inteiro. A compactação ocorre como uma maneira de reduzir o uso de memória.

Da mesma forma que tenta usar o mínimo de memória, a linguagem Java tenta utilizar o máximo de precisão possível. Assim, se um elemento do tipo float (7 casas de precisão após a vírgula) não for identificado com a letra f, a linguagem irá considerá-lo como do tipo double (15 casas de precisão após a vírgula), o que pode gerar vários erros de compilação e execução.

Essa é uma característica da linguagem Java e não deve ser estendida a outras linguagens. Por exemplo:

```
int n = 4;
long numero = 4561;
float pi = 3.14f;
double tamanho = 3.873457486513793;
```

> Em Java, String é uma classe definida, não um tipo primitivo, mas é utilizado para armazenar cadeias de caracteres como o tipo de dado primitivo literal.

TABELA 4.1 Tabela de tipos de dados

Primitivos		Específicos para linguagem de programação Java	
Tipos de dados	Definição	Tipos de dados	Capacidade de armazenamento na memória do computador, de acordo com a linguagem Java
Literal — também conhecido como texto ou caractere	Poderá receber letras, números e símbolos. Obs.: Os números armazenados em uma variável cujo tipo de dado é literal não poderão ser utilizados para cálculos	`char`	16 bits — Armazena Unicodes. Também é possível armazenar dados do tipo literal na classe String.
Inteiro	Poderá receber números inteiros positivos ou negativos	`byte`	8 bits — De (-128) até (127)
		`short`	16 bits — De (-32.768) até (32.767)
		`int`	32 bits — De (-2.147.483.648) até (2.147.483.647)
		`long`	64 bits — De (-9.223.372.036.854.775.808) até (9.223.372.036.854.775.807)
Real — também conhecido como ponto flutuante	Poderá receber números reais, isto é, com casas decimais, positivos ou negativos	`float`	32 bits — De (-3,4E—38) até (-3,4E+38)
		`double`	64 bits — De (-1,7E—308) até (+1,7E+308)
Lógico — também conhecido como booleano	Poderá receber verdadeiro (1) ou falso (0)	`boolean`	8 bits — Em Java, pode-se armazenar `true` ou `false`

4.1.1 Tipos construídos

Nos algoritmos, assim como nas linguagens de programação, existe a possibilidade de criar outros tipos de dados, chamados **tipos construídos**. O tipo construído mais comum consiste na declaração de um conjunto de campos que compõe um registro. Por exemplo:

```
Algoritmo Exemplo_Registro
Tipo
    Reg_paciente = registro
        Nome: literal
        Idade: inteiro
        Peso: real
    fim_registro
Var
    Paciente: Reg_paciente
...
```

Em Exemplo_Registro, o tipo Reg_paciente foi construído com um conjunto de campos (variáveis) de diversos tipos de dados primitivos. Após a construção, podem-se declarar variáveis que utilizem esse tipo. Em nosso exemplo, criamos a variável Paciente.

> Em Java, um registro corresponde a uma classe, geralmente composta por vários campos (atributos).

4.2 VARIÁVEIS

Nos algoritmos, as variáveis são utilizadas para representar valores desconhecidos, porém necessários para a resolução de um problema, que poderão ser alterados de acordo com a situação. Assim, dizemos que as variáveis armazenam valores (dados) temporariamente.

Quando um algoritmo é transcrito para uma determinada linguagem de programação, as variáveis também têm a função de armazenar dados temporariamente, mas na memória RAM do computador. Esses dados serão utilizados durante o processamento para a resolução do problema em questão.

> RAM (*random access memory*) – Memória temporária para armazenamento dos programas que estão sendo executados no computador.

4.2.1 Identificação das variáveis para os algoritmos

Toda variável deve ser identificada, isto é, deve receber um nome ou identificador. O nome de uma variável deve ser único e deve estar de acordo com algumas regras:

» Não utilizar espaços entre as letras. Por exemplo, em vez de nome do cliente, o correto seria nome_do_cliente ou nomecliente. O caractere "sublinha" ou "underline" (_) pode ser utilizado para representar o espaço entre as letras.
» Não iniciar o nome da variável com algarismos (números). Por exemplo: não usar 2valor. O correto seria valor2.
» Não utilizar palavras reservadas, isto é, palavras que são utilizadas nos algoritmos para representar ações específicas. Por exemplo:
Se: palavra que representa uma condição ou um teste lógico;
Var: palavra que representa a área de declaração de variáveis.
» Não utilizar caracteres especiais, como acentos, símbolos (?/:@# etc.), ç, entre outros.
» Ser sucinto e utilizar nomes coerentes.

> Cada linguagem de programação tem suas particularidades para declaração de variáveis. Essas particularidades devem ser conhecidas e observadas quando da atribuição dos nomes a elas.

4.2.2 Identificadores de variáveis para a linguagem Java

Em Java, os nomes para as variáveis são *case-sensitive*, isto é, nomes com letras maiúsculas são diferenciados de nomes com letras minúsculas. Por exemplo: NomeCliente é diferente de nomecliente e também de nomeCliente.
» Nomes devem começar com uma letra, um caractere sublinha ou underline (_) ou o símbolo cifrão ($). Os caracteres subseqüentes também podem ser algarismos.

» Não utilizar caracteres especiais, como acentos, símbolos (?/:@# etc.), ç, entre outros, exceto os citados.
» As letras podem ser maiúsculas ou minúsculas.
» Não podem ser utilizadas palavras reservadas, como final, float, for, int etc.

4.3 CONSTANTES

São valores que não sofrem alterações ao longo do desenvolvimento do algoritmo ou da execução do programa. Por exemplo, na expressão a seguir, o valor 3,415 é atribuído à constante pi e permanecerá fixo até o final da execução.[1]

```
pi ← 3,1415;
perimetro ← 2 * pi * raio;
```

Em Java, uma constante é uma variável declarada com o modificador final. Por exemplo:

```
final float pi = 3.1415f;
```

> Modificadores são utilizados para modificar a atribuição de classes, variáveis ou métodos.

As constantes devem ser declaradas como variáveis, cujo valor atribuído permanecerá inalterado ao longo do programa. Por isso, também são chamadas de **variáveis somente de leitura**.

4.4 OPERADORES

Os operadores são utilizados para representar expressões de cálculo, comparação, condição e atribuição. Temos os seguintes tipos de operadores: de atribuição, aritméticos, relacionais e lógicos.

4.4.1 Operadores de atribuição

São utilizados para expressar o armazenamento de um valor em uma variável. Esse valor pode ser predefinido (variante ou não) ou pode ser o resultado de um processamento. A Tabela 4.2 dá exemplos de operadores de atribuição simples.

TABELA 4.2 Operadores de atribuição simples

Representação utilizando-se a notação algorítmica	Representação utilizando-se a notação para linguagem Java
←	=

Exemplo:
    nome ← "Fulano de tal"
    resultado ← a + 5
    valor ← 3
	Exemplo:
	    nome = "Fulano de tal"
	    resultado = a + 5
	    valor = 3

---

[1] Observe que no exemplo de atribuição em pseudocódigo utilizou-se a vírgula como separador decimal. Já no exemplo escrito em Java, o separador decimal é o ponto.

> *Alguns autores utilizam : = como sinal de atribuição em algoritmos.*

4.4.2 Operadores aritméticos

São utilizados para a realização dos diversos cálculos matemáticos. Estão expostos a seguir, na Tabela 4.3.

TABELA 4.3 Operadores aritméticos

Operador	Representação utilizando-se a notação algorítmica	Representação utilizando-se a notação para linguagem Java	Exemplos em Java
Incremento	Utiliza-se uma expressão. Exemplo: a+1	++	Adiciona 1 ao valor de a. Exemplo: a++ — retorna o valor de a e depois adiciona 1 a esse valor; ++a — adiciona 1 ao valor de a antes de retorná-lo
Decremento	Utiliza-se uma expressão. Exemplo: a-1	--	Subtrai 1 do valor de a. Exemplo: a-- — retorna o valor de a e depois subtrai 1 desse valor; --a — subtrai 1 do valor de a antes de retornar
Multiplicação	*	*	a * b — Multiplica a por b
Divisão	/	/	a/b — Divide o valor de a por b
Exponenciação	^ ou **. Exemplo: 2^3 é 2^3	Vide nota	
Módulo	Mod. Exemplo: a mod b	%	a % b — Retorna o resto da divisão inteira de a por b. Por exemplo, se o valor de a fosse 9 e o valor de b fosse 2, teríamos 9%2; o resultado da divisão seria 4 e o resto (mod) seria 1
Adição	+	+	a + b — O valor de a é somado ao valor de b
Subtração	-	-	a - b — Do valor de a é subtraído o valor de b

> *Nem todos os operadores aritméticos utilizados na realização de cálculos podem ser diretamente representados por símbolos computacionais. Alguns deles são representados por funções matemáticas, como no caso da exponenciação e da radiciação. Em Java, essas operações e algumas outras são realizadas utilizando-se métodos da classe Math. Alguns desses métodos são mostrados no Apêndice.*

Funções matemáticas são programas especiais existentes nas bibliotecas das linguagens de programação e executam cálculos matemáticos mais complexos não suportados pelos operadores matemáticos básicos.

4.4.3 Operadores relacionais

São utilizados para estabelecer uma relação de comparação entre valores ou expressões (Tabela 4.4). O resultado dessa comparação é sempre um valor lógico (booleano) verdadeiro ou falso.

TABELA 4.4 Operadores relacionais

Operador	Representação utilizando-se a notação algorítmica	Representação utilizando-se a notação para linguagem Java	Exemplos em Java
Maior	>	>	`a > b` – Se o valor de `a` for maior do que o valor de `b`, retornará `verdadeiro`. Senão, retornará `falso`
Maior ou igual	>=	>=	`a >= b` – Se o valor de `a` for maior ou igual ao valor de `b`, retornará `verdadeiro`. Senão, retornará `falso`
Menor	<	<	`a < b` – Se o valor de `a` for menor do que o valor de `b`, retornará `verdadeiro`. Senão, retornará `falso`
Menor ou igual	<=	<=	`a <= b` – Se o valor de `a` for menor ou igual ao valor de `b`, retornará `verdadeiro`. Senão, retornará `falso`
Igual a	=	==	`a == b` – Se o valor de `a` for igual ao valor de `b`, retornará `verdadeiro`. Senão, retornará `falso`
Diferente de	<>	!=	`a != b` – Se o valor de `a` for diferente do valor de `b`, retornará `verdadeiro`. Senão, retornará `falso`

4.4.4 Operadores lógicos

São utilizados para concatenar ou associar expressões que estabelecem uma relação de comparação entre valores (Tabela 4.5). O resultado dessas expressões é sempre um valor lógico (booleano) `verdadeiro` ou `falso`.

A avaliação das expressões nas quais são utilizados os operadores lógicos está resumida na tabela-verdade (Tabela 4.6). Nesta é expresso o conjunto de possibilidades existentes para a combinação de variáveis ou expressões e operadores lógicos. Um exemplo de combinação entre variáveis é `A >= 5 .e. B != 10`, onde `A` e `B` são as variáveis, `>=` e `!=` são os operadores relacionais e `.e.` é o operador lógico. Um exemplo de combinação entre expressões é `A + B != X - 10`. A tabela-verdade é utilizada para facilitar a análise da combinação dessas expressões ou variáveis, conforme pode ser verificado a seguir:

Na tabela-verdade, pode-se verificar que as expressões `A = 5` e `B != 9` podem assumir quatro possibilidades, ou seja, ambas podem ser `verdadeiras` (primeira linha dos resultados possíveis), a primeira pode ser `verdadeira` e a segunda `falsa`, a primeira pode ser `falsa` e a segunda `verdadeira` ou ambas podem ser `falsas`. Essas combinações dependem, portanto, dos valores atribuídos às variáveis `A` e `B`.

TABELA 4.5 Operadores lógicos

Operador	Representação utilizando-se a notação algorítmica	Representação utilizando-se a notação para linguagem Java	Exemplos em Java
e	.e.	&&	a = 5 && b != 9 — Se o valor de a for igual a 5 e o valor de b for diferente de 9, então retornará verdadeiro. Caso contrário, retornará falso
ou	.ou.	||	a = 5 || b != 9 — Se o valor de a for igual a 5 ou o valor de b for diferente de 9, então retornará verdadeiro. Se ambas as comparações retornarem falso, o resultado será falso
não	.não.	!	! a > 5 — Se o valor de a for maior do que 5, retornará falso. Caso contrário, retornará verdadeiro

TABELA 4.6 Tabela-verdade

			Operador		
			&& (.e.)	|| (.ou.)	! (.não.)
Expressão algoritmo	A = 5	B <> 9	A = 5 .e. B <> 9	A = 5 .ou. B <> 9	.não. A = 5
Expressão em Java	A == 5	B != 9	A == 5 && B != 9	A == 5 || B != 9	!A == 5
Resultados possíveis	.v.	.v.	.v.	.v.	.f.
	.v.	.f.	.f.	.v.	.f.
	.f.	.v.	.f.	.v.	.v.
	.f.	.f.	.f.	.f.	.v.

Submetendo essas expressões aos operadores lógicos (&& – e, || – ou, ! – não), obtêm-se valores diferentes, dependendo do resultado que cada uma das expressões assumir individualmente. Assim, considerando a primeira linha de resultados possíveis, onde A = 5 é verdadeiro e B <> 9 também é, obtemos os seguintes resultados:

» verdadeiro para A = 5 .e. B <> 9: se A = 5 resulta verdadeiro e B <> 9, também o resultado associado ao operador && (e) também é verdadeiro;
» verdadeiro para A = 5 .ou. B <> 9: se A = 5 resulta verdadeiro e B <> 9 também, o resultado associado ao operador || (ou) também é verdadeiro;
» falso para ! A (não) = 5: se A = 5 é verdadeiro, a negação é falso.

Deduz-se que para o operador && o resultado será verdadeiro somente se ambas as expressões associadas assumirem o resultado verdadeiro. Para o operador ||, o resultado será verdadeiro se pelo menos uma das expressões associadas assumir o resultado verdadeiro.

4.4.5 Precedência dos operadores

Quando, em um algoritmo ou programa, uma expressão envolve mais de um operador, a ordem de avaliação das expressões segue a precedência deles. A precedência dos operadores define a ordem para execução das operações. Para as operações aritméticas temos a seguinte ordem, que deve ser avaliada sempre da esquerda para a direita:

1. São calculados os fatoriais.
2. São calculadas as funções, potência e raiz quadrada.
3. São calculadas as multiplicações e divisões.
4. São calculadas as adições e subtrações.

Exemplo: K ← A + B * √16 – 10mod3
  Considere: B ← 5 e A ← 2
  Substituindo as variáveis pelos valores que lhe foram atribuídos temos
  K ← 2 – 4 * √16 – 10mod3

1. Temos as expressões √16 e 10mod3 com a mesma precedência, sendo assim, vamos seguir a ordem das expressões, considerando-as da esquerda para a direita. Então, calcula-se √16, obtém-se o valor 4 e em seguida 10mod3 e obtém-se o valor 1, reconstruindo a expressão com os valores obtidos: K ← 2 + 5 * 4 – 1.
2. Calcula-se 5 * 4 = 20, reconstruindo a expressão, temos K ← 2 + 20 – 1.
3. Todas as operações resultantes têm a mesma precedência. Dessa maneira, seguimos calculando da esquerda para a direita: K ← 2 + 20 – 1 temos K ← 22 – 1.
4. Como resultado final: K ← 21!.

Para impor a realização de uma operação ou de um conjunto de operações em uma ordem diferente da ordem-padrão, podemos utilizar parênteses ou colchetes. Assim, a expressão anterior poderia ser escrita da seguinte maneira:

K ← (A + B) * √16 – 10mod3
  Considere: B ← 5 e A ← 2
  Substituindo as variáveis pelos valores que lhe foram atribuídos temos
  K ← (2 – 4) * √16 – 10mod3

1. Calcula-se a expressão entre parênteses (2 – 4); temos o resultado – 2.
   K ← –2 * √16 – 10mod3
2. Temos as expressões √16 e 10mod3 com a mesma precedência. Sendo assim, vamos seguir a ordem das expressões, considerando-as da esquerda para a direita. Então calcula-se √16, obtém-se o valor 4 e em seguida 10mod3 e obtém-se o valor 1, reconstruindo a expressão com os valores obtidos:

   K ← –2 * 4 – 1

3. Calcula-se –2 * 4, obtém-se –8; K ← –8 – 1
4. Como resultado final K ← –9!

Importante: Lembre-se de usar parênteses para isolar as operações que devem ser realizadas primeiro!

Vimos exemplos de precedência com o uso de operadores aritméticos, mas a precedência também aplica-se às operações relacionais e lógicas. Logo após a execução das operações aritméticas, devem ser realizadas as operações relacionais e, em seguida, as operações lógicas. A Tabela 4.7 apresenta os operadores e sua ordem de precedência.

Para exemplificar a precedência dos operadores relacionais e lógicos, vejamos o exemplo a seguir:

$A \leftarrow B + 2 > 5$ .ou. $C <> 4$ .e. $D = 0$

Considerando: $B \leftarrow 5$; $C \leftarrow 3$; $D \leftarrow 1$

Substituindo as variáveis pelos valores que lhe foram atribuídos:

$A \leftarrow 5 + 2 > 5$ .ou. $3 <> 4$ .e. $1 = 0$

1. Calculamos as expressões aritméticas $5 + 2$

    $A \leftarrow 7 > 5$. ou. $3 <> 4$ .e. $1 = 0$

2. Avaliamos as operações relacionais $7 > 5$ resulta .f.; $3 <> 4$ resulta .v.; $1 = 0$ resulta .f.

    $A \leftarrow$ .f. .ou. .v. .e. .f.

3. Por último, avaliamos as operações lógicas.

Lembre-se: O operador .e. tem prioridade sobre o operador .ou.; dessa maneira, avaliamos primeiro a expressão .v. e .f., que resulta .f.

Reescrevendo a expressão, temos: $A \leftarrow$ .f. .ou. .f.

4. Como resultado $A \leftarrow$ .f.!

TABELA 4.7 Precedência de operadores

Operador		Função realizada
Algoritmo	Java	
( ), [ ]	( )	Parênteses e colchetes são usados para agrupar expressões, determinando precedência, a exemplo das expressões matemáticas
^ ou **	pow(x, y)	Operador aritmético de potenciação
*, /	*, /	Operadores aritméticos de multiplicação e divisão
+, −	+, −	Operadores aritméticos de adição e subtração
←	=	Operador de atribuição
=, <, >, <=, >=, <>	==, >, <, >=, <=, !=	Operadores relacionais
.não.	!	Operador lógico de negação
.e.	&&	Operador lógico **e**
.ou.	||	Operador lógico **ou**

4.5 EXERCÍCIOS PARA FIXAÇÃO

1. Dadas as expressões a seguir, identifique o resultado verdadeiro ou falso que cada uma delas retornaria, em função dos valores dados.

$$A \leftarrow 2; B \leftarrow 7$$
Exemplo: A = 2 .e. B = 5
.v. .e. .f.
.f.

Resultado: falso (para A = 2, o resultado é verdadeiro; para B = 5, o resultado é falso. Como o operador é .e., o resultado final é falso).

Considerando os mesmos valores atribuídos para as variáveis A e B, avalie as expressões a seguir:

a) A = 3 .e. B = 7
b) A < 3 .ou. B <> 7
c) A <= 2 .e. B = 7
d) .não. A = 2 .e. B = 7
e) A < 5 .e. B > 2 .ou. B <> 7

2. Verifique se as variáveis a seguir possuem nomes corretos e justifique as alternativas falsas:

a) n#1 b) tempo c) n_1
d) $din e) n 1 f) K2K
g) n1 h) U F i) 2nome
j) dep k) nome2 l) val#r

3. Sabe-se que o uso incorreto da precedência de operadores ocasiona erros. Pensando nisso, avalie as expressões a seguir e:

I – Classifique a ordem em que as operações deverão ser executadas.

II – Determine o resultado das operações.

Considere os seguintes valores para as variáveis:

$$A \leftarrow 8; B \leftarrow 5; C \leftarrow -4; D \leftarrow 2$$

a) Delta ← B2 - 4 * A * C
b) J ← "Hoje" <> "HOJE"
c) Media ← (A + B + C + D) / 4
d) Media ← A + B + C + D / 4
e) Resultado ← A mod D / 5
f) Resultado ← (A mod D) / 5
g) X ← (A + B) – 10 * C
h) X ← A + B – 10 * C
i) Y ← A > 8 .e. B + C > D
j) Y ← A > 3 * 2 .ou. B + C <> D

4. Dados os enunciados a seguir, identifique quais variáveis e/ou constantes serão necessárias para representar os valores exigidos para resolver os problemas:

Exemplo: Uma pessoa foi ao armazém e comprou 5 kg de um determinado legume, cujo preço do quilo é 3,00. Considerando que essa pessoa poderia comprar outros produtos, como poderíamos escrever uma expressão que pudesse ser aproveitada para calcular o valor total da compra de cada produto.

» O produto poderia ser representado por produto
» A quantidade por qt
» O seu preço por p
» O total por tot

Dessa maneira, teremos as variáveis:

» produto, cujo tipo de dado é literal;
» quantidade, cujo tipo de dado é real;
» preco e tot, cujo tipo de dado também é real.

Resposta: As variáveis poderiam ser declaradas como se segue:

Var
    produto: literal
    qt, preco, tot: real

expressão para calcular o total da compra: tot ← preco * qt

a) A área de um retângulo é dada pela multiplicação do comprimento pela altura.

b) O cálculo do delta é obtido pela subtração de b elevado ao quadrado pelo resultado da multiplicação de 4 por a e por c.

c) Ler o nome de uma pessoa e sua data de nascimento. A partir da data atual, calcule a idade da pessoa.

5. Quando devemos utilizar os operadores relacionais?

6. Ao escrever uma expressão aritmética, por exemplo, devemos considerar a precedência dos operadores. Explique o que é a precedência e como podemos impor a precedência de alguma operação.

7. Qual a função dos operadores lógicos?

8. Considere a expressão a seguir e indique a ordem em que serão realizadas as operações:

   $X \leftarrow Y + 2 < j$ .ou. $d > 5$ .e. $k <> 3$

9. Verifique se as afirmações a seguir são verdadeiras ou falsas:

   a) Em uma expressão que utiliza operadores aritméticos, lógicos e relacionais, são realizadas primeiro as comparações.

   b) Ao avaliar uma expressão que faz uso do operador lógico .e. o resultado será verdadeiro apenas quando todas as expressões envolvidas resultarem verdadeiro.

   c) Nos algoritmos, as variáveis são utilizadas para representar valores.

   d) Como regra, os nomes de variáveis devem iniciar com um número.

10. Explique por que ao declararmos uma variável faz-se necessária a especificação do tipo de dados que terá.

4.6 EXERCÍCIOS COMPLEMENTARES

1. Considere a seguinte atribuição de valores para as variáveis:

   $A = 3$, $B \leftarrow 4$ e $C \leftarrow 8$

   Avalie as expressões a seguir indicando o resultado final: verdadeiro ou falso.

   a) $A > 3$ .e. $C = 8$
   b) $A <> 2$ .ou. $B <= 5$
   c) $A = 3$ .ou. $B >= 2$ .e. $C = 8$
   d) $A = 3$ .e. .não. $B <= 4$ .e. $C = 8$
   e) $A <> 8$ .ou. $B = 4$ .e. $C > 2$
   f) $B > A$ .e. $C <> A$
   g) $A > B$ .ou. $B < 5$
   h) $A <> B$ .e. $B = C$
   i) $C > 2$ .ou. $A < B$
   j) $A > B$ .ou. $B > A$ .e. $C <> B$

2. Complete a tabela-verdade a seguir:

Expressão			Operador		
			.e.	.ou.	.não.
	A = 4	B <> 5	A = 4 .e. B <> 5	A = 4 .ou. B <> 5	.não. A = 4
Resultados possíveis					

3. Construa a tabela-verdade para as expressões:
   a) A >= 3 .ou. B = 5
   b) A <> 9 .e. B <= 6
   c) .não. A = 2 .ou. B >= 1
   d) A > 3 .e. B <> 5 .ou. C < 8

4. Dada a declaração de variáveis:

   Var A,B,C: inteiro;
       X,Y,Z: real;
       Nome, Rua: literal;
       L1: lógico;

   e atribuindo-se a essas variáveis os valores:

A ← 1	X ← 2,5	Nome ← "Pedro"
B ← 2	Y ← 10,0	Rua ← "Girassol"
C ← 3	Z ← -1,0	L1 ← .v.

   Determine o resultado das expressões a seguir:
   a) Nome = Rua
   b) X > Y .e. C <= B
   c) (C – 3 * A) < (X + 2 * Z)
   d) ((Y / 2) = X) .ou. ((B * 2) >= (A + C))
   e) .não. L1
   f) .não. C = B .e. X + Y <= 20 .ou. L1 <> .v.

5. A velocidade média de um veículo é dado pela expressão Vm = ΔS/ Δt, onde:

   ΔS: variação de espaço (ponto de chegada – ponto de partida) em quilômetros
   Δt: intervalo de tempo (tempo final – tempo inicial) em horas
   a) Quais são as variáveis com os respectivos tipos de dados necessários para que possamos calcular a velocidade média de um veículo para percorrer um determinado percurso?
   b) Escreva uma expressão computacionalmente válida para resolver a questão anterior.

6. O índice de massa corporal (IMC) é uma fórmula utilizada para verificar se um adulto está acima do peso, obeso ou abaixo do peso ideal considerado saudável. A fórmula utilizada para calcular o IMC é dada pela expressão: IMC = peso/(altura)^2.
   a) Quais são as variáveis com os respectivos tipos de dados necessários para que possamos calcular o IMC de uma pessoa?
   b) Escreva uma expressão computacionalmente válida para resolver a questão anterior.

7. O salário mínimo é reajustado anualmente. Para isso, o governo determina o percentual de reajuste.
   a) Quais são as variáveis com os respectivos tipos de dados necessários para que possamos calcular o valor do salário reajustado.
   b) Escreva a expressão para calcular o valor do salário reajustado.

8. Explique o conceito de variáveis e constantes.

9. Explique o que é precedência de operadores.

10. O que é tabela-verdade?

5 Construção de algoritmos: estruturas de controle

» Entrada e saída de dados
» Estruturas de seleção (de decisão ou de desvio)
» Estruturas de repetição

OBJETIVOS:
Abordar as técnicas para entrada e saída de dados e as estruturas para controle do fluxo de dados em pseudocódigo, fluxograma e na linguagem de programação Java.

Imagine que pretendemos construir um aparelho para realizar uma tarefa qualquer na casa do comprador. Como não moramos na casa dos possíveis compradores, não sabemos se o aparelho será utilizado da maneira que planejamos e, portanto, devemos prever os possíveis comportamentos do aparelho para que cumpra suas tarefas sem problemas para o comprador. Quando fazemos um programa, devemos saber construí-lo para prever qualquer intenção que o usuário tenha ao utilizar esse programa.

Entrada → Processamento → Saída

É importante ressaltar a seqüência de fatos que fundamentam a lógica computacional: a **entrada** dos dados que serão **processados** para obter a **saída**. Os dados que entram em processamento sofrem transformações resultantes do processo e uma saída é produzida, representando a solução de um problema. Vamos fazer uma breve análise desses dois aspectos de um programa.

5.1 ENTRADA

A entrada elementar de dados é feita por meio do teclado (dispositivo-padrão) e é representada por:

```
Ler (variavel)
```

Para uma variável inteira, por exemplo, esse comando procura uma seqüência de caracteres que representem os dígitos de um inteiro eventualmente precedidos por um sinal + ou –. Nesse caso, são descartados eventuais caracteres brancos, e, partindo do primeiro caractere não branco, a rotina de leitura assume que encontrou uma cadeia de caracteres que está de acordo com a sintaxe dos inteiros.

Se isso não acontece, ocorre um erro fatal, e a execução do programa é interrompida. Se a rotina encontra um caractere que atenda à sintaxe de um inteiro, ela continua a consumir caracteres até que encontre algo diferente, como um caractere branco.

Durante o processo, a seqüência de caracteres que satisfaz a sintaxe de um inteiro é convertida em um valor binário. Ao final do processo, o valor binário resultante é armazenado na memória RAM do computador, na posição correspondente à variável inteira para a qual a rotina de entrada procurou um valor.

Quando falamos que caracteres brancos são descartados, estamos apenas exemplificando. Isso ocorre também com caracteres de formatação de texto como o de tabulação, o de mudança de linha e o de "retorno de carro".

Ao digitarmos dados pelo teclado, eles são "ecoados" na tela do monitor do computador, isto é, são mostrados na tela conforme vão sendo digitados. Enquanto não se pressiona uma tecla de mudança de campo (Enter para *DOS* ou Tab para telas gráficas), o processo de leitura não é disparado e o programa suspende a execução do comando de leitura que está solicitando dados do usuário. Ao ocorrer o disparo pressionando-se da tecla Enter (ou Tab), a execução do programa é retomada nesse ponto.

No caso particular da linguagem Java, todas as variáveis lidas por meio do teclado são reconhecidas como caracteres da tabela Unicode. Como a linguagem é rigorosa quanto aos dados que manipulará, para ler uma variável de um tipo qualquer, deve-se utilizar um processo denominado coerção, que nada mais é do que a produção de um valor com o tipo diferente do original.

5.2 SAÍDA

É claro que um computador e toda sua programação não seriam de nenhuma utilidade se o programa não mostrasse o resultado das operações. O dispositivo-padrão de saída é o monitor do computador, e essa saída é representada com o comando:

```
Mostrar (variável)
```

A maioria das linguagens de programação possui recursos que permitem fazer uma formatação básica da saída de tela com comandos que escrevem na mesma linha ou "pulam" para a linha inferior, ou apresentam os resultados em caixas de diálogo.

EXEMPLO 5.1 – Como é costume, o primeiro programa que se aprende a fazer em qualquer linguagem é um aplicativo que mostra uma frase na tela: "Alô Mundo!" Nesse programa não é necessário o uso de variáveis.

Pseudocódigo:
```
1. Algoritmo Primeiro
2. Início
3.   Mostrar ("Alô Mundo!")
4. Fim.
```

Na linha 1, o algoritmo é identificado. As linhas 2 e 4 representam o início e o fim do algoritmo. A linha 3 é a ação que o algoritmo tem de realizar.

Fluxograma:

```
   Início
     │
     ▼
 "Alô Mundo!"
     │
     ▼
    Fim
```

Para escrevermos o programa em Java, temos duas opções para apresentar a saída dos dados ao usuário. No Exemplo 5.2A, a mensagem de saída será apresentada no *prompt* da janela DOS; no Exemplo 5.2B, a mensagem de saída será apresentada em uma caixa de diálogo no padrão Windows®.

EXEMPLO 5.2A – Saída via linha de comando

```
1. public class Primeiro{
2.   public static void main(String args[]){
3.     System.out.println("Alô Mundo!");
4.   }
5. }
```

Na linha 1, `public class Primeiro` indica o nome do programa, e no caso do Java, todos os programas são classes. Na linha 2, `public static void main(String args[])` indica o bloco de instruções que serão executadas seqüencialmente quando o programa for requisitado pelo usuário. Todo aplicativo escrito em Java deve possuir um bloco indicado dessa maneira, para poder ser executado. `System.out.println("Alô Mundo!")` é a instrução que ordena a exibição da frase na saída do sistema, e as chaves { e } indicam início e fim de bloco, respectivamente.

> ⚠ A linguagem Java é sensível a maiúsculas e minúsculas. Isso quer dizer que as palavras reservadas devem ser escritas exatamente como são definidas! *class* em vez de *Class*, *public* em vez de *PUBLIC*, por exemplo.

EXEMPLO 5.2B – Saída via interface gráfica (caixa de diálogo)

```
1. import javax.swing.JOptionPane;
2. class Primeiro{
3.   public static void main(String args[]){
4.     JOptionPane.showMessageDialog(null,"Alô Mundo!");
5.   }
6. }
```

Para que possamos utilizar as caixas de diálogo disponibilizadas pelo pacote gráfico, devemos indicar isso ao compilador; a instrução `import` realiza essa tarefa. O nome do pacote que será utilizado é `javax.swing` e a classe desse pacote, que disponibiliza os recursos de interfaces gráficas, é a `JOptionPane`. Na linha 2, `class Primeiro` indica o nome do programa. No caso do Java, todos os programas são classes, como no Exemplo 5.2A.

Na linha 3, `public static void main(String args[])` indica o bloco de instruções que serão executadas seqüencialmente quando o programa for requisitado pelo usuário. Todo aplicativo escrito em Java deve possuir um bloco indicado dessa maneira para poder ser executado.

`JOptionPane` é a classe que disponibiliza as caixas de diálogo, `showMessageDialog` é o método da classe `JOptionPane` que utilizaremos para exibir as mensagens ao usuário. (`null`, "Alô Mundo!") são os parâmetros passados para o método; `null` é utilizado para indicar que a caixa de diálogo aparecerá centralizada no vídeo, sem vínculo com outra tela, e "Alô Mundo!" é a mensagem que aparecerá na caixa de texto, conforme a Figura 5.1.

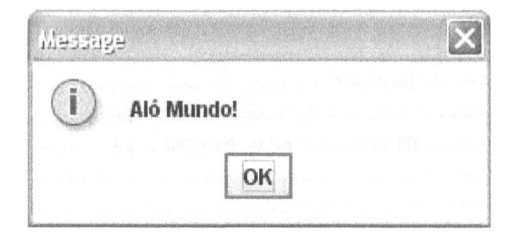

FIGURA 5.1 Caixa de mensagem.

Para saber mais sobre os recursos da linguagem de programação Java, consulte Deitel & Deitel (2007).

EXEMPLO 5.3 – O exemplo a seguir pergunta qual é o nome do usuário e o escreve novamente na tela.

Pseudocódigo:
```
1. Algoritmo ExEntrada
2. Var
3.   nome : literal
```

```
4. Início
5.    Mostrar ("Qual o seu nome?")
6.    Ler (nome)
7.    Mostrar (nome)
8. Fim.
```

Neste exercício, é necessário o uso de uma variável para representar o armazenamento do nome do usuário; a declaração dessa variável é feita na linha 3. As linhas 5, 6 e 7 são as ações necessárias para a realização da tarefa; na linha 5 está sendo exibida a mensagem "Qual o seu nome?"; as mensagens sempre devem estar entre aspas.

Na linha 6, é indicado que deve ser lido (fornecido) um valor para a variável nome. Na linha 7, o conteúdo da variável nome está sendo exibido.

Fluxograma:

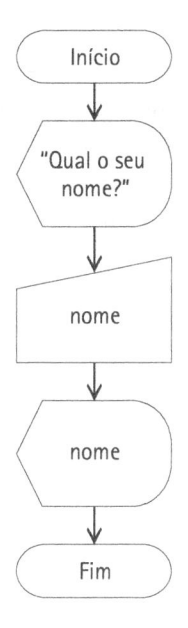

```
        Início
          │
          ▼
     "Qual o seu
        nome?"
          │
          ▼
         nome
          │
          ▼
         nome
          │
          ▼
         Fim
```

Java:
```
1. import javax.swing.JOptionPane;
2.    class ExEntrada {
3.       public static void main(String args[]){
4.          String nome;
5.          nome = JOptionPane.showInputDialog("Qual o seu nome?");
6.          JOptionPane.showMessageDialog(null, "O seu nome é " +
   nome);
7.       }
8. }
```

As linhas 1, 2 e 3 são similares ao Exemplo 5.1 – estamos declarando a variável nome de acordo com o tipo de dados alfanumérico, representado no Java pela classe String. A variável nome está recebendo um valor que será fornecido por meio de uma caixa de diálogo. Para isso, utiliza-se a classe `JOptionPane` e o método `showInputDialog`; esse método disponibiliza caixas de diálogo para entrada de dados fornecidos pelo usuário pelo teclado. Na caixa podemos colocar uma mensagem de orientação ao usuário, conforme ilustramos na Figura 5.2.

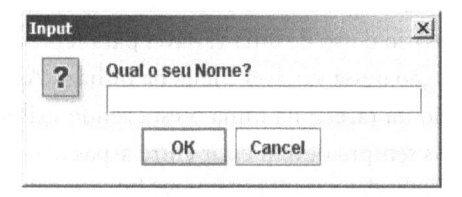

FIGURA 5.2 Caixa para entrada de dados.

> Não vamos nos aprofundar nas características da caixa de entrada de dados. Para alterar suas configurações, consulte Deitel & Deitel (2007).

Ao final, apresentamos ao usuário uma mensagem, por meio de uma caixa de diálogo similar ao procedimento realizado no Exemplo 5.1. A mensagem apresentada é o resultado da operação de concatenação entre um texto predefinido "O seu nome é" e a variável nome (o operador para concatenação é o sinal +). O resultado obtido pode ser visualizado na Figura 5.3.

FIGURA 5.3 Caixa para saída de dados.

EXEMPLO 5.4 – O programa a seguir pergunta qual é o nome do usuário e escreve-o novamente na tela.

Pseudocódigo:
```
1.      Algoritmo ExSoma
2.      Var
3.        valor1, valor2, soma : inteiro
4.      Início
5.        Mostrar ("Qual o primeiro valor?")
6.        Ler (valor1)
7.        Mostrar ("Qual o segundo valor?")
8.        Ler (valor2)
9.        soma ← valor1 + valor2
10.       Mostrar (soma)
11.     Fim.
```

Nesse exemplo, além da exibição de mensagens e entrada de dados, ocorre também um processamento determinado pela operação aritmética de adição entre as variáveis `valor1` e `valor2` e pela atribuição do resultado à variável `soma` (linha 9).

Fluxograma:

```
                    ┌─────────┐
                    │  Início │
                    └────┬────┘
                         ▼
                    ╱"Qual    ╲
                   ╱ o primeiro╲
                   ╲  valor?"  ╱
                    ╲─────────╱
                         ▼
                    ┌─────────┐
                    │ valor1  │
                    └────┬────┘
                         ▼
                    ╱"Qual    ╲
                   ╱ o segundo ╲
                   ╲  valor?"  ╱
                    ╲─────────╱
                         ▼
                    ┌─────────┐
                    │ valor2  │
                    └────┬────┘
                         ▼
                  ┌──────────────┐
                  │ soma ← valor1│
                  │    + valor2  │
                  └──────┬───────┘
                         ▼
                    ╱         ╲
                   ╱   soma    ╲
                    ╲─────────╱
                         ▼
                    ┌─────────┐
                    │   Fim   │
                    └─────────┘
```

Java:
```
1.      import javax.swing.JOptionPane;
2.      class ExSoma{
3.        public static void main (String args []){
4.          int valor1, valor2, soma;
5.          valor1 = Integer.parseInt(JOptionPane.
   showInputDialog("Qual o primeiro valor?"));
6.          valor2 = Integer.parseInt(JOptionPane.
   showInputDialog("Qual o segundo valor?"));
7.          soma = valor1 + valor2;
8.          JOptionPane.showMessageDialog(null, "Resultado " +
   soma);
9.        }
10.     }
```

Repare que as linhas 1, 2, 3, 9 e 10 são iguais às do programa anterior. Essas linhas são características da linguagem e não afetam a lógica do problema. Daqui para frente, vamos comentar apenas os códigos que diferem dos exemplos abordados anteriormente.

Na linha 4, declaramos três variáveis do tipo inteiro: `valor1` e `valor2` são utilizadas para armazenar os valores fornecidos pelo usuário e `soma` para armazenar o resultado do cálculo.

Nas linhas 5 e 6 são atribuídos os valores fornecidos pelas caixas de diálogo, observe que estamos utilizando a expressão `Integer.parseInt(JOptionPane.showInputDialog("Qual o primeiro valor?"))`. Isso é necessário, pois os valores fornecidos por meio das caixas de diálogo, por padrão, são do tipo `String`. Dessa maneira, para armazenarmos na variável declarada, precisamos fazer a conversão de tipo de dados – nesse caso, de `String` para `int` (alfanumérico para inteiro). Essa operação é realizada pelo método `parseInt` da classe `Integer`, e o valor passado para conversão está sendo obtido pelo método `showInputDialog`, que funciona conforme vimos nos exemplos anteriores.

> ⚠️ Observe que estamos utilizando métodos aninhados, isto é, um método Java sendo utilizado dentro de outro. Faremos isso muitas vezes!

5.3 ESTRUTURAS DE SELEÇÃO OU DECISÃO

As estruturas de seleção ou decisão são utilizadas quando existe a necessidade de verificar condições para a realização de uma instrução ou de uma seqüência de instruções. Os testes de seleção também podem ser utilizados para verificar opções de escolha. A seguir são apresentados exemplos para os dois casos.

Suponha que uma pessoa esteja jogando um jogo de computador:

1. Para que o jogador passe de uma fase (etapa) para a fase seguinte, é necessário que se verifique se ele atingiu a pontuação exigida. Assim, existe uma condição para a realização de uma seqüência de instruções para liberar o acesso à próxima fase do jogo.
2. Ao final do jogo, uma pergunta é feita: "Deseja continuar jogando?" O jogador poderá escolher entre as respostas **sim** ou **não**.

As estruturas de seleção podem ser do tipo simples, composto ou encadeado.

5.4 ESTRUTURAS DE SELEÇÃO SIMPLES

São utilizadas para verificar se dada condição é atendida: se for, um conjunto de instruções deverá ser executado; se não for, o fluxo da execução do algoritmo seguirá após o fim do bloco de decisão.

> ℹ️ Toda condição pode ser encarada como uma pergunta que pode ter a resposta verdadeiro (.v.) ou falso (.f.).

Pseudocódigo:
```
1. Se (condição) então [início do bloco de decisão]
2.    conjunto de instruções
3. Fim-Se [fim do bloco de decisão]
```

Fluxograma:

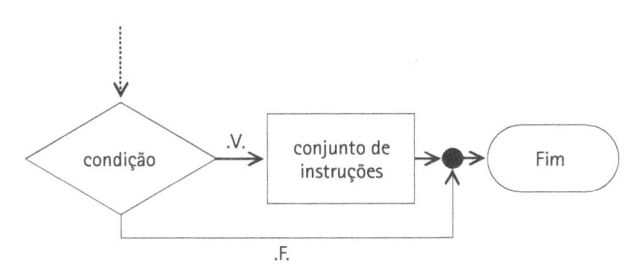

Java:
```
1. if (condição){
2.    <conjunto de instruções>
3. }
```

> O conjunto de instruções deve ser delimitado por chaves.
> Quando o teste de condição resultar verdadeiro, sempre será executado o primeiro conjunto de instruções encontrado. Caso contrário, isto é, se a condição resultar falso, será realizado o segundo conjunto de instruções, ou seja, o conjunto de instruções após o senão (Exemplo 5.5).

EXEMPLO 5.5 – Verificar se um número fornecido pelo usuário é ímpar. Se for, exibir a mensagem: "O número informado é ímpar".

Pseudocódigo:
```
1.       Algoritmo no_impar
2.       Var
3.        numero: inteiro
4.       Início
5.         Ler (numero)
6.         Se (numero mod 2 = 1) Então
7.            Mostrar ("O número informado é ímpar")
8.         Fim-Se
9.       Fim.
```

Neste exemplo, na linha 6 é feita a avaliação da condição. Como só existe uma instrução a ser realizada (mostrar a mensagem "O número informado é ímpar"), então esta é uma estrutura de seleção simples. A expressão (numero mod 2 = 1) é utilizada para verificar se o número fornecido pelo usuário é ímpar. O operador mod devolve o resto de uma divisão por inteiros; dessa maneira, o número fornecido pelo usuário será dividido por 2, e o resto da divisão será comparado ao valor 1. Por exemplo, supondo que o usuário digite o valor 9, a operação realizada será:

```
9 mod 2 = 1 – Divide-se 9 por 2, o resultado da divisão é 4 e o resto da divisão é 1
1 = 1      – Os valores são comparados e o resultado obtido é verdadeiro.
```

O exemplo anterior pode ser executado com qualquer valor para testar a condição. Esse procedimento é denominado **teste de mesa**.

Fluxograma:

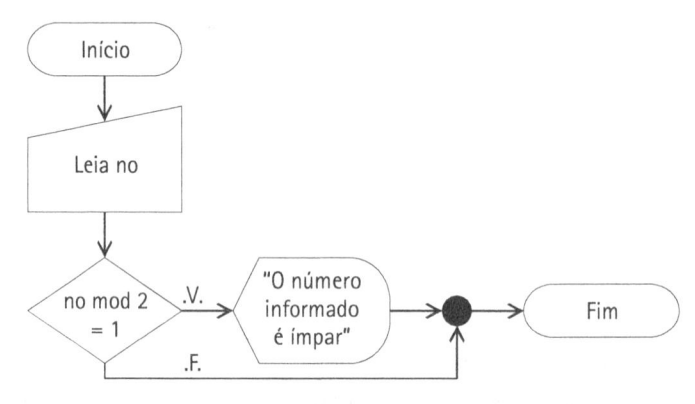

Java:
```
1.       import javax.swing.JOptionPane;
2.       class NumImpar{
3.         public static void main(String args []){
4.           int numero ;
5.           numero = Integer.parseInt(JOptionPane.
             showInputDialog("Qual o número "));
6.           if (numero % 2 == 1){
7.             JOptionPane.showMessageDialog(null, "O número é
               ímpar");
8.           }
9.         }
10.      }
```

Na linha 6, a condicional avalia se o número é ímpar ao verificar se o resto da divisão desse número por 2 é igual a 1. Se isso for verdadeiro, então a mensagem escrita na linha 7 será mostrada na tela. Observe que % é o operador que determina o resto da divisão e == é o operador que compara o resultado dessa operação com 1. Em Java, o operador = determina atribuição de valor, e o operador == determina comparação de valores.

5.5 ESTRUTURAS DE SELEÇÃO COMPOSTAS

A **estrutura de seleção composta** prevê dois conjuntos de instruções para serem realizados de acordo com a avaliação da condição: um conjunto de instruções que será realizado quando a condição resultar verdadeiro e um conjunto de instruções para resultado falso.

Pseudocódigo:
```
1. Se (condição) então
2.    conjunto de instruções A [conjunto de instruções que será realizado se o
      teste de condição resultar verdadeiro]
3. Senão
4.    conjunto de instruções B [conjunto de instruções que será realizado se o
      teste de condição resultar falso]
5. Fim-Se
```

Fluxograma:

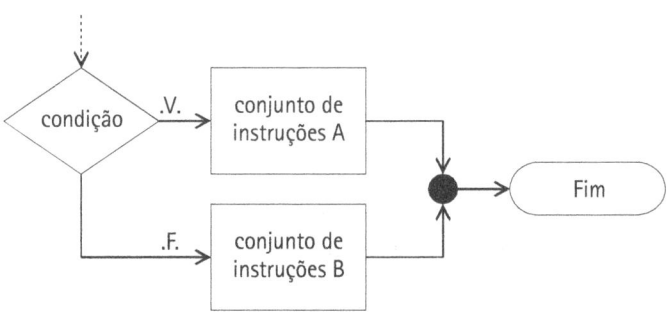

Java:
```
1. if (condição)
2. {
3.    <conjunto de instruções A>;
4. }
5. else
6. {
7.    <conjunto de instruções B>;
8. }
```

Alguns autores utilizam o modelo a seguir para endentação das chaves que delimitam o conjunto de instruções. Neste capítulo, utilizaremos o modelo proposto anteriormente para facilitar a visualização do conjunto de instruções que será executado para uma situação (.v.) ou outra (.f.).

```
1. if (condição){
2.    <conjunto de instruções A>;
3. }else{
4.    <conjunto de instruções B>;
5. }
```

EXEMPLO 5.6 — A empresa XSoftwares Ltda. concedeu um bônus de 20 por cento do valor do salário a todos os funcionários com tempo de trabalho na empresa igual ou superior a cinco anos e de 10 por cento aos demais. Calcular e exibir o valor do bônus.

Para resolver o problema, é necessário conhecer o valor do salário e o tempo de serviço do funcionário. Para isso, serão utilizadas as variáveis salario e tempo, que representarão esses valores. Para armazenar o valor do bônus, será utilizada a variável bonus.

Pseudocódigo:

```
1.       Algoritmo Premio
2.       Var
3.         salario, bonus: real
4.         tempo: inteiro
5.       Início
6.         Ler (salario)
7.         Ler (tempo)
8.         Se (tempo >= 5) então
9.            bonus ← salario * 0.20
10.        Senão
11.           bonus ← salario * 0.10
12.        Fim-Se
13.        Mostrar ("O valor do bônus é", bonus)
14.      Fim.
```

Na linha 8 é feito o teste para verificação da condição que foi estabelecida no enunciado. Essa é uma condição com resposta verdadeira e uma instrução para resposta falsa, por isso é uma condição composta.

Fluxograma:

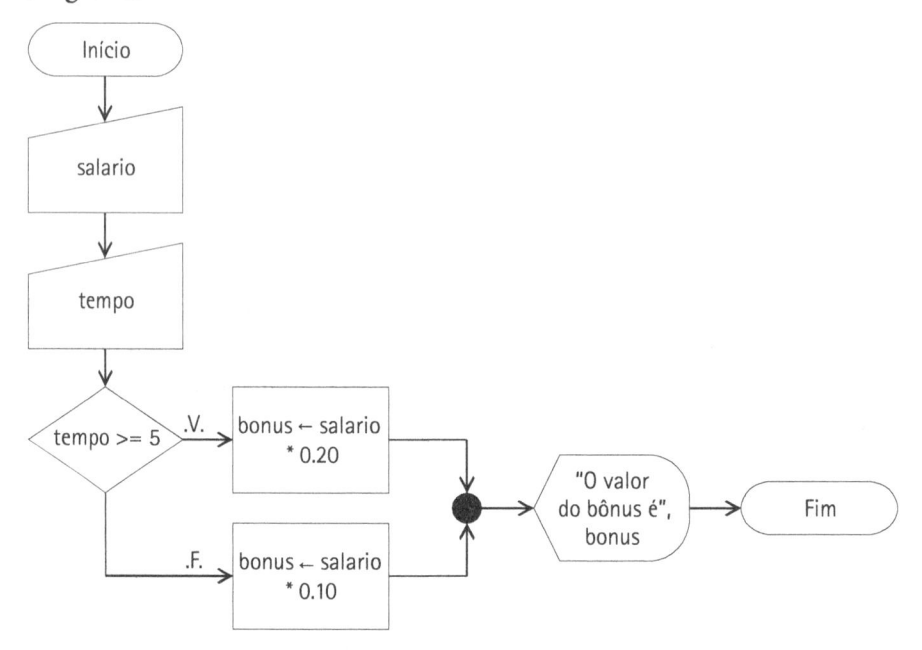

Java:

```java
1.     import javax.swing.JOptionPane;
2.     class Premio {
3.       public static void main (String args []){
4.         float salario, bonus;
5.         int tempo;
```

```
6.         salario = Float.parseFloat(JOptionPane.
   showInputDialog("Qual o salário?"));
7.         tempo = Integer.parseInt(JOptionPane.showInputDialog("A
   quanto tempo está na empresa?"));
8.         if (tempo >= 5)
9.         {
10.          bonus = salario * 0.20f;
11.        }
12.        else
13.        {
14.          bonus = salario * 0.10f;
15.        }
16.        JOptionPane.showMessageDialog(null, "O valor do bônus
   é: " + bonus);
17.    }
18.      }
```

Nas linhas 4 e 5 são declaradas as variáveis necessárias para a resolução do problema e a implementação do programa. Observe que `salario` e `bonus` são variáveis do tipo `real` (no Java, *float*), e o `tempo` é uma variável do tipo `inteiro`. Nas linhas 6 e 7, em que é feita a entrada (leitura) deses valores, isso é observado pela conversão adequada dos valores de entrada com as funções `Float.parseFloat()` e `Integer.parseInt()`.

Na linha 8, a condição é avaliada: se o resultado for verdadeiro será executado o conjunto de instruções delimitado pelas chaves das linhas 9 e 11; se o resultado for falso, será executado o conjunto de instruções delimitado pelas chaves das linhas 13 e 15. Observe, nas linhas 10 e 14, a letra `f` no final dos valores multiplicados (`0.20f` e `0.10f`): essa é outra característica da linguagem Java que garante que o tipo resultante será um valor real do tipo `float`.

5.6 ESTRUTURAS DE SELEÇÃO ENCADEADAS

Uma **estrutura de seleção encadeada** é uma seqüência de testes de seleção, os quais serão executados ou não de acordo com o resultado das condições e com o encadeamento dos testes. Isto é, um teste de seleção pode ter dois conjuntos de instruções, conforme visto na seção "Estruturas de seleção compostas", um para resultado verdadeiro e outro para falso, porém esses conjuntos de instruções podem conter outros testes de seleção, que, por sua vez, também podem conter outros, e assim por diante.

Pseudocódigo:
```
1. Se (condição_1) então
2.    Se (condição_2) então          [Se encadeado]
3.       conjunto de instruções A
4.    Senão
5.       conjunto de instruções B
6.    Fim-Se
7. Senão
8.    conjunto de instruções C
9. Fim-Se
```

No modelo acima, se a condição_1 resultar *verdadeiro*, então será realizado o teste da condição_2; se esse teste resultar *verdadeiro*, será realizado o conjunto de instruções A; se resultar *falso*, será realizado o conjunto de instruções B. Se o teste da condição_1 resultar *falso*, será realizado o conjunto de instruções C.

Fluxograma:

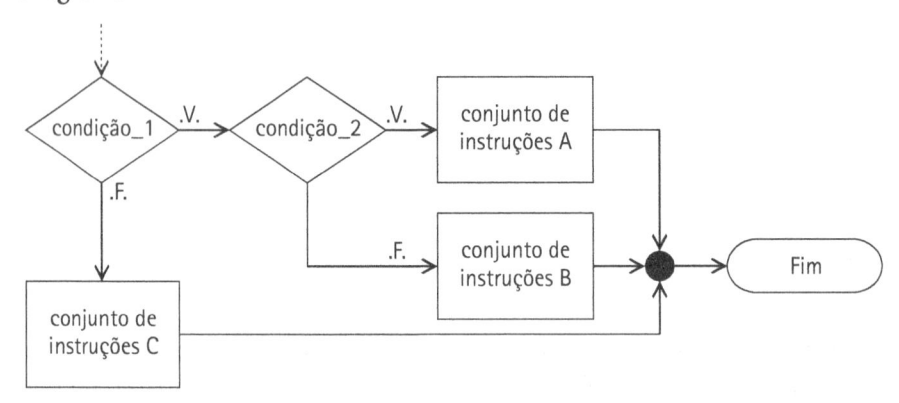

Java:
```
1.  if (<condição_1>)
2.  {
3.    if (<condição_2>)                    [If encadeado]
4.    {
5.     <conjunto de instruções A>
6.    }
7.    else
8.    {
9.     <conjunto de instruções B>
10.   }
11. }
12. else
13. {
14.   <conjunto de instruções C>
15. }
```

EXEMPLO 5.7 – Faça um algoritmo que receba três valores que representarão os lados de um triângulo e serão fornecidos pelo usuário. Verifique se os valores formam um triângulo e classifique esse triângulo como:

equilátero – três lados iguais;
isósceles – dois lados iguais;
escaleno – três lados diferentes.

Lembre-se de que, para formar um triângulo, nenhum dos lados pode ser igual a zero, um lado não pode ser maior do que a soma dos outros dois.

Pseudocódigo:

```
1.      Algoritmo triangulo
2.      Var
3.         A,B,C: inteiro
4.      Início
5.         Ler (A, B, C)
6.         Se (A <> 0) .e. (B <> 0) .e. (C <> 0) então
7.            Se (A + B > C) .e. (A + C > B) .e. (B + C > A) então
8.               Se (A <> B) .e. (A <> C) .e. (B <> C) então
9.                  Mostrar ("É um triângulo escaleno")
10.              Senão
11.                 Se (A = B) .ou. (B = C) então
12.                    Mostrar ("É um triângulo equilátero")
13.                 Senão
14.                    Mostrar ("É um triângulo isósceles")
15.                 Fim-Se
16.              Fim-Se
17.           Senão
18.              Mostrar ("Os valores não formam um triângulo")
19.           Fim-Se
20.        Senão
21.           Mostrar ("Os valores não formam um triângulo")
22.        Fim-Se
23.     Fim.
```

Na resolução do Exemplo 5.7 são feitos testes de condição encadeados, isto é, testes de condição do conjunto de instruções para uma resposta (ou para ambas) contendo outro teste de condição. Na linha 6 do pseudocódigo e na linha 10 do programa ocorre um teste de condição para verificar se os valores fornecidos podem formar um triângulo. Assim, se essa primeira condição for atendida, isto é, se a resposta for verdadeira, outro teste será realizado nas linhas 7 do pseudocódigo e 12 do programa; então, novamente, se essa condição for verdadeira, serão realizados os testes das linhas 8 e 11 do algoritmo e 12 e 14 do programa para classificar o triângulo de acordo com seu tipo.

Fluxograma:

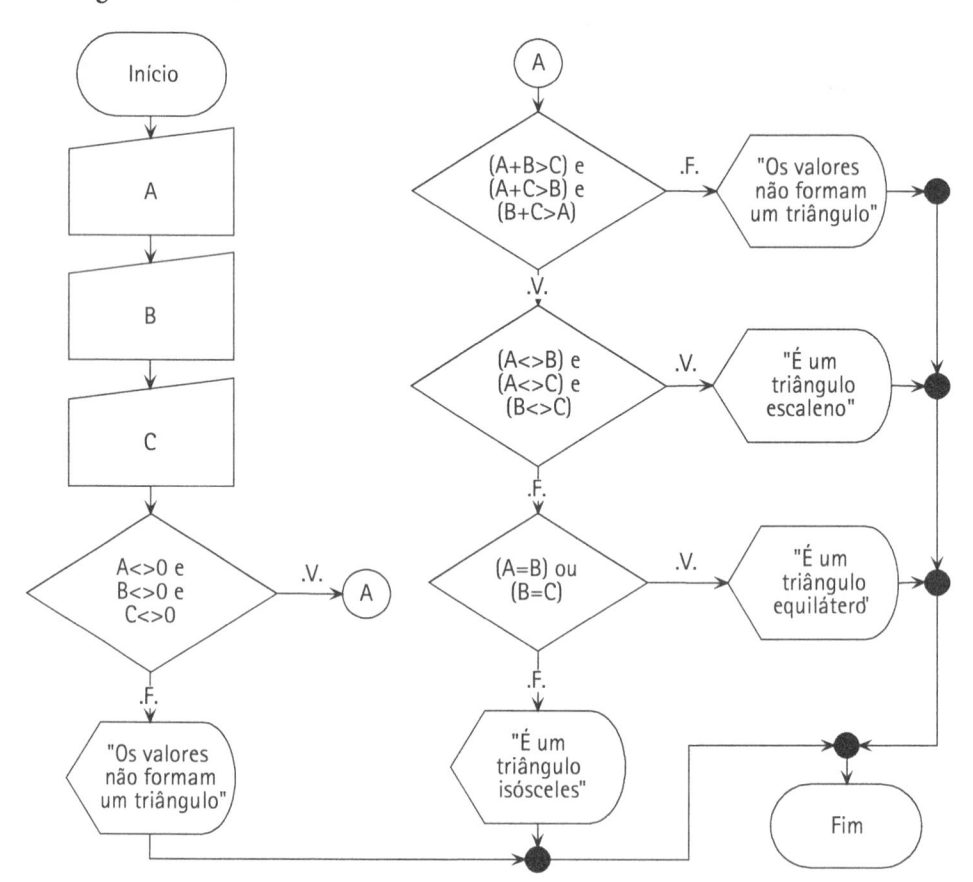

Java:
```
1.    import javax.swing.*;
2.    class Triangulo
3.     {
4.     public static void main (String args[])
5.       {
6.        int A, B, C;
7.        A = Integer.parseInt(JOptionPane.showInputDialog("Lado A "));
8.        B = Integer.parseInt(JOptionPane.showInputDialog("Lado B "));
9.        C = Integer.parseInt(JOptionPane.showInputDialog("Lado C "));
10.       if (A != 0 && B != 0 && C != 0)
11.         {
12.         if (A + B > C && A + C > B && B + C > A)
13.           {
14.           if (A != B && A != C && B != C)
15.             {
```

```
16.            JOptionPane.showMessageDialog(null, "Escaleno");
17.            }
18.            else
19.            {
20.            if (A == B && B == C)
21.              {
22.              JOptionPane.showMessageDialog(null,
    "Equilátero");
23.              }
24.              else
25.              {
26.              JOptionPane.showMessageDialog(null, "Isósceles");
27.              }
28.            }
29.          }
30.          else
31.          {
32.          JOptionPane.showMessageDialog(null, "Não forma um
    triângulo");
33.          }
34.        }
35.        else
36.        {
37.        JOptionPane.showMessageDialog(null, "Não forma um
    triângulo");
38.        }
39.      }
40. }
```

5.7 ESTRUTURAS DE SELEÇÃO DE MÚLTIPLA ESCOLHA

Uma **estrutura de seleção de múltipla escolha** é uma estrutura de seleção que funciona como um conjunto de opções para escolha. É também denominada **estrutura de seleção homogênea**. Existem duas maneiras para representá-la: utilizando o encadeamento da instrução Se e utilizando a instrução escolha caso. A segunda opção é a mais indicada.

Estrutura com condicionais encadeadas:
```
1. Se variável = Tal_Coisa_1 então
2.   faça   conjunto de instruções A
3. Senão
4.   Se variável = Tal_Coisa_2 então
5.     faça   conjunto de instruções B
6.   Senão
7.     Se variável = Tal_Coisa_3 então
8.       faça   conjunto de instruções C
9.     Senão
10.      faça   conjunto de instruções D
11.    Fim-se
12.   Fim-se
13. Fim-se
```

Estrutura com seleção de múltipla escolha:
```
1. Escolha variável
2.   Caso Tal_Coisa_1:
3.     faça    conjunto de instruções A
4.   Caso Tal_Coisa_2:
5.     faça    conjunto de instruções B
6.   Caso Tal_Coisa_3:
7.     faça    conjunto de instruções C
8.   Caso Contrário:
9.     faça    conjunto de instruções D
10. Fim-Escolha
```

Fluxograma:

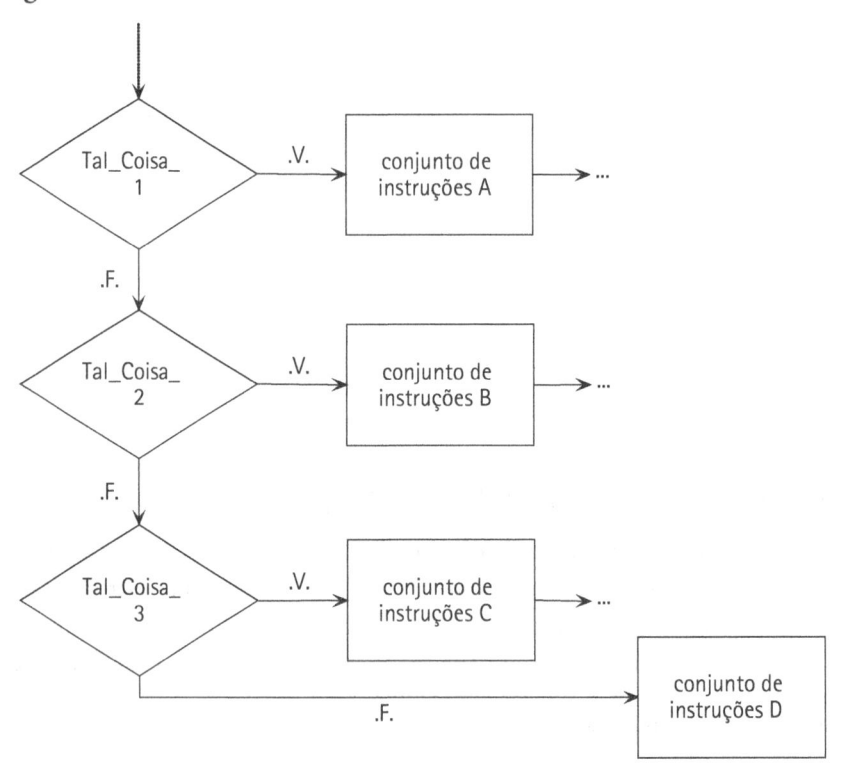

Java:
```
1. switch (<variável>)
2. {
3.   case <Tal_Coisa_1> :
4.     <conjunto de instruções A>;
5.     break;
6.   case <Tal_Coisa_2> :
7.     <conjunto de instruções B>;
8.     break;
9.   case <Tal_Coisa_3> :
```

```
10.     <conjunto de instruções C>;
11.     break;
12.  default:
13.     <conjunto de instruções D>;
14. }
```

> A palavra reservada *break* é utilizada na linguagem Java para garantir que apenas a instrução selecionada seja executada. Sem esse modificador de fluxo, todas as instruções da seleção encontrada também seriam executadas.

EXEMPLO 5.8 – Ler o código de um produto e exibir seu nome de acordo com a tabela a seguir.

Código do produto	Nome do produto
001	Caderno
002	Lápis
003	Borracha
Qualquer outro	Diversos

Pseudocódigo utilizando a instrução `escolha caso`:
```
1.      Algoritmo produto
2.      Var
3.         codigo: inteiro
4.      Início
5.        Ler (codigo)
6.        Escolha codigo
7.           Caso 001: Mostrar ("O produto é caderno")
8.           Caso 002: Mostrar ("O produto é lápis")
9.           Caso 003: Mostrar ("O produto é borracha")
10.          Caso contrário: Mostrar ("Diversos")
11.       Fim-Escolha
12.     Fim.
```

Pseudocódigo utilizando a instrução `Se`:
```
1.      Algoritmo produto
2.      Var
3.         Codigo: inteiro
4.      Início
5.        Ler (codigo)
6.        Se Codigo = 001 então
7.           Mostrar ("O produto é caderno")
8.        Senão
9.           Se Codigo = 002 então
10.             Mostrar ("O produto é lápis")
11.          Senão
12.             Se Codigo = 003 então
13.                Mostrar ("O produto é borracha")
```

```
14.            Senão
15.               Mostrar( "Diversos")
16.            Fim-Se
17.         Fim-Se
18.      Fim-Se
19. Fim.
```

Fluxograma:

A representação da resolução por meio do fluxograma é igual para as duas possibilidades, tanto utilizando a instrução `escolha caso` quanto a instrução `Se`.

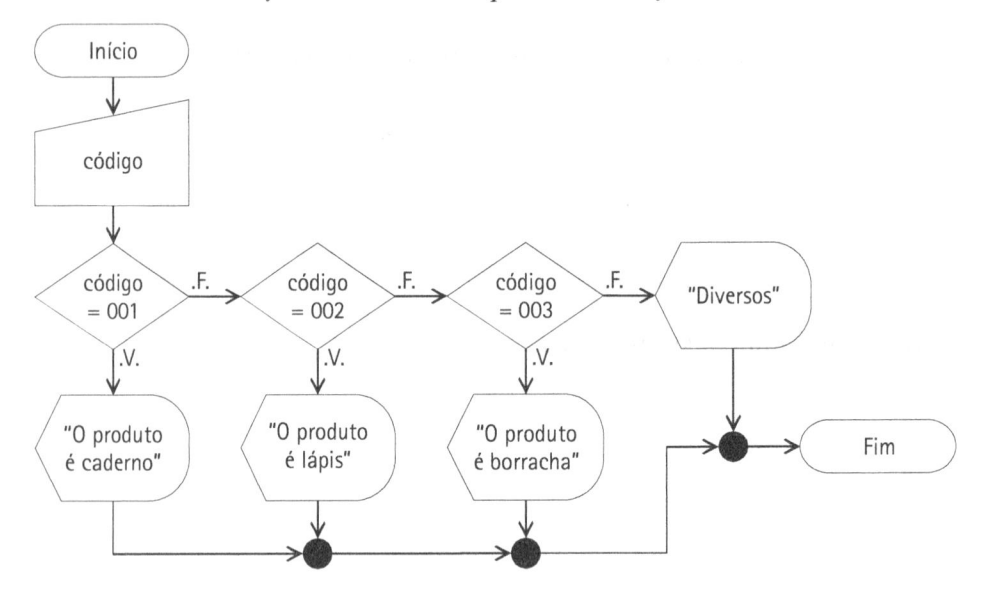

Java utilizando `escolha`:

```
1.    import javax.swing.JOptionPane;
2.    public class Produto{
3.      public static void main(String args []){
4.        int codigo;
5.        codigo = Integer.parseInt(JOptionPane.
      showInputDialog("Digite o código"));
6.        switch (codigo)
7.        {
8.          case 001 : JOptionPane.showMessageDialog(null,"Caderno");
9.            break;
10.         case 002 : JOptionPane.showMessageDialog(null,"Lápis");
11.           break;
12.         case 003 : JOptionPane.showMessageDialog(null,"Borracha");
13.           break;
14.         default : JOptionPane.showMessageDialog(null,"Diversos");
15.       }
16.    }
17. }
```

5.8 ESTRUTURAS DE REPETIÇÃO

Em determinadas situações, temos de repetir o programa ou parte dele várias vezes, como no cálculo das médias das notas de um grupo de alunos. Reiniciar o programa para cada cálculo não é uma solução muito prática e, algumas vezes, é inviável. Uma solução comum é a utilização de **estruturas de repetição**. O conceito de repetição (ou *looping*) é utilizado quando se deseja repetir certo trecho de instruções por um número de vezes. O número de repetições pode ser conhecido antes ou não, mas, necessariamente, precisa ser finito.

Nem todas as estruturas de repetição possuem recursos para fazer a contagem do número de vezes que o laço deverá ser repetido; por isso, deve-se utilizar uma variável de apoio, sempre do tipo inteiro.

Exemplo:
```
1. Var
2.    contador : inteiro
3. Inicio
4.    contador ← 0
5.    ...
6.    contador ← contador + 1    [É a variável que deve ter seu
                                  valor acumulado]
```

Na expressão contador ← contador + 1, o + 1 é denominado incremento. Isso significa que, cada vez que for executado, acrescentará 1 à variável contador. O incremento não precisa ser necessariamente 1 – pode ser qualquer outro valor, até mesmo negativo; neste caso é denominado decremento.

> ℹ️ Em Java, a expressão contador ← contador + 1 é representada por contador++. O ++ é o operador de incremento da linguagem!

Sempre que utilizarmos a própria variável em expressões para acumular ou contar valores, faz-se necessária sua inicialização, isto é, a atribuição de um valor à variável antes de utilizá-la. Esse procedimento pode ser observado no exemplo anterior contador ← 0 e no exemplo seguinte em acumulador ← 0.

> ℹ️ As variáveis quando declaradas não possuem valores, seu conteúdo é nulo e operações aritméticas que envolvem nulos sempre resultam em nulos. Às vezes também será necessário acumular valores, isto é, calcular o somatório de um conjunto de valores. Para isso, também será necessário utilizar uma variável de apoio, que pode ser do tipo inteiro ou real, de acordo com os valores que serão acumulados.

Exemplo:
```
1. Var
2.    acumulador: real
3.    valor: real
4. Início
5.    acumulador ← 0
6.    ...
7.    acumulador ← acumulador + valor
```

5.8.1 Estrutura de repetição com teste no início: Enquanto

Na estrutura `enquanto`, a condição de repetição é verificada antes de entrar no laço, isto é, uma condição é testada inicialmente e, se o resultado for verdadeiro, o bloco de instruções será executado.

> ⓘ Laço é um bloco de instruções que será executado repetidas vezes e que está contido em uma estrutura de repetição.

Pseudocódigo:
```
1. Enquanto (< condição>) faça
2.    <conjunto de instruções>
3. Fim-Enquanto
```

Fluxograma:

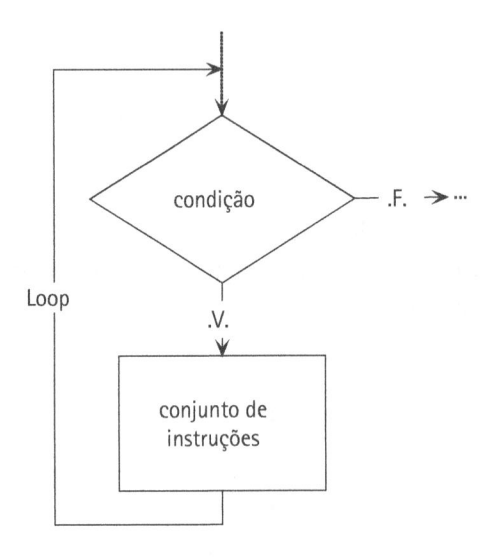

```
        ┌──────────┐
        ↓          │
    ╱ condição ╲───.F. → ...
    ╲          ╱
        │.V.
        ↓
  ┌────────────┐
  │ conjunto de│
  │ instruções │
  └────────────┘
   Loop
```

Java:
```
1. while (<condição>)
2.    {
3.    <conjunto  de instruções>
4.    }
```

A estrutura de repetição `while` realiza o teste da condição antes de executar o conjunto de instruções, isto é, inicialmente, a condição é testada; se o resultado for verdadeiro, então será executada a instrução ou o conjunto de instruções previstos no laço. A cada iteração (volta), testa-se novamente o valor da condição; se a condição for verdadeira, então os comandos serão executados outra vez, e assim sucessivamente, até que a condição seja falsa.

Como o teste da condição é sempre realizado antes da execução dos comandos controlados pela estrutura, se desde o início o resultado da condição for falso, então os comandos controlados não serão executados nenhuma vez.

É importante observar que para terminar a execução do comando `while`, em algum momento do fluxo de processamento, as instruções presentes no laço devem modificar o valor da variável utilizada na condição de controle, de modo que a condição resulte falsa. Se isso não acontecer, o processo de repetição ocorrerá indefinidamente, e a execução do programa não será terminada.

EXEMPLO 5.9 – Ler 850 números fornecidos pelo usuário, calcular e exibir a média entre eles.

Pseudocódigo

```
1.      Algoritmo ExEnquanto
2.      Var
3.         soma, num, media: real
4.         cont: inteiro
5.      Início
6.         soma ← 0
7.         cont ← 0
8.         Enquanto (cont < 850) faça
9.            Ler (num)
10.           soma ← soma + num
11.           cont ← cont + 1
12.        Fim-enquanto
13.        media ← soma / cont
14.        Mostrar ("Média = ", media)
15.     Fim.
```

A variável `cont` tem a função de contar o número de vezes que as instruções dentro do laço serão repetidas. A variável `soma` tem a função de acumular todos os valores atribuídos à variável `num`.

O trecho que está entre as linhas 8 e 12 é o conjunto de instruções que será repetido se a condição da linha 8, `Enquanto cont < 850 faça`, resultar verdadeiro. A variável `soma` acumulará seu próprio valor mais o valor fornecido para `num` a cada vez que o trecho for executado.

> Toda variável que tem a função de contador ou acumulador deve ser inicializada.

Fluxograma:

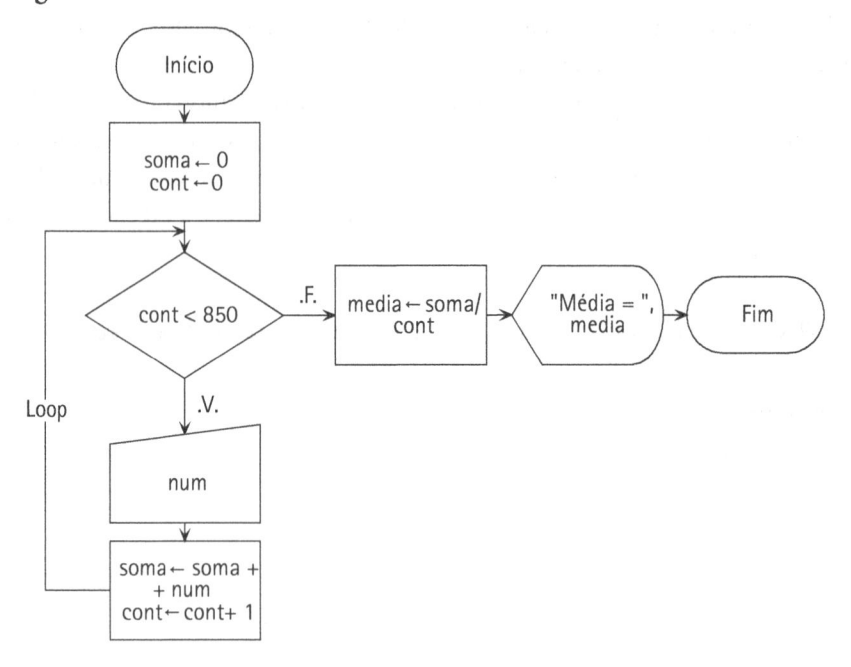

```
            Início
              ↓
         soma ← 0
         cont ← 0
              ↓
    ┌─→  cont < 850  ──.F.──→  media ← soma/cont  ──→  "Média = ", media  ──→  Fim
    │         │.V.
   Loop       ↓
    │        num
    │         ↓
    │    soma ← soma + num
    └──  cont ← cont + 1
```

> O loop acontece sempre que a condição é satisfeita (verdadeiro).

Java:

```
1.      import javax.swing.JOptionPane;
2.      class ExEnquanto {
3.        public static void main (String args []){
4.          float numero, media, soma;
5.          int cont;
6.          cont = 0;
7.          soma = 0f;
8.          while (cont < 850)
9.            {
10.             numero = Float.parseFloat(JOptionPane.
                showInputDialog("Digite o número"));
11.             soma = soma + numero;
12.             cont = cont +1;
13.           }
14.         media = soma / cont;
15.         JOptionPane.showMessageDialog(null,"A média é" +
              media);
16.       }
17.     }
```

Nas linhas 4 e 5 são declaradas as variáveis. A variável `cont` tem a função de contar o número de iterações do bloco de repetição `while` que tem início na linha 8, onde a condição estabelecida é avaliada. O bloco de instruções que será realizado 850 vezes está delimitado pelas chaves das linhas 9 e 13. Na linha 10, tem-se a instrução que apresenta a mensagem ao usuário e faz a entrada de valores para a variável `numero`.

Na linha 11, a variável `soma` acumula os valores digitados. Quando é realizada a primeira iteração no laço de repetição o valor da variável `soma` é 0 (zero), dessa maneira, a operação acumulará na variável `soma` o valor dela mesma, que é 0, mais o valor informado pelo usuário.

Na linha 12, a variável `cont` tem seu valor incrementado em 1; essa operação poderia ser representada por `cont ++`. Na linha 14, a média é calculada; essa operação deve ser realizada após a conclusão do ciclo de iterações, para que seja calculada apenas uma vez e com base em todos os valores acumulados.

Vamos exemplificar a execução do programa, por meio do teste de mesa a seguir. Para isso, suponhamos que o usuário digite os valores utilizados para simulação.

Volta	Valor da variável soma	Valor da variável cont	Valor digitado para a variável numero	soma = soma + numero;	cont = cont + 1;
1	0	0	3	0 + 3 = 3	0 + 1 = 1
2	3	1	1	3 + 1 = 4	1 + 1 = 2
3	4	2	13	4 + 13 = 17	2 + 1 = 3
4	17	3	77	17 + 77 = 94	3 + 1 = 4

Quando é iniciado o ciclo de iteração, volta 1, o valor 0 está armazenado nas variáveis `soma` e `cont`; lembre-se de que inicializamos as variáveis com o valor 0 logo no início do programa! Observe que a cada iteração o valor das variáveis `soma` e `cont` é atualizado com o resultado das operações `soma = soma + numero` e `cont = cont + 1`.

No teste de mesa, realizamos o bloco de instruções 4 vezes, mas o programa-exemplo prevê a execução do conjunto de instruções 850 vezes.

5.8.2 Estrutura de repetição com teste no fim: Repita

A estrutura de repetição com teste no fim permite que um ou mais comandos sejam executados repetidamente até uma condição específica tornar-se verdadeira. Essa estrutura age de forma muito semelhante à estrutura anterior; a diferença é que os comandos são executados antes de se testar o valor da condição. Como a condição é testada no final, os comandos na estrutura serão executados pelo menos uma vez antes que a condição seja avaliada.

Pseudocódigo:
```
1. Repita
2.    <conjunto de instruções>
3. Até (<condição>)
```

Fluxograma:

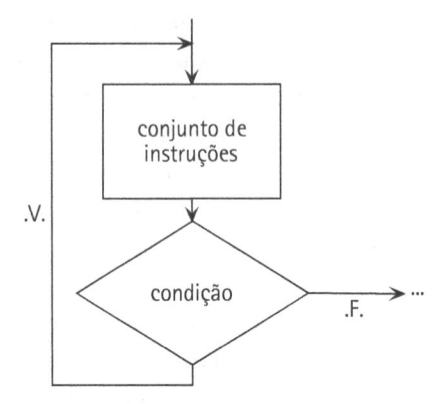

Java:
```
1. do
2. {
3.    <conjunto de instruções>
4. } while (<condição>);
```

EXEMPLO 5.10 – Ler 850 números fornecidos pelo usuário, calcular e exibir a média entre eles.

Pseudocódigo:
```
1.       Algoritmo ex_repita
2.       Var
3.          soma, num, media: real
4.          cont: inteiro
5.       Início
6.          soma ← 0
7.          cont ← 0
8.          Repita
9.             Ler (num)
10.            soma ← soma + num
11.            cont ← cont + 1
12.         Até que cont >= 850
13.         media ← soma / cont
14.         Mostrar ("Média = ", media)
15.      Fim.
```

O conjunto de instruções das linhas 9, 10 e 11 será realizado até que a condição especificada na linha 12 seja satisfeita, isto é, até que a variável cont tenha um valor maior ou igual a 850.

Fluxograma:

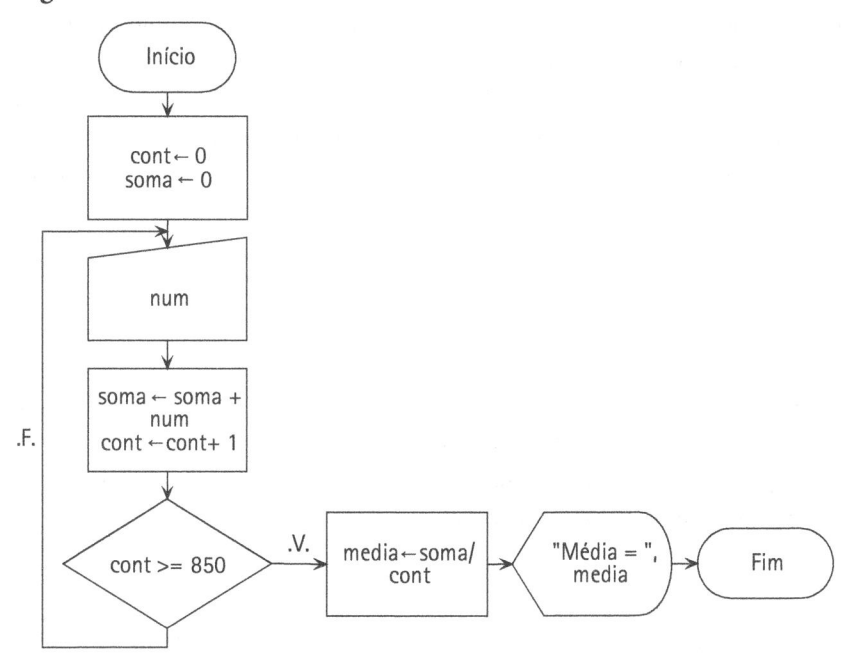

```
                    ┌─────────┐
                    │  Início │
                    └────┬────┘
                         ↓
                    ┌─────────┐
                    │ cont← 0 │
                    │ soma ← 0│
                    └────┬────┘
                         ↓
                    ┌─────────┐
                    │   num   │
                    └────┬────┘
                         ↓
                  ┌──────────────┐
                  │ soma ← soma +│
           .F.    │     num      │
                  │ cont ←cont+ 1│
                  └──────┬───────┘
                         ↓
                   ◇ cont >= 850 ◇  .V.  → media←soma/cont → "Média = ", media → Fim
```

> ⓘ O loop acontece até que a instrução seja satisfeita (verdadeiro).

Java:
```
1.      import javax.swing.JOptionPane;
2.      class ExRepita {
3.        public static void main (String args []){
4.          float numero, media, soma;
5.          int cont;
6.          cont = 0;
7.          soma = 0f;
8.          do
9.            {
10.         numero = Float.parseFloat(JOptionPane.
    showInputDialog("Digite o número"));
11.         soma = soma + numero;
12.         cont = cont +1;
13.          } while (cont < 850);
14.        media = soma / cont;
15.        JOptionPane.showMessageDialog(null,"A média é" + media);
16.         }
17.     }
```

Observe que o programa escrito em Java difere um pouco do pseudocódigo no teste para repetição. No pseudocódigo (linha 12) a condição é Até que cont => 850, isto é, o conjunto de instruções será realizado enquanto a condição não for satisfeita. Como em Java não temos o comando repita, utilizamos do..while, que tem a mesma função: realizar o conjunto de instruções que será repetido, pelo menos uma vez antes de sair do laço. Entretanto, o conjunto de instruções é executado enquanto a condição resultar verdadeiro, linha 13 while (cont < 850).

Nos exemplos 5.9 e 5.10, as variáveis de controle recebem valores numéricos inteiros, mas também podemos utilizar valores literais, como ilustramos no trecho a seguir, no qual o controle da repetição é realizado com base em uma resposta fornecida pelo usuário.

```
1. Enquanto (resposta = "sim") faça
2.   <instruções>
3.   Mostrar ("Deseja continuar?")
4.   ler (resposta)
5. Fim-enquanto
```

No exemplo anterior, a cada iteração pergunta-se ao usuário se deseja continuar; com base na resposta, a condição estabelecida no enquanto (resposta = "sim") é testada. É importante padronizar a leitura da resposta, pois sim é diferente de SIM, ou seja, existe diferenciação entre maiúsculas e minúsculas.

5.8.3 Estrutura de repetição com variável de controle: Para

A estrutura de repetição para utiliza variáveis de controle que definem exatamente o número de vezes que a seqüência de instruções será executada. Para isso, na própria sintaxe da estrutura de repetição, a variável de controle é inicializada e seu valor máximo e o incremento que deverá sofrer também são estabelecidos.

Pseudocódigo:
```
1. Para <var> = <valor Inicial> Até <valor Final> passo
2. <incremento> faça
3.     <Bloco de instruções>
4. Fim-para;
```

onde

var – representa a variável de controle;

valor Inicial – representa o valor para inicialização da variável;

valor Final – representa o valor máximo que a variável de controle assumirá; quando esse valor for ultrapassado, o laço de repetição será encerrado;

passo – é o valor do incremento que a variável de controle terá.

> Os argumentos <valor Inicial> e <valor Final> podem ser substituídos por variáveis.

Java:
```
1. for(<var> = <valor Inicial>; <condição>; <incremento>)
2.    {
3.    <bloco de instruções>
4.    }
```

EXEMPLO 5.11 – Ler 850 números fornecidos pelo usuário, calcular e exibir a média entre eles.

Pseudocódigo:
```
1.      Algoritmo ex_para
2.      Var
3.         soma, num, media: real
4.         cont: inteiro
5.      Início
6.         soma ← 0
7.         Para cont ← 1 até 850 Passo 1 Faça
8.            Ler (num)
9.            soma ← soma + num
10.        Fim-para
11.        media ← soma / cont
12.        Mostrar ("Média= ", media)
13.     Fim.
```

Na linha 7, `Para cont ← 1 até 850 Passo 1 Faça`, temos:

`cont` – variável de controle (contador);

`1` – valor inicial da variável de controle;

`850` – valor final da variável de controle – o contador variará de 1 até 850, ou seja `cont >= 1 e cont <= 850`;

`passo 1` – incremento, representa quanto será acrescido à variável de controle cada vez que o loop acontecer; substitui a instrução `cont ← cont + 1`.

Fluxograma:

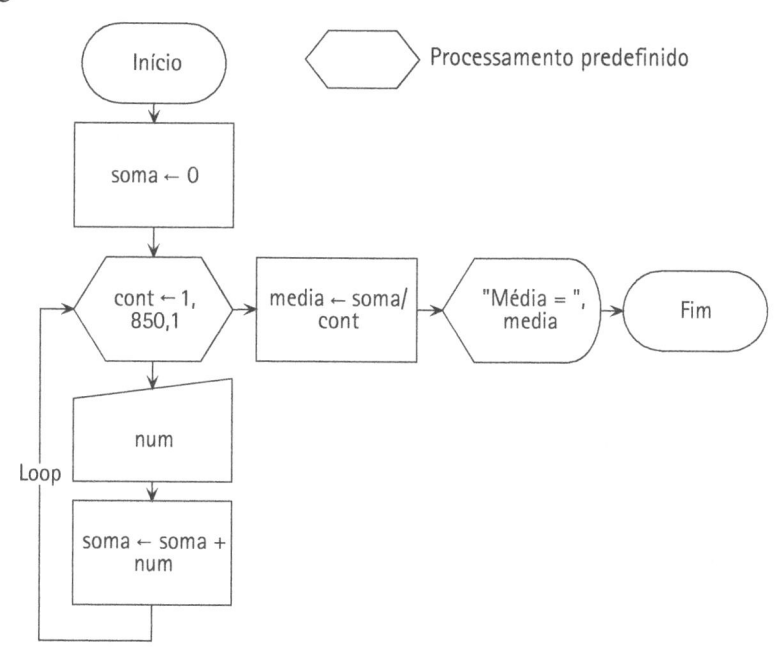

Java:

```java
1.  import javax.swing.JOptionPane;
2.  class ExPara{
3.    public static void main (String args []){
4.      float numero, media, soma;
5.      int cont;
6.      cont = 0;
7.      soma = 0f;
8.      for (cont = 0; cont < 3; cont++)
9.        {
10.         numero = Float.parseFloat(JOptionPane.showInputDialog(" Digite  o número "));
11.         soma = soma + numero;
12.       }
13.     media = soma / cont;
14.     JOptionPane.showMessageDialog(null,"A média é" + media);
15.   }
16. }
```

Na linha 8, o incremento determinado por `cont++` é equivalente a `cont = cont + 1`. Essa sintaxe de compressão de operadores é utilizada com freqüência na linguagem Java.

5.9 EXERCÍCIOS PARA FIXAÇÃO

5.9.1 Exercícios envolvendo estruturas de seleção

Deverão ser feitos o pseudocódigo, o fluxograma e o programa em Java para os enunciados a seguir.

1. Verifique se um número fornecido pelo usuário é par ou ímpar. Apresente uma mensagem mostrando o número digitado e o resultado do teste.

2. De acordo com um valor fornecido pelo usuário, verifique se esse valor é múltiplo de 3 e múltiplo de 7. Apresente uma mensagem mostrando o número digitado e o resultado do teste.

3. Um aluno realizou três provas de uma disciplina. Considerando o critério abaixo, faça um programa que mostre se ele ficou para exame. Em caso positivo, leia a nota do exame e verifique se conseguiu a aprovação ou não.

   Média = (Prova1 + Prova2 + Prova3)/3
   A média deve ser maior ou igual a 7,0. Se não conseguir, a nova média deve ser:
   Final = (Média + Exame)/2
   Nesse caso, a média final deve ser maior ou igual a 5,0.

4. Uma livraria está fazendo uma promoção para pagamento à vista em que o comprador pode escolher entre dois critérios de desconto:

   Critério A: R$ 0,25 por livro + R$ 7,50 fixo
   Critério B: R$ 0,50 por livro + R$ 2,50 fixo
   Faça um programa em que o usuário digite a quantidade de livros que deseja comprar e o programa diga qual é a melhor opção de desconto.

5. Considere a situação em que um cliente faz uma determinada compra em uma loja. Ao

realizar o pagamento, são-lhe oferecidas as seguintes condições para pagamento:

Pagamento à vista – 15% de desconto sobre o valor total da compra.

Pagamento com cheque pré-datado para 30 dias – 10% de desconto sobre o valor total da compra.

Pagamento parcelado em 3 vezes – 5% de desconto sobre o valor total da compra.

Pagamento parcelado em 6 vezes – não tem desconto.

Pagamento parcelado em 12 vezes – 8% de acréscimo sobre o valor total da compra.

De acordo com o valor total da compra, verifique a opção de pagamento do cliente, calcule o valor final da compra e, se a escolha for por pagamento parcelado, calcule também o valor das parcelas. Apresente ao usuário uma mensagem com o valor total da compra, o valor final da compra, a diferença entre os dois, identifique como desconto se a diferença for positiva, como juros se for negativa, mostre, também, a quantidade e o valor das parcelas.

6. Dados seis números inteiros representando dois intervalos de tempo (horas, minutos e segundos), faça um programa para calcular a soma desses intervalos. Faça outro programa para calcular a diferença entre os intervalos. O resultado deverá ser apresentado em horas, minutos e segundos.

7. O posto de atendimento médico e hospitalar de uma pequena cidade atende em média 138 pessoas por dia e vem observando, ao longo do tempo, que os casos de pessoas com problemas de sobrepeso têm aumentando a cada ano. Sabe-se que o sobrepeso pode colaborar de maneira negativa com a saúde das pessoas. Assim, o posto de atendimento determinou que em todos os atendimentos o médico ou o enfermeiro deverão calcular o peso ideal de todos os pacientes atendidos. Para isso, deverá ser elaborado um programa que verifique se o paciente está acima de seu peso ideal de acordo com a condição abaixo:

para homens: (72.7 * altura) – 58;
para mulheres: (62.1 * altura) – 44.7.

8. A empresa XSoftware Ltda. concederá o aumento salarial anual a seus funcionários. Esse aumento é variável de acordo com o cargo e o tempo de serviço na empresa, conforme a tabela a seguir. Faça um algoritmo que leia o salário, o cargo e a data de admissão de um funcionário e calcule o novo salário. Calcule o tempo de serviço a partir da data atual. Se o cargo do funcionário não estiver na tabela, ele deverá receber 7% de aumento. Mostre o salário antigo, o novo salário e a diferença.

Cargo	Tempo de serviço em anos	Percentual
Gerente	Maior ou igual a 5	10%
Gerente	Maior ou igual a 3 e menor que 5	9%
Gerente	Menor que 3	8%
Engenheiro	Maior ou igual a 5	11%
Engenheiro	Maior ou igual a 3 e menor que 5	10%
Engenheiro	Menor que 3	9%
Técnico	Maior ou igual a 5	12%
Técnico	Maior ou igual a 3 e menor que 5	11%
Técnico	Menor que 3	10%

9. Muitas empresas utilizam algoritmos para validação do CPF (cadastro de pessoa física). O algoritmo que deverá ser elaborado deve ser capaz de receber um CPF completo e verificar se está correto. Para isso deverá checar os dígitos verificadores. O número do CPF é composto de 11 dígitos, sendo que os dois últimos são os dígitos verificadores. A validação do CPF é feita por meio de cálculos com base nos 9 primeiros dígitos. As etapas desse cálculo são descritas a seguir. Para isso, vamos utilizar o CPF exemplo ABC.DEF.GHI-XY. Após a elaboração do algoritmo, faça o teste de mesa com os seguintes valores de CPF e verifique se são válidos:

    123.456.789-09 e 456.321.556-98

    Cálculo do X.

    Passo 1 – Multiplicar o dígito A por 10, o dígito B por 9, o dígito C por 8 e assim sucessivamente até o dígito 1, que deverá ser multiplicado por 2.

    Passo 2 – Calcular a soma entre todos os valores calculados no passo 1.

    Passo 3 – Dividir o valor obtido no Passo 2 por 11. Essa divisão deve ser por inteiros (operador div ou \). Se o resto da divisão for menor que 2, o primeiro dígito verificador será 0. Caso contrário, subtrai-se de 11 o valor obtido. Por exemplo: se o resultado for 5, o dígito verificador será 11 – 5 = 6.

    Cáculo do Y.

    O valor calculado para X será utilizado no cálculo do Y.

    Passo 1 – Multiplicar o dígito A por 11, o dígito B por 10, o dígito C por 9, e assim sucessivamente até o dígito Y, que deverá ser multiplicado por 2.

    Passo 2 – Calcular a soma entre todos os valores calulados no passo 1.

    Passo 3 – Dividir o valor obtido no Passo 2 por 11. Essa divisão deve ser por inteiros (operadoro div ou \). Se o resto da divisão for menor que 2, o primeiro dígito verificador será 0. Caso contrário, subtrai-se de 11 o valor obtido. Por exemplo: se o resultado for 5, o dígito verificador será 11 – 5 = 6.

5.9.2 Exercícios envolvendo estruturas de repetição

1. Pedro tem 1,50 metro e cresce 2 centímetros por ano, e Lucas tem 1,10 metro e cresce 3 centímetros por ano. Construa um algoritmo que calcule e imprima quantos anos serão necessários para que:
    a) Lucas e Pedro tenham o mesmo tamanho;
    b) Lucas seja maior que Pedro.
2. A empresa JS Recrutamento e Seleção Ltda. faz recrutamento e seleção de funcionários para várias empresas em diversos ramos de atuação. Atende em média 30 candidatos por dia, mas esse valor aumenta quando faz divulgação de vagas. Para facilitar o trabalho de identificação do perfil dos candidatos que se inscrevem para as vagas, resolveu fazer um programa para registrar alguns dados para obter as informações a seguir:
    » número de candidatos do sexo feminino;
    » número de candidatos do sexo masculino;
    » idade média dos homens;
    » idade média das mulheres com experiência;
    » porcentagem dos homens entre 35 e 45 anos entre o total dos homens;
    » menor idade entre as mulheres que já têm experiência no serviço;

» nível de escolaridade dos candidatos entre: ensino fundamental, ensino médio, graduação e pós-graduação.

Faça um algoritmo para calcular as informações solicitadas anteriormente, sabendo que a cada iteração deverá ser perguntado ao usuário se deseja cadastrar outro candidato. Quando a resposta for negativa, os resultados deverão ser apresentados.

3. Faça a tabuada de um número e apresente o resultado de acordo com o modelo a seguir, sabendo que o multiplicando deverá ser fornecido pelo usuário (n), assim como a quantidade de iterações (i).

$$n \times 1 = n$$
$$n \times 2 = 2n$$
$$n \times 3 = 3n$$
$$........$$
$$n \times i = in$$

4. Dada a seqüência de Fibonacci 1 1 2 3 5 8 13 ... n , escreva um algoritmo para gerar a seqüência até o enésimo termo, o qual deverá ser fornecido pelo usuário. Por exemplo, se o usuário digitou o número 40, deverão ser gerados 40 números.

5. Dada uma faixa de valores, cujo valor inicial e o valor final deverão ser fornecidos pelo usuário, identifique:
   a) a quantidade de números inteiros e positivos;
   b) a quantidade de números pares;
   c) a quantidade de números ímpares;
   d) a quantidade de números ímpares e divisíveis por 3 e 4 ao mesmo tempo;
   e) a respectiva média para cada um dos itens.

6. A empresa PowerSoftware Ltda. possuía 32 funcionários até o ano passado, e a sua folha de pagamento era calculada manualmente. Ocorre que neste ano a empresa teve um grande crescimento e saltou para 58 funcionários com previsão de novas contratações. Dessa maneira, fazer a folha de pagamento manualmente tornou-se inviável. Para cada funcionário deverá ser lido seu salário e calculados os descontos de imposto de renda e INSS que são variantes de acordo com a tabela a seguir e uma porcentagem fixa correspondente ao plano de saúde que é de 4,5% do valor do salário.

a) Calcule o valor total da folha de pagamento.
b) Calcule o valor do salário líquido de cada um dos 58 funcionários.
c) Calcule o valor total do imposto de renda que a empresa deverá recolher.

De acordo com as informações disponíveis no site da Receita da Fazenda, a tabela de alíquotas do IRRF para o ano de 2009 é:

Salário bruto R$	Alíquota %	Parcela a deduzir do imposto em R$
Até 1.434,59	-	-
De 1.434,60 até 2.866,70	15,0	215,19
Acima de 2.866,70	27,5	573,52

Desconto do INSS:

% de desconto	Salário de contribuição (R$)
8	de R$ 0,00 até R$ 911,70
9	de R$ 911,71 até R$ 1.519,50
11	de R$ 1.519,50 até R$ 3.038,99
334,29	Acima de R$ 3.038,99

7. Escreva um algoritmo que leia uma quantidade desconhecida de números e conte quantos deles estão nos seguintes intervalos: [0 – 25.9], [26 – 50.9], [51 – 75.9] e [76 – 100]. A entrada de dados deve terminar quando for lido um número negativo.

8. Foi realizada uma pesquisa de algumas características físicas da população de certa região, a qual coletou os seguintes dados

referentes a cada habitante para serem analisados:

- sexo (masculino e feminino);
- cor dos olhos (azuis, verdes ou castanhos);
- cor dos cabelos (louros, castanhos, pretos);
- idade;
- altura;
- peso.

Apresente a média da idade dos participantes, a média do peso e da altura de seus habitantes, a porcentagem de pessoas do sexo feminino e a porcentagem de pessoas do masculinho. Quantas pessoas possuem olhos verdes e cabelos louros? A cada iteração deverá ser perguntado ao usuário se deseja continuar ou não. Os resultados deverão ser apresentados apenas quando o usuário não desejar mais inserir dados.

9. Faça um algoritmo que mostre os conceitos finais dos alunos de uma classe de 75 pessoas, considerando a tabela a seguir. Para isso, a nota final e o código do aluno deverão ser fornecidos pelo usuário. Ao final do programa, apresente a quantidade de alunos e a média de nota alcançada para cada conceito.

Nota	Conceito
de 0,0 a 2,9	E
de 3,0 a 4,9	D
de 5,0 a 6,9	C
de 7,0 a 8,9	B
de 9,0 a 10,0	A

10. Faça um algoritmo que lê um valor n inteiro e positivo e que calcula e escreve o fatorial de n (n!).

6 Estruturas de dados estáticas

» Introdução às estruturas de dados estáticas
» Conceito de vetores
» Conceito de matrizes

OBJETIVOS:
Estudar estruturas de dados estáticas e homogêneas, vetores e matrizes e operações que elas suportam, entendendo sua importância e sua aplicação nos algoritmos. Apresentar técnicas de programação usando essas estruturas e seu uso em algumas aplicações básicas.

Até agora, vimos instruções básicas para realizar seqüências lógicas de instruções que permitem atingir um resultado desejado. Dessa forma, trabalhamos com valores simples, definidos ou determinados pelo usuário durante a operação do algoritmo e armazenados em uma variável de memória.

Esse armazenamento de variáveis na memória tem sido, até o momento, suficiente para as nossas necessidades. Entretanto, existem casos em que precisamos armazenar não um único valor, mas um conjunto de valores. Suponha, por exemplo, o caso de um treino de classificação de uma corrida de Fórmula 1, em que é necessário verificar os tempos obtidos por todos os pilotos para avaliar qual será o primeiro no *grid* de largada. Para fazer essa ordenação, é necessário armazenar o tempo de todos os pilotos e, depois, realizar a ordenação desses tempos. Em outros casos, sistemas de previsão meteorológica precisam guardar muitos valores de temperatura e umidade do ar, por exemplo, colhidos ao longo do dia em determinadas regiões. Existe a necessidade de manipular esses dados de forma associada, tarefa simplificada pelo uso de estruturas de dados estáticas.

Com o objetivo de tratar conjuntos de dados, podem-se armazenar os valores em disco, por meio de arquivos, como veremos no Capítulo 8, ou em variáveis de memória. Neste segundo caso, pode-se criar uma variável para cada valor ou criar uma estrutura que permita armazenar um conjunto de valores de forma associada, facilitando o acesso a cada um deles ou, como normalmente ocorre, a um conjunto de valores desejados.

6.1 ESTRUTURAS INDEXADAS – VETOR (ARRAY)

Nos casos em que é necessário ou conveniente representar os dados em termos de conjuntos de valores no lugar da utilização de variáveis armazenando-os de forma isolada, costumam-se utilizar estruturas de dados especiais denominadas **estruturas indexadas**.

Nesse tipo de estrutura, diversos valores são armazenados em uma estrutura de dados mais complexa, cujos elementos individuais são identificados com o auxílio de índices. O exemplo mais simples desse tipo de estrutura é definido como uma estrutura indexada simples (unidimensional) de dados de mesmo tipo. Essa estrutura, que necessita apenas de um índice para identificar um determinado elemento armazenado nela, é chamada, normalmente, de **vetor** ou *array*.

Um vetor é representado como uma linha de contêineres de valores identificados por índices.

Assim, um vetor é uma coleção de variáveis de um mesmo tipo que compartilham o mesmo nome e que ocupam posições consecutivas de memória. Cada variável da coleção denomina-se **elemento** e é identificada por um **índice**. No exemplo da Figura 6.1, **26** é um elemento do vetor **temp**, identificado pelo índice **3**.

índice:	[0]	[1]	[2]	[3]	[4]	[5]	[6]	[7]	[8]	[9]
nome: temp	18	17	20	26	32	29	15	12	16	21

FIGURA 6.1 Representação de um vetor.

Para manipular um determinado valor (elemento) em um vetor, precisamos fornecer o nome do vetor (identificador) e o índice do elemento desejado. Esse índice determina a posição em que o elemento está inserido na estrutura. Cada posição do vetor contém exatamente um valor que pode ser manipulado individualmente. É natural que a dimensão (tamanho) e os índices que indicam o elemento selecionado sejam definidos por números inteiros.

6.1.1 Declaração de vetor

Um vetor é declarado definindo-se seu nome, que é um identificador válido da linguagem, seu tipo, que define o tipo individual de cada elemento do vetor, e seu tamanho, que determina quantos valores o vetor poderá armazenar. De modo geral, utilizam-se os colchetes para declarar um vetor e identificar um elemento específico desse vetor. O significado dos valores armazenados no vetor depende da aplicação em que a estrutura for usada.

Representação da declaração de um vetor em pseudocódigo:

```
V : vetor [0..N] de inteiros
```

Essa declaração define uma variável chamada V que pode armazenar um conjunto de números inteiros que serão identificados como V[0], V[1], V[2], ..., V[N]. Temos, então, um conjunto de números inteiros, cada qual em um endereço seqüencial diferente, identificado pelo índice do vetor. Dessa forma, V[0] guarda o primeiro número inteiro, V[1] guarda o segundo número, e assim sucessivamente até V[N], que contém o último número armazenado. Generalizando, podemos dizer que V[i] (lê-se "V índice i") guarda o i-ésimo elemento do vetor V. Supondo que esse vetor tenha 10 elementos e receba os seguintes valores: 58, 4, 0, 123, 8, 59, 1, 500, 758 e 2, temos:

índice:	[0]	[1]	[2]	[3]	[4]	[5]	[6]	[7]	[8]	[9]
nome: v	58	4	0	123	8	59	1	500	758	2

FIGURA 6.2 Exemplo do vetor V de 10 elementos.

Sendo assim,

elemento	1º	2º	3º	4º	5º	6º	7º	8º	9º	10º
nome: v	V[0]	V[1]	V[2]	V[3]	V[4]	V[5]	V[6]	V[7]	V[8]	V[9]
valor	58	4	0	123	8	59	1	500	758	2

FIGURA 6.3 Elementos do vetor V.

Um elemento do vetor v é referenciado pelo nome do vetor e de seu índice. Assim, o quarto elemento, que corresponde ao valor 123, é referenciado por V[3]. Observe que, como o primeiro índice do vetor é 0 (zero), a quantidade de elementos guardada em um vetor é dada pelo maior índice mais 1, isto é, um vetor que varia de 0 a 9 tem 10 elementos.

> Algumas linguagens, como o Pascal, permitem determinar o primeiro índice do vetor. Em Java, porém, o primeiro índice é sempre 0 (zero).

Em Java, a declaração do vetor é dada definindo-se o tipo e identificador, acrescentando-se colchetes.

```
<tipo> <identificador> [];
```

ou

```
<tipo> [] <identificador>;
```

Em Java, os vetores são objetos, permitindo o uso de atributos (propriedades) e a aplicação de métodos. Com isso, além da declaração, é necessário criar esse objeto na memória, determinando seu tamanho, para poder utilizá-lo. Essa criação pode ser feita utilizando-se o operador new.

```
        <tipo> [] <identificador> = new <tipo> [n];
```

ou

```
        <tipo> <identificador> [] = new <tipo> [n];
```

> Em orientação a objetos a criação de um objeto é chamada de instanciação. O operador new associado ao nome da classe chama o método construtor dessa classe, responsável pela inicialização de um novo objeto e sua alocação na memória. Todo tipo primitivo de dados possui uma classe empacotadora de tipo correspondente, no pacote *Java.lang*. No caso do tipo `int` a classe empacotadora equivalente é `Integer`.

Exemplos de instruções de declaração e criação de um vetor v:

```
        int v[];                //declaração de v
        v = new int [10];       //criação do vetor
```

ou

```
        int v[] = new int [10];    //declaração e criação
```

As instruções acima são equivalentes e definem um vetor de números inteiros que pode armazenar 10 valores. Como em Java todas as estruturas indexadas têm índice 0 (zero) para seu primeiro elemento, é necessário apenas indicar a quantidade de elementos.

6.1.2 Acesso e atribuição de valor em vetores

Uma vez criado um vetor, a atribuição de valores é processada de elemento em elemento, alterando-se o valor do índice do vetor.

```
        V : vetor [0..N] de inteiros

        V[0] ← <valor0>

        V[1] ← <valor1>

        ...

        V[N] ← <valorN>
```

Apresentamos a seguir um exemplo de um vetor usado para guardar os nomes dos meses do ano.

Pseudocódigo:

```
        1. meses : vetor [0..11] de inteiros
        2. meses [0] ← "janeiro"
        3. meses [1] ← "fevereiro"
        4. ...
        5. meses [10] ← "novembro"
        6. meses [11] ← "dezembro"
```

Java:

```
        1. String meses[] = new String[12];
        2. meses[0] = "janeiro";
```

```
3. meses[1] = "fevereiro";
4. ...
5. meses[10] = "novembro";
6. meses[11] = "dezembro";
```

Outra forma de declarar e inicializar um vetor em Java é pelo uso da inicialização direta, que consiste em incluir ambas as operações em uma única instrução, por exemplo, a linha de código

```
int meses[] = {1, 2, 3, 4, 5, 6, 7, 8, 9, 10, 11, 12};
```

cria um vetor de 12 elementos, referenciados pelos índices 0, 1, 2, 3, 4, 5, 6, 7, 8, 9, 10, 11. O elemento `meses[0]` é inicializado com o valor 1, `meses[1]` com 2 e assim por diante. Essa instrução não requer a indicação do número de elementos nem o operador new para criar o objeto vetor, o que é providenciado automaticamente pelo compilador.

Em geral, um vetor pode ser indexado com qualquer expressão cujo valor de retorno seja um número inteiro. Essa expressão pode ser uma simples constante, uma variável ou então uma expressão contendo operadores aritméticos, constantes e variáveis.

Java possui tratamentos diferenciados para tipos de dados primitivos e para tipos de dados objetos. Até o momento, não precisamos nos preocupar com a diferença, pois apenas trabalhamos com tipos primitivos como `int`, `char` etc. Ao trabalharmos com vetores, não podemos mais ignorar o tratamento com objetos, pois o significado dos valores armazenados nesses dois tipos é diferente.

Nas variáveis declaradas como tipos primitivos, são guardados valores desses tipos, e nos objetos são guardadas referências aos valores e não os valores propriamente ditos. Vetores, em Java, são objetos, e, portanto, seus índices representam referências aos objetos construídos pelo operador new e não aos valores em si. Dessa forma, um vetor não precisa ter seu tamanho previamente definido pelo programador, podendo ser calculado pelo programa em tempo de execução.

```
int tamanho = ... ;   // algum cálculo para tamanho
int n[] = new int [tamanho];
```

O valor do tamanho especificado quando o vetor é criado pode ser calculado por qualquer expressão que retorne um valor inteiro positivo. Um vetor pode ser de qualquer tamanho finito, mas deve-se lembrar que cada elemento usará um espaço de memória, o que significa que vetores definidos com tamanho muito grande provavelmente afetarão a eficiência do programa. Se o vetor for grande demais para a manipulação pelo computador, pode ocorrer uma falha de programa, dependendo do sistema utilizado.

```
<tipo> <identificador>[] = new <tipo> [n];
<identificador>[0]= <valor1>;
<identificador>[1] = <valor2>;
```

```
...
<identificador>[n-1] = <valorn>;
```

> ⚠️ Como o primeiro índice é 0 (zero), um vetor com tamanho n tem índices que variam de 0 a n − 1. Por exemplo, um vetor com 10 elementos tem índices que variam de 0 a 9.

A leitura ou acesso aos valores dos elementos de um vetor é executada de forma semelhante à atribuição, recorrendo-se aos índices para definir o elemento desejado. Por exemplo:

```
String mes[] = new String [12];
mes[0] = "janeiro";
mes[1] = "fevereiro";
...
mes[10] = "novembro";
mes[11] = "dezembro";
String mesAniversario = mes[0];
```

Um atrativo dos vetores é que sua indexação permite o acesso a qualquer elemento em qualquer instante e em qualquer ordem, sem que sua posição no vetor imponha qualquer custo extra de eficiência. Freqüentemente, têm-se operações aplicadas a conjuntos de elementos ou mesmo a todos os elementos de um vetor. Nesses casos, é comum utilizar uma estrutura de repetição para varrer os índices desejados. No exemplo a seguir, os valores dos elementos de um vetor são somados e armazenados em uma variável.

Pseudocódigo:

```
1. Algoritmo exemplo_vetor
2. Var
3.    num : vetor [1..6] de inteiros
4.    soma : inteiro
5.    i : inteiro
6. Início
7.    soma ← 0
8.    Para i ← 0 até 5 Faça
9.       soma ← soma + num[i]
10.   Fim-Para
11. Fim.
```

O uso de uma estrutura de repetição facilita a atribuição, a leitura e a exibição dos elementos de um vetor. Contudo, deve-se ter uma atenção especial com os limites de seus índices. O contador, na estrutura de repetição, deve estar limitado à quantidade de elementos do vetor que, no caso do exemplo, para que não haja erros, deve variar no intervalo dos índices válidos para o vetor num, ou seja, de 1 até 6.

Java:
```
1. int num[] = new int[6];
2. int soma = 0;
3. for(int i = 0; i < 6; i++)
4.    soma = soma + num[i];
```

Para o código em linguagem Java, os índices considerados para num variam de 0 até 5, uma vez que, conforme foi dito anteriormente, os vetores sempre se iniciam de 0 (zero).

> ⚠ Uma tentativa de acessar um elemento fora dos limites do vetor resultará em erro de execução. Em Java, esse erro será assinalado com a mensagem: *ArrayIndexOutOfBoundsException*.

Para as operações que envolvem todos os elementos do vetor, em Java, podem-se reduzir as chances de erro fazendo-se uso do fato de o vetor ser um objeto. Como um vetor sempre conhece seu próprio tamanho, pode-se fazer uso da propriedade **length**, definida pela linguagem para qualquer vetor e que retorna sua quantidade de elementos. Dessa forma, a estrutura de repetição acima pode ser reescrita como se segue:

```
for(int i = 0; i < num.length; i++)
   soma = soma + num[i];
```

Nessa estrutura, a repetição será realizada desde o primeiro até o último termo (num.length) do vetor num. Essa solução é, sem dúvida, mais adequada para a solução de problemas que envolvam o vetor como um todo. Supondo que, no futuro, o vetor num mude de tamanho, essa segunda expressão continuaria válida, enquanto a primeira teria de ser localizada e alterada, e o código teria de ser recompilado.

EXEMPLO 6.1 – O programa a seguir faz a leitura de 10 valores em um vetor e apresenta o valor da média aritmética desses valores.

Pseudocódigo:
```
1.      Algoritmo Exemplo6.1
2.      Var
3.            Valores : vetor [1..10] de reais
4.            Soma, Media : real
5.            i : inteiro
6.      Início
7.            Soma ← 0
8.            Para i ← 0 até 9 Faça
9.               Ler (Valores[i])
10.              Soma ← Soma + Valores[i]
11.           Fim-Para
12.           Media ← Soma/10
13.           Mostrar("O valor da média é: ", Media)
14.     Fim.
```

Fluxograma:

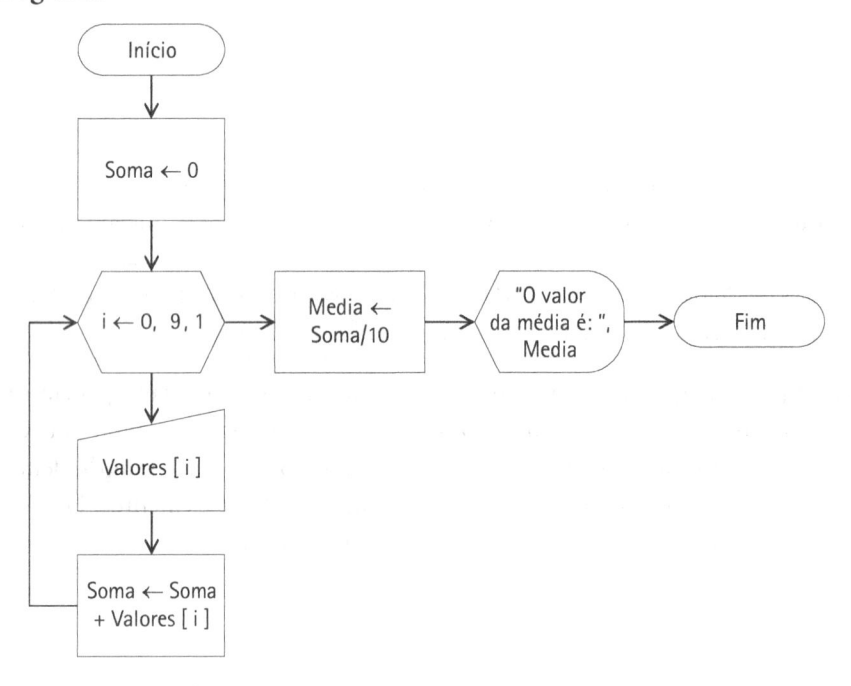

```
                    Início
                      ↓
                  Soma ← 0
                      ↓
    ┌──→  i ← 0, 9, 1  ──→  Media ← Soma/10  ──→  "O valor da média é:", Media  ──→  Fim
    │          ↓
    │      Valores [ i ]
    │          ↓
    │     Soma ← Soma
    └──── + Valores [ i ]
```

Java:

```java
1.     import javax.swing.JOptionPane;
2.     public class ExVetor{
3.       public static void main(String args[]){
4.         try{
5.           float vetor[] = new float [10];
6.           float media, soma = 0;
7.           String num;
8.           for (int i = 0; i < vetor.length; i++){
9.             num = JOptionPane.showInputDialog(
10.               "Digite o valor " + i + ":");
11.            vetor[i] = Float.parseFloat(num);
12.            soma = soma + vetor[i];
13.          }
14.          media = soma/vetor.length;
15.          JOptionPane.showMessageDialog(
16.            null, "Média: " +  media);
17.        }catch(Exception e){
18.          JOptionPane.showMessageDialog(
19.            null, "Ocorreu um erro durante a leitura!");
20.        }
21.      }
22.    }
```

Esse código implementa a entrada dos valores do vetor por meio de uma caixa de diálogo, linhas 9 e 10, inseridas em uma estrutura de repetição, que executa tantas vezes quantos forem os elementos do vetor (`vetor.length`). Vale lembrar que a caixa de diálogo passa os caracteres de entrada como uma `string`, armazenada em uma variável `num`, que precisa ser transformada em `float`, utilizando-se o método `parseFloat` da classe `Float`, de forma que o valor correspondente possa ser atribuído ao elemento do vetor, linha 11. O cálculo da média, linha 14, aproveita o recurso da obtenção da quantidade de elementos do vetor pelo método `length`.

Nesse exemplo foram adicionadas ao código instruções para realização do tratamento de exceções. As exceções são erros que ocorrem em tempo de execução dos programas, e muitas vezes estão associadas a ocorrências imprevistas no código, como a entrada de dados inadequada, por exemplo. Observe, na linha 4, a instrução `try`, comando que delimita o bloco de instruções onde pode ocorrer o erro. No caso entre as linhas 5 e 16 e o `catch{ (Exception e)` (linha 17), implementa um tratamento genérico para as exceções. `Exception` é uma superclasse da qual são derivadas todas as exceções. Em nossos exemplos utilizaremos essa forma genérica para implementar o tratamento de exceções com o objetivo de apresentar uma mensagem de aviso ao usuário (linhas 18 e 19).

6.1.3 Operações em vetores

Os vetores permitem a manipulação dos elementos alocados em suas posições de forma independente, como vimos anteriormente. Assim, é possível realizar operações com seus elementos, como o cálculo da média apresentado no Exemplo 6.1.

Vale lembrar que a inclusão de um elemento em uma determinada posição de um vetor implica a substituição do valor já existente, de forma que inclusão e substituição de valores consistem em uma única operação.

A exibição dos elementos pode ser necessária após a execução de uma determinada operação que envolva a alteração dos valores desses elementos, de modo que o usuário possa verificar a ocorrência do efeito desejado.

```
Para i ← 0 até 5 Faça
   Mostrar(Valores[i])
Fim-Para
```

EXEMPLO 6.2 – O objetivo deste exemplo é desenvolver um algoritmo que efetue a leitura de 10 elementos inteiros de um vetor `Teste1` e construir um vetor `Teste2` do mesmo tipo, observando a seguinte regra de formação: se o valor do índice for par, o valor do elemento deverá ser multiplicado por 5; se for ímpar, deverá ser somado com 5. Ao final, mostrar o conteúdo dos dois vetores.

Pseudocódigo:

```
1.     Algoritmo Exemplo6.2
2.     Var
3.        Teste1, Teste2 : vetor [1..10] de inteiros
4.        i : inteiro
5.     Início
```

```
6.        Para i ← 0 até 9 Faça
7.           Ler (Teste1[i])
8.        Fim-Para
9.        Para i ← 0 até 9 Faça
10.          Se (i mod 2 = 0) Então
11.             Teste2[i] ← Teste1[i] * 5
12.          Senão
13.             Teste2[i] ← Teste1[i] + 5
14.          Fim-Se
15.       Fim-Para
16.       Para i ← 0 até 9 Faça
17.          Mostrar (Teste1[i], Teste2[i])
18.       Fim-Para
19.    Fim.
```

Neste exemplo, é utilizado o operador mod, que retorna o resto da divisão de um número por outro. Esse recurso foi utilizado para o teste que verifica se o índice do vetor é par ou ímpar, ou seja, ao fazer a divisão de um número por 2, se o resto da operação resulta em zero, o número é par. Na expressão Se i mod 2 = 0 Então é realizada essa verificação. Assim, identifica-se o tipo do índice (par ou ímpar) e, dependendo do resultado, executa-se a operação solicitada, atribuindo-se o resultado ao respectivo elemento do Vetor2.

Fluxograma:

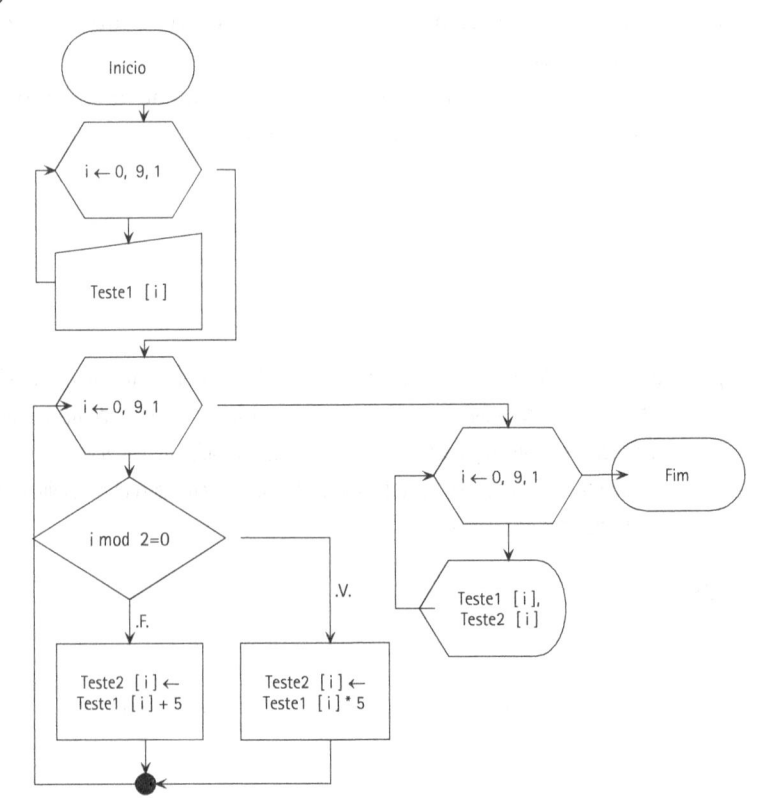

Java:

```java
1.      import javax.swing.JOptionPane;
2.      public class Exemplo62{
3.        public static void main (String args[]){
4.          int teste1[] = new int[10];
5.          int teste2[] = new int[10];
6.             String num;
7.          try{
8.            for(int i = 0; i < teste1.length; i++){
9.              num = JOptionPane.showInputDialog(
10.             "Digite o valor " + i + ":");
11.             teste1[i] = Integer.parseInt(num);
12.             }
13.               for(int i = 0; i < teste1.length; i++){
14.                 if(i % 2 == 0)
15.                   teste2[i] = teste1[i] * 5;
16.               else
17.                 teste2[i] = teste1[i] + 5;
18.             }
19.             System.out.printf("%s\n", "Resultado:");
20.             for (int i = 0; i < 10; i++){
21.               System.out.printf("%s%d%s%d",
22.                  "teste1[", i, "]= ", teste1[i]);
23.               System.out.printf("%10s%d%s%d\n",
24.                  "teste2[", i, "]= ", teste2[i]);
25.             }
26.           }catch(Exception e){
27.             JOptionPane.showMessageDialog(
28.                null, "Ocorreu um erro durante a leitura!");
29.           }
30.         }
31.       }
```

No Exemplo 6.2, foi utilizado um novo recurso da linguagem de programação Java, o método printf que exibe dados formatados, cujos parâmetros são passados separados por vírgula. O primeiro argumento é uma string de formato, que pode consistir em texto fixo e especificadores de formato. Cada especificador de formato, iniciado pelo caractere % e seguido por um caractere que represente o tipo de dados, é um marcador de lugar para um valor e especifica o tipo da saída de dados. Cada especificador de formato é substituído pelo argumento que é passado na seqüência do comando, separado por vírgula, podendo conter o número de posições. Na linha 21 e 22 temos:

```
System.out.printf("%s%d%s%d",
   "teste1[", i, "]= ", teste1[i]);
```

O primeiro especificador de formato %s é substituído pelo string "testes1[", o segundo, %d, é substituído pelo valor de i, um inteiro, e assim sucessivamente. Na linha 23, o especificador %10s indica que devem ser reservadas 10 posições para um string, no caso substituído por "teste2[", que tem 7 posições, restando 3 que ficam em branco. Nessa mesma linha, \n indica que deve ocorrer um salto de linha após a geração da saída.

EXEMPLO 6.3 – Desenvolver um algoritmo que efetue a leitura de cinco elementos inteiros para um vetor A. No final, apresentar a soma de todos os elementos cujo valor seja ímpar.

Pseudocódigo:

```
1.          Algoritmo Exemplo6.3
2.             Var
3.                Soma, i : inteiro
4.                A : vetor[1..5] de inteiros
5.             Início
6.                Soma ← 0
7.                Para i ← 0 até 4 Faça
8.                   Ler (A[i])
9.                Fim-Para
10.               Para i ← 0 até 4 Faça
11.                  Se (A[i] mod 2) <> 0 Então
12.                     Soma ← Soma + A[i]
13.                  Fim-Se
14.               Fim-Para
15.               Mostrar ("A soma é: ", Soma)
16.           Fim.
```

Fluxograma:

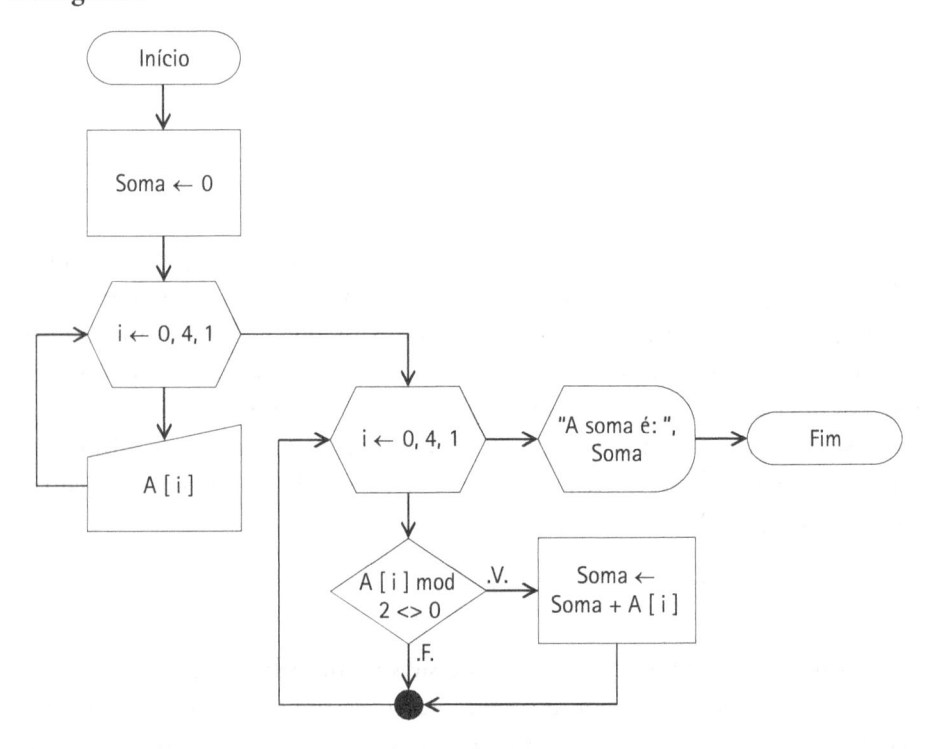

Java:

```java
1.     import javax.swing.JOptionPane;
2.     public class Exemplo63{
3.       public static void main (String args[]){
4.         final int tamanho = 5;
5.         int A[] = new int[tamanho];
6.         int soma = 0;
7.         String num;
8.         try{
9.           for(int i = 0; i < tamanho; i++){
10.            num = JOptionPane.showInputDialog(
11.              "Digite o valor " + i + ":");
12.            A[i] = Integer.parseInt(num);
13.          }
14.          for(int i = 0; i < tamanho; i++){
15.            if(A[i] % 2 != 0)
16.              soma = soma + A[i];
17.          }
18.          JOptionPane.showMessageDialog(
19.            null, "Soma dos ímpares = " + soma);
20.        }catch(Exception e){
21.          JOptionPane.showMessageDialog(
22.            null, "Ocorreu um erro durante a leitura!");
23.        }
24.      }
25.    }
```

Na linha 4 foi declarada a variável tamanho, caracterizada como `final int`. Essa declaração determina que esse elemento é do tipo inteiro e não se altera ao longo do programa, isto é, ele é uma constante.

Quando temos um valor que será utilizado várias vezes, é mais conveniente declarar esse valor como constante, de forma que alterações sobre esse valor só necessitem ser feitas em um único ponto do programa. Como exercício, experimente realizar essa modificação no programa `Exemplo6.2`.

Freqüentemente, os vetores são utilizados para operação com dados agregados ou que representam um conjunto de elementos que têm uma relação entre si. Muitas aplicações poderiam empregá-los. Uma delas poderia ser o tratamento de dados estatísticos.

Supondo que se queira guardar as informações referentes às médias diárias das temperaturas verificadas no decorrer de uma semana e executar algumas operações simples, como calcular a temperatura média da semana, classificar essas médias em ordem crescente ou exibir a menor e a maior delas, poderia ser utilizada uma estrutura do tipo vetor, conforme exemplo a seguir.

EXEMPLO 6.4 – Calcular a média das temperaturas verificadas durante a semana com base nas médias diárias já obtidas.

Pseudocódigo:

```
1.      Algoritmo Exemplo6.4
2.      Var
3.        Temp : vetor [1..7] de reais
4.        Soma, Media : real
5.        i : inteiro
6.      Início
7.        Temp[0] ← 19.0
8.        Temp[1] ← 23.0
9.        Temp[2] ← 21.0
10.       Temp[3] ← 25.0
11.       Temp[4] ← 22.0
12.       Temp[5] ← 20.0
13.       Temp[6] ← 24.0
14.       Soma ← 0
15.       Para i ← 0 até 6 Faça
16.         Soma ← Soma + Temp[i]
17.           Fim-Para
18.       Media ← Soma / 7
19.       Mostrar ("Média da semana: ", Media)
20.     Fim.
```

Fluxograma:

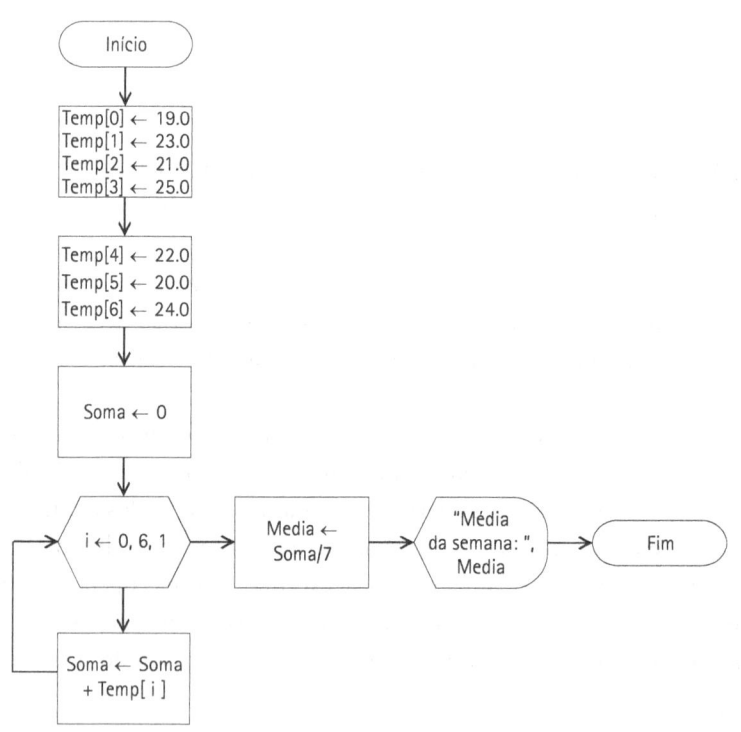

```
         ┌─────────┐
         │  Início │
         └────┬────┘
              ▼
    ┌──────────────────┐
    │ Temp[0] ← 19.0   │
    │ Temp[1] ← 23.0   │
    │ Temp[2] ← 21.0   │
    │ Temp[3] ← 25.0   │
    └────────┬─────────┘
             ▼
    ┌──────────────────┐
    │ Temp[4] ← 22.0   │
    │ Temp[5] ← 20.0   │
    │ Temp[6] ← 24.0   │
    └────────┬─────────┘
             ▼
       ┌──────────┐
       │ Soma ← 0 │
       └────┬─────┘
            ▼
    ┌──────────────┐      ┌────────────┐     ┌─────────────────┐     ┌─────┐
 ┌─▶│ i ← 0, 6, 1  │─────▶│  Media ←   │────▶│ "Média          │────▶│ Fim │
 │  │              │      │  Soma/7    │     │ da semana: ",   │     └─────┘
 │  └──────┬───────┘      └────────────┘     │ Media           │
 │         │                                  └─────────────────┘
 │         ▼
 │  ┌──────────────┐
 └──│ Soma ← Soma  │
    │ + Temp[ i ]  │
    └──────────────┘
```

Java:
```
1.         import javax.swing.JOptionPane;
2.         public class Exemplo64{
3.           public static void main (String args[]){
4.             final int diasSemana = 7;
5.             float temperatura[] = new float[diasSemana];
6.             float soma = 0f, media;
7.             try{
8.                temperatura[0] = 19.0f;
9.                temperatura[1] = 23.0f;
10.               temperatura[2] = 21.0f;
11.               temperatura[3] = 25.0f;
12.               temperatura[4] = 22.0f;
13.               temperatura[5] = 20.0f;
14.               temperatura[6] = 24.0f;
15.               for(int i = 0; i < diasSemana; i++){
16.                  soma = soma + temperatura[i];
17.               }
18.               media = soma/diasSemana;
19.               JOptionPane.showMessageDialog(
20.                   null, "Média da semana = " + media);
21.            }catch(Exception e){
22.               JOptionPane.showMessageDialog(
23.                   null, "Ocorreu um erro durante a leitura!");
24.            }
25.         }
26.      }
```

EXEMPLO 6.5 – Este exemplo efetua a ordenação dos elementos considerados no exemplo anterior, exibindo o maior e o menor deles.

Pseudocódigo:
```
1.            Algoritmo Exemplo6.5
2.            Var
3.              Temp : vetor [1..7] de reais
4.              x : real
5.              i, j, min : inteiro
6.            Início
7.              Temp[0] ← 19.0
8.              Temp[1] ← 23.0
9.              Temp[2] ← 21.0
10.         Temp[3] ← 25.0
11.         Temp[4] ← 22.0
12.         Temp[5] ← 20.0
13.         Temp[6] ← 24.0
14.         Para i ← 0 até 5 Faça
15.           Para j ← i + 0 até 6 Faça
16.             Se Temp[j] < Temp[i] Então
```

```
17.                    x ← Temp[i]
18.                    Temp[i] ← Temp[j]
19.                    Temp[j] ← x
20.               Fim-Se
21.          Fim-Para
22.      Fim-para
23.      Mostrar ("Mínimo: ", Temp[1])
24.      Mostrar ("Máximo: ", Temp[7])
25.  Fim.
```

Neste exemplo, utilizou-se um algoritmo de ordenação para obter-se os resultados desejados. Métodos de ordenação são importantes em grande parte da computação, por isso veremos os princípios desses algoritmos mais adiante, no Capítulo 9.

A estratégia desse algoritmo é percorrer o vetor do primeiro ao penúltimo elemento. Isso é feito por meio da instrução Para da linha 14. Nesse percurso, é feita a comparação entre a posição corrente e os elementos das posições subseqüentes, por meio da estrutura de repetição Para e da instrução Se, das linhas 15 e 16. Dependendo do resultado dessa comparação, são executados os comandos que fazem a troca de posição dos elementos (linhas 17 a 19). Esse processo repete-se até que a penúltima posição seja comparada com a última, não havendo, portanto, necessidade de continuidade da verificação.

A tabela a seguir apresenta o teste de mesa para demonstrar, em cada momento da execução, os valores que cada uma das variáveis envolvidas está assumindo. É possível, também, observar o resultado final.

Note que i varia de 1 até 6, enquanto j varia de i + 1 até 7, ou seja, quando i tem valor 2, j varia de 3 até 7. Quando o resultado da comparação Se Temp[j] < Temp[i] Então (linha 16) é falso, a variável x mantém seu valor anterior, uma vez que não ocorre a execução do código da linha 17.

Temp[0]	Temp[1]	Temp[2]	Temp[3]	Temp[4]	Temp[5]	Temp[6]	i	j	x
19.0	23.0	21.0	25.0	22.0	20.0	24.0	1	2	
19.0	23.0	21.0	25.0	22.0	20.0	24.0	1	3	
19.0	23.0	21.0	25.0	22.0	20.0	24.0	1	4	
19.0	23.0	21.0	25.0	22.0	20.0	24.0	1	5	
19.0	23.0	21.0	25.0	22.0	20.0	24.0	1	6	
19.0	23.0	21.0	25.0	22.0	20.0	24.0	1	7	
19.0	21.0	23.0	25.0	22.0	20.0	24.0	2	3	23.0
19.0	21.0	23.0	25.0	22.0	20.0	24.0	2	4	23.0
19.0	21.0	23.0	25.0	22.0	20.0	24.0	2	5	23.0
19.0	20.0	23.0	25.0	22.0	21.0	24.0	2	6	21.0
19.0	20.0	23.0	25.0	22.0	21.0	24.0	2	7	21.0
19.0	20.0	23.0	25.0	22.0	21.0	24.0	3	4	21.0
19.0	20.0	22.0	25.0	23.0	21.0	24.0	3	5	23.0
19.0	20.0	21.0	25.0	23.0	22.0	24.0	3	6	22.0
19.0	20.0	21.0	25.0	23.0	22.0	24.0	3	7	22.0
19.0	20.0	21.0	23.0	25.0	22.0	24.0	4	5	25.0
19.0	20.0	21.0	22.0	25.0	23.0	24.0	4	6	23.0
19.0	20.0	21.0	22.0	25.0	23.0	24.0	4	7	23.0
19.0	20.0	21.0	22.0	23.0	25.0	24.0	5	6	25.0
19.0	20.0	21.0	22.0	23.0	25.0	24.0	5	7	25.0
19.0	20.0	21.0	22.0	23.0	24.0	25.0	6	7	25.0

Fluxograma:

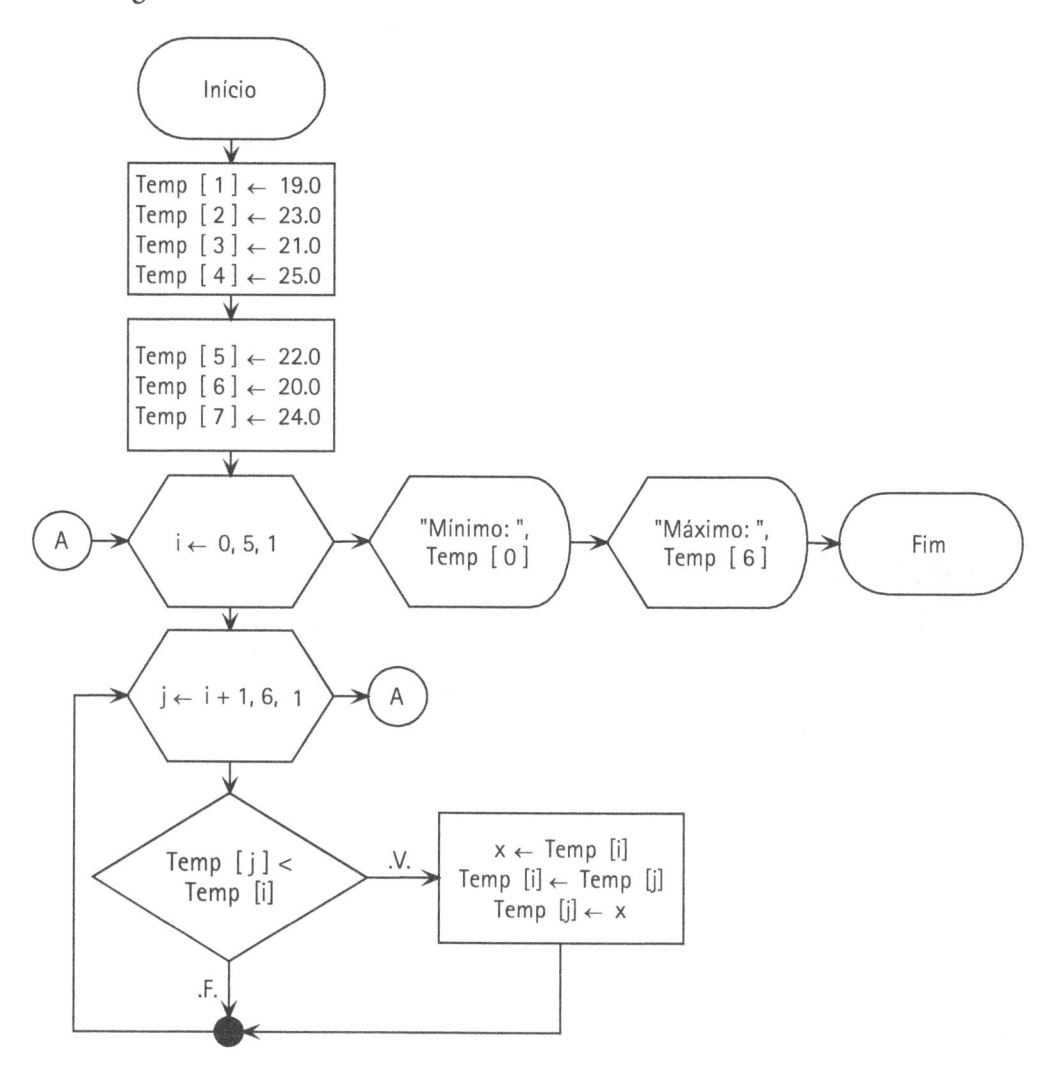

```
                    Início
                      │
        ┌─────────────▼─────────────┐
        │ Temp [ 1 ] ← 19.0         │
        │ Temp [ 2 ] ← 23.0         │
        │ Temp [ 3 ] ← 21.0         │
        │ Temp [ 4 ] ← 25.0         │
        └─────────────┬─────────────┘
                      │
        ┌─────────────▼─────────────┐
        │ Temp [ 5 ] ← 22.0         │
        │ Temp [ 6 ] ← 20.0         │
        │ Temp [ 7 ] ← 24.0         │
        └─────────────┬─────────────┘
                      │
 (A)───▶ ⬡ i ← 0, 5, 1 ⬡ ──▶ ⬡ "Mínimo: ", Temp [ 0 ] ⬡ ──▶ ⬡ "Máximo: ", Temp [ 6 ] ⬡ ──▶ Fim
                      │
                      ▼
              ⬡ j ← i + 1, 6, 1 ⬡ ──▶ (A)
                      │
                      ▼
              ◇ Temp [ j ] <  ──.V.──▶ ┌──────────────────┐
                Temp [ i ]              │ x ← Temp [i]     │
                      │                 │ Temp [i] ← Temp [j]│
                     .F.                │ Temp [j] ← x     │
                      │                 └────────┬─────────┘
                      ▼◀────────────────────────┘
                      ●
```

Java:

```java
1.       import javax.swing.JOptionPane;
2.       public class Exemplo65{
3.         public static void main (String args[]){
4.           final int diasSemana = 7;
5.           float temperatura[] = new float[diasSemana];
6.           temperatura[0] = 19.0f;
7.           temperatura[1] = 23.0f;
8.           temperatura[2] = 21.0f;
9.           temperatura[3] = 25.0f;
10.          temperatura[4] = 22.0f;
11.    temperatura[5] = 20.0f;
```

```
12.            temperatura[6] = 24.0f;
13.            float x;
14.            for(int i = 0; i < diasSemana; i++){
15.              for(int j = i + 1; j < diasSemana; j++){
16.                if(temperatura[j] < temperatura[i]){
17.                  x = temperatura[i];
18.                  temperatura[i] = temperatura [j];
19.                  temperatura[j] = x;
20.                }
21.              }
22.            }
23.            JOptionPane.showMessageDialog(
24.              null, "Mínima da semana = " + temperatura[0]);
25.            JOptionPane.showMessageDialog(
26.              null, "Máxima da semana = " + temperatura[6]);
27.        }
28.    }
```

6.2 CONCEITO DE MATRIZES

Estruturas indexadas que necessitam de mais que um índice para identificar um de seus elementos são chamadas de **matrizes de dimensão *n***, onde n representa o número de índices requeridos. Uma matriz de dimensão 2, portanto, é uma matriz que exige dois índices para identificar um elemento em sua estrutura. A maioria das linguagens não impõe limite sobre a dimensão de uma estrutura indexada, ficando a cargo do programador utilizar tantos índices quantos achar convenientes.

Supondo que se necessite desenhar um gráfico de uma curva no plano e que, portanto, seja necessário guardar as posições dos pontos dessa curva em coordenadas x e y, uma maneira possível de armazenar em memória o total dos pontos dessa curva seria na forma de uma matriz de dimensão 2. Nela, um dado elemento conteria o valor correspondente ao ponto identificado pelo índice de x para a abscissa e y para a ordenada desse elemento.

Por exemplo, se a curva representasse as vendas de um determinado produto numa região, o elemento da linha 4 e da coluna 5 conteria a região para as vendas de 5 unidades e para o valor de $4 no período em questão. Essa situação pode ser ilustrada conforme demonstra a Figura 6.4.

FIGURA 6.4 Representação de uma matriz.

6.2.1 Declaração

A declaração de uma matriz é muito semelhante à declaração de vetor porque o vetor é uma matriz de dimensão 1. Delimitadas entre os colchetes, temos duas declarações de tipo associadas aos índices, separadas por uma vírgula. A convenção mais comum é dizermos que o primeiro índice identifica uma linha de uma matriz bidimensional e o segundo, uma coluna.

```
Var
    Vendas : vetor [1..n,1..n] de inteiros
```

Usando essa declaração, a referência ao elemento da linha 4, coluna 5, da matriz seria

```
Vendas [4,5]
```

> Esse exemplo é ilustrativo. Se implementássemos a matriz-exemplo, deveríamos iniciar a linha e a coluna em 0. Dessa maneira, teríamos vendas [3, 4].

Se a dimensão *n* da matriz fosse maior do que dois, teríamos *n* declarações de tipos de índices entre os colchetes, separadas por vírgulas. A primeira declaração corresponde ao tipo do primeiro índice, a segunda declaração, ao tipo do segundo índice, e assim por diante.

Outra maneira de representar dados agregados pode ser por meio de uma estrutura de registro. O registro permite a composição de estruturas do tipo vetor, matriz e dados primitivos, dando maior flexibilidade para o programador e um código de leitura mais fácil. As estruturas de registro são apresentadas no Capítulo 7.

A linguagem Java não oferece suporte a *arrays* (vetores) multidimensionais, a exemplo do que ocorre com outras linguagens de programação. No entanto, a mesma funcionalidade pode ser obtida com a declaração de um *array* de *arrays*, por exemplo, `int [][]`. Isso será mostrado com mais detalhes nos exemplos.

6.2.2 Operações

Da mesma forma que se podem fazer operações com os elementos de um vetor, é possível fazê-las com os elementos de uma matriz. É possível acessar individualmente os elementos e, por conseguinte, os valores de cada uma das posições e realizar cálculos matemáticos e comparativos, o que dá uma grande margem de possíveis aplicações computacionais e práticas. As matrizes têm especial aplicação em estatística, pois sua estrutura permite o armazenamento de valores que podem ser referenciados e associados a outros em duas ou mais dimensões.

Para demonstrar a realização de operações simples em matrizes, será considerado um exemplo genérico. Aplicações específicas serão mostradas em seguida.

EXEMPLO 6.6 – Dada uma matriz de 6 linhas e 2 colunas de inteiros, calcular e exibir a média geométrica dos valores de cada uma das linhas. A média geométrica é calculada pela seguinte expressão: SQRT (X1 * X2), que representa a raiz quadrada do resultado da multiplicação dos elementos da coluna 1 (X1) pelos elementos da coluna 2 (X2).

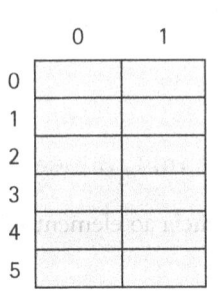

FIGURA 6.5 Matriz G

Supondo uma matriz G com as características descritas, as operações devem ser feitas entre os elementos G[0, 0] e G[0, 1], depois entre G[1, 0] e G[1, 1], e assim sucessivamente.

Pseudocódigo:

```
1.          Algoritmo Exemplo6.6
2.          Var
3.              G : vetor [1..6, 1..2] de inteiros
4.              i, j : inteiro
5.              prod : real
6.          Início
7.              Para i ← 0 até 5 Faça
8.              Para j ← 0 até 1 Faça
9.                  Mostrar ("Informar valor G:", i,",", j)
10.                 Ler (G[i, j]
11.             Fim-Para
12.             Para i ← 1 até 6 Faça
13.                 prod ← 1
14.                 Para j ← 1 até 2 Faça
15.                     prod ← prod * G [i, j]
16.                 Fim-Para
17.                 Mostrar ("Linha ", i, " = ", SQRT (prod))
18.             Fim-Para
19.         Fim.
```

Fluxograma:

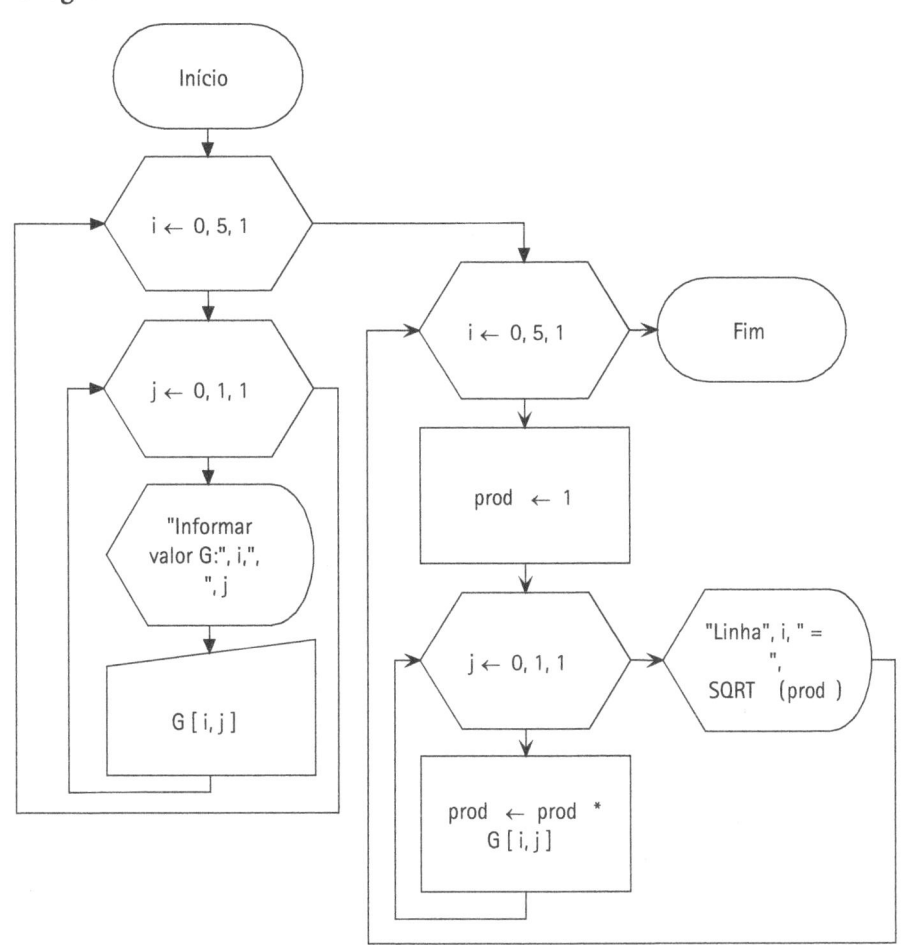

```
                    Início
                      │
                      ▼
          ┌──── i ← 0, 5, 1 ────┐
          │                     │
          ▼                     ▼
    ┌── j ← 0, 1, 1 ──┐   ┌── i ← 0, 5, 1 ──→ Fim
    │                 │   │
    ▼                 │   ▼
"Informar             │  prod ← 1
valor G:", i,",       │   │
 ", j                 │   ▼
    │                 │ ┌── j ← 0, 1, 1 ──→ "Linha", i, " =
    ▼                 │ │                    ",
  G[i,j]              │ │                   SQRT (prod)
    │                 │ ▼
    └─────────────────┘ prod ← prod *
                          G[i,j]
```

Java:

```java
1.    import javax.swing.JOptionPane;
2.    public class Exemplo6.6{
3.      public static void main(String args[]){
4.        int G[][] = new int[6][2];
5.        double prod;
6.        String num;
7.        try{
8.          for(int i = 0; i < 6; i++){
9.            for(int j = 0; j < 2; j++){
10.             num = JOptionPane.showInputDialog(
11.               "Informar valor G " + i + ", " + j + ":");
```

```
12.                G[i][j] = Integer.parseInt(num);
13.             }
14.          }
15.          for(int i = 0; i < 6; i++){
16.             prod = 1;
17.             for(int j = 0; j < 2; j++){
18.                prod = prod * G[i][j];
19.             }
20.             JOptionPane.showMessageDialog(
21.             null, "Linha " + i + ": " + Math.sqrt(prod));
22.          }
23.       }catch(Exception e){
24.          JOptionPane.showMessageDialog(
25.             null, "Ocorreu um erro durante a leitura!");
26.       }
27.    }
28. }
```

Na programação deste exemplo, foi utilizado o pacote java.lang.Math, que possui métodos que realizam operações matemáticas mais complexas, como é o caso da raiz quadrada extraída da variável prod, utilizando-se a chamada Math.sqrt (linha 16). Não há necessidade de um import do pacote Math, como é feito para o caso do swing, pois ele está automaticamente disponível para a linguagem, porém, caso isso seja feito, não provocará erro.

EXEMPLO 6.7 – Média dos alunos de uma disciplina. Considere uma matriz de 10 linhas e 3 colunas. Cada linha está associada a um aluno, e as colunas estão associadas às notas das provas referentes àquele estudante. O procedimento a seguir escreve a média de cada estudante e a média da turma em cada prova.

Pseudocódigo:
```
1.    Algoritmo Exemplo6.7
2.    Constante
3.       nProvas = 3    //número de Provas - colunas
4.       nAlunos = 10   //número de Alunos - linhas
5.    Var
6.       //Declaração de matriz para as notas das provas
7.       NotaProva : vetor [1..nAlunos, 1..nProvas] de reais
8.       //Declaração de vetor para a média dos alunos
9.       MedAlunos : vetor [1..nAlunos] de reais
```

```
10.         //Declaração de vetor para a média das provas
11.         MedProvas : vetor [1..nProvas] de reais
12.         i, j : inteiro
13.         Soma : real
14.     Início
15.         Para i ← 0 até nAlunos-1 Faça
16.             Soma ← 0
17.             Para j ← 0 até nProvas-1 Faça
18.                 Mostrar("Entre nota Aluno-" , i , " Prova-" , j")
19.                     Ler (NotaProva [i, j])
20.                 Soma ← Soma + NotaProva [i, j]
21.             Fim-Para
22.             MedAlunos [i] ← Soma / nProvas
23.         Fim-Para
24.         Para j ← 0 até nProvas-1 Faça
25.             Soma ← 0
26.             Para 0 ← 1 até nAlunos -1 Faça
27.                 Soma ← Soma + NotaProva [i , j]
28.             Fim-para
29.             MedProvas [j] ← Soma / nAlunos
30.         Fim-para
31.         Para i ← 0 até nAlunos-1 Faça
32.             Mostrar ("Aluno ", i, ": ", MedAlunos [i])
33.         Fim-Para
34.         Para i ← 0 até nProvas-1 Faça
35.             Mostrar ("Prova ", i, ": ", MedProvas [1])
36.         Fim-Para
37.     Fim.
```

Nos exemplos dados, sabemos quais são as dimensões da matriz e utilizamos todos os elementos da estrutura. Nem sempre, contudo, é possível determinar o tamanho de uma estrutura indexada quando construímos o programa. Em muitos casos, o número exato de elementos necessários só se torna conhecido em tempo de execução. Nesses casos, definimos estruturas que possam acomodar os "piores casos" e utilizamos, em tempo de execução, apenas parte dessas estruturas.

No exemplo das médias de provas e de alunos, poderíamos declarar a matriz com mais colunas para o caso de provas de recuperação ou uma matriz com mais linhas para o caso de novos alunos. Podemos, ainda, utilizar estruturas de dados dinâmicas, estudadas no Capítulo 10.

Fluxograma:

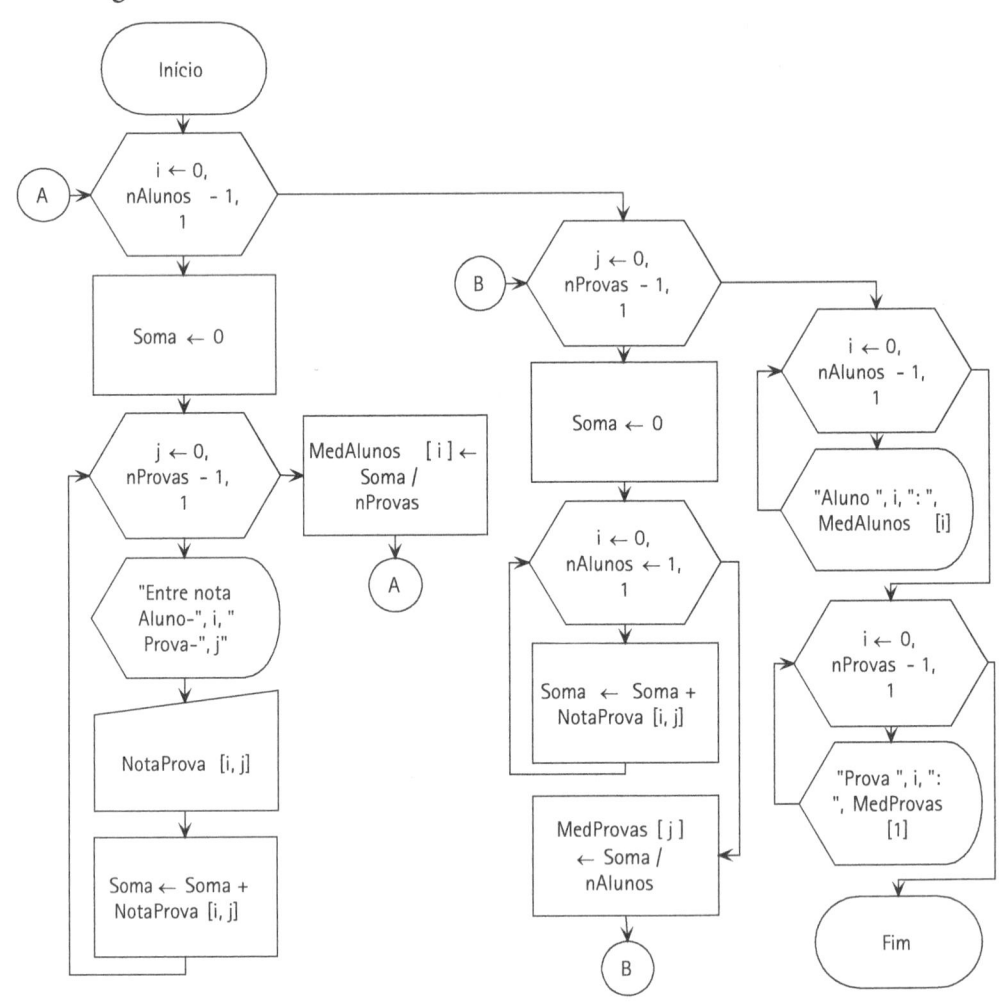

Java:
```
1. import javax.swing.JOptionPane;
2. public class Exemplo67{
3.   public static void main (String args[]){
4.     final int nProvas = 3;
5.     final int nAlunos = 10;
6.     float NotaProva [][] = new float [nAlunos][nProvas];
7.     float MedAlunos [] = new float [nAlunos];
8.     float MedProvas [] = new float [nProvas];
9.     float Soma;
10.    String num;
11.    try{
12.      for(int i = 0; i < nAlunos; i++){
13.        Soma = 0;
```

```
14.        for(int j = 0; j < nProvas; j++){
15.          num = JOptionPane.showInputDialog(
16.             null, "Entre nota Aluno-" + i + " Prova-" + j);
17.          NotaProva[i][j] = Float.parseFloat(num);
18.          Soma = Soma + NotaProva[i][j];
19.        }
20.        MedAlunos[i] = Soma / nProvas;
21.      }
22.      for(int j = 0; j < nProvas; j++){
23.        Soma = 0;
24.        for(int i = 0; i < nAlunos; i++){
25.          Soma = Soma + NotaProva[i][j];
26.        }
27.        MedProvas [j] = Soma / nAlunos;
28.      }
29.      for(int i = 0; i < nAlunos; i++){
30.        JOptionPane.showMessageDialog(
31.           null, "Média do Aluno-" + i + ": " +
    MedAlunos[i]);
32.      }
33.      for(int i = 0; i < nProvas; i++){
34.        JOptionPane.showMessageDialog(
35.           null, "Média da Prova-" + i + ": " +
    MedProvas[i]);
36.      }
37.    }catch (Exception e){
38.      JOptionPane.showMessageDialog(
39.         null, "Ocorreu um erro durante a leitura!");
40.    }
41.  }
42.}
```

O primeiro laço de repetição (for) — linhas 12 a 21 — providencia a entrada de dados, a inicialização dos valores na matriz e o cálculo da média dos alunos, armazenando os resultados no vetor MedAlunos. O segundo bloco de laços, linhas 22 a 28, calcula a média de cada prova, usando a variável j no laço mais externo, já que a média refere-se a cada coluna da matriz, atribuindo os resultados ao vetor MedProvas.

6.3 EXERCÍCIOS PARA FIXAÇÃO

1. Considere um vetor w cujos nove elementos são do tipo inteiro. Supondo que i seja uma variável do tipo inteiro e seu valor seja 5, que valores estarão armazenados em w após a execução das atribuições a seguir?

   a) w[1] ← 17

b) `w[i/2] ← 9`
c) `w[2*i-1] ← 95`
d) `w[i-1] ← w[9]/2`
e) `w[i] ← w[2]`
f) `w[i+1] ← w[i]+w[i-1]`
g) `w[w[2]-2] ← 78`
h) `w[w[i]-1] ← w[1]*w[i]`
i) `w[w[2] mod 2 + 2] ← w[i+9/2] + 3 * w[i-1*2]`

2. Dadas as temperaturas que foram registradas diariamente durante uma semana, deseja-se determinar em quantos dias dessa semana a temperatura esteve acima da média. A solução para esse problema envolve os seguintes passos:
   a) obter os valores das temperaturas;
   b) calcular a média desses valores;
   c) verificar quantos deles são maiores que a média.

3. Crie vetores para armazenar:
   a) as letras vogais do alfabeto;
   b) as alturas de um grupo de dez pessoas;
   c) os nomes dos meses do ano.

4. Modifique o código do algoritmo do Exemplo 6.2, de forma que o número de elementos do vetor `Teste1` possa ser definido pelo usuário, mantendo a mesma idéia proposta.

5. Altere o código do algoritmo do Exemplo 6.5, mantendo a mesma proposta, e exiba a menor e a maior temperatura, porém, fazendo a ordenação dos elementos de forma decrescente, antes de apresentar o resultado.

6. Ainda com base no Exemplo 6.5, modifique o algoritmo de forma que o mesmo resultado seja obtido, porém, sem o uso do recurso da ordenação do vetor.

7. Codifique um algoritmo que exiba um histograma da variação da temperatura durante a semana. Por exemplo, se as temperaturas forem: 19, 21, 25, 22, 20, 17 e 15°C, de domingo a sábado, respectivamente, o algoritmo deverá exibir:

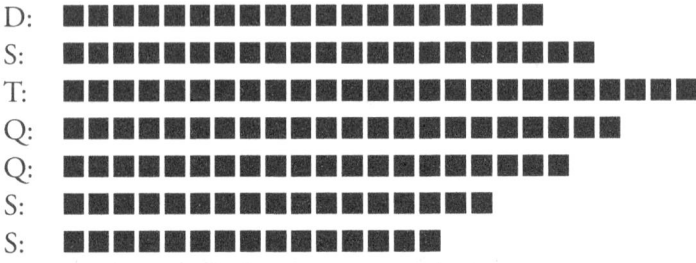

   D: ■■■■■■■■■■■■■■■■■■■
   S: ■■■■■■■■■■■■■■■■■■■■■
   T: ■■■■■■■■■■■■■■■■■■■■■■■■■
   Q: ■■■■■■■■■■■■■■■■■■■■■■
   Q: ■■■■■■■■■■■■■■■■■■■■
   S: ■■■■■■■■■■■■■■■■■
   S: ■■■■■■■■■■■■■■■

   Suponha que as temperaturas sejam todas positivas e que nenhuma seja maior que 80°C. *Dica*: Crie uma rotina que exiba uma linha com uma quantidade de caracteres de tamanho proporcional à temperatura.

8. Faça um algoritmo que construa dois vetores A e B de 10 elementos e deles crie um vetor C, composto pela soma dos elementos, sendo: `C[1] ← A[1]+B[10]`, `C[2] ← A[2]+B[9]`, `C[3] ← A[3]+B[8]` etc.

9. Elabore um algoritmo que crie dois vetores A e B de 10 elementos e deles crie um vetor C, composto pela união dos elementos de A e B dispostos em ordem crescente, exibindo o resultado.

10. De cinco vetores de 5 elementos inteiros, fornecidos pelo usuário, crie uma matriz de 5 linhas e colunas e exiba seu conteúdo.

6.4 EXERCÍCIOS COMPLEMENTARES

1. Elabore um algoritmo que, considerando um conjunto de acertos obtidos por um grupo de atiradores num estande, obtenha as discrepâncias e a variância da amostra. Utilize a tabela a seguir como referência. Como exercício, agrupar os valores numa matriz.

Atirador	Acertos (Xi)	xi	(xi)2
1	8		
2	4		
3	6		
4	10		
5	9		
6	7		
7	8		
8	12		
Soma			

   As discrepâncias são calculadas por $x_i = X_i - M$, onde X_i é a quantidade de acertos de cada atirador e M é a média aritmética dos acertos. A variância S é dada pelo somatório de x_i elevado ao quadrado.

2. Dados os vetores A = [15, 44, 23, 1, 0, 18, 17, 37, 35, 54] e B = [32, 115, 48, 55, 51, 0, 48, 85, 15, 99], crie algoritmos para gerar uma matriz C da multiplicação dos elementos de A pelos elementos de B. Observe que C[1, 1] ← A[1, 1] * B[1, 1], C[1, 2] ← A[1, 1] * B[1, 2], C[1, 3] ← A[1, 1] * B[1, 3] etc.

3. Crie um algoritmo que construa uma matriz X[10, 3] cujos valores deverão ser fornecidos aleatoriamente e exiba os elementos na ordem inversa à da entrada.

4. Elabore um algoritmo que construa três vetores de 10 elementos com valores fornecidos pelo usuário. Crie uma matriz [10, 3] com esses vetores, contudo, a primeira e a terceira colunas da matriz resultante deverão apresentar os elementos na ordem crescente, e a segunda, na ordem decrescente.

5. Considere a tabela a seguir referente a produtos armazenados em um depósito, em que são considerados o estoque atual de cada produto e o estoque mínimo necessário.

Código	Estoque	Mínimo	Código	Estoque	Mínimo
1	35	20	11	15	15
2	43	45	12	74	90
3	26	20	13	26	40
4	18	20	14	54	30
5	75	50	15	57	40
6	46	30	16	43	40
7	94	80	17	82	60
8	37	50	18	26	40
9	32	50	19	31	40
10	57	30	20	35	20

   Monte a estrutura de dados necessária para o armazenamento desses valores e exiba (saída em vídeo) um relatório geral desses produtos, com um cabeçalho identificando cada coluna e listando os produtos em ordem crescente de código.

6. Usando a estrutura criada para o exercício anterior, gere um relatório (saída em vídeo) com cabeçalho, listando em ordem crescente de código os produtos com estoque abaixo ou igual ao mínimo.

7. Ainda com base na estrutura utilizada no Exercício 5 e no relatório gerado no Exercício 6, aperfeiçoe esse relatório, de modo que seja informada a quantidade que deve ser adquirida de cada produto, para que o estoque seja o dobro do mínimo, considerando apenas os produtos com estoque igual ou abaixo do mínimo.

8. Considerando a proposta do Exercício 5, seria possível armazenar também os nomes dos produtos? Como poderia ser resolvido esse problema usando as estruturas estudadas neste capítulo? Implemente essa solução utilizando nomes de produtos de sua escolha.

9. Utilizando a solução adotada para a proposta do Exercício 8, gere um novo relatório, conforme solicitado no Exercício 7, agora com os nomes dos produtos.

10. De cinco vetores de 5 elementos inteiros, fornecidos pelo usuário, crie uma matriz de 5 linhas e 5 colunas e exiba seu conteúdo em ordem crescente de valores.

7 Procedimentos e funções

» Procedimentos
» Funções
» Escopo de variáveis
» Parâmetros
» Passagem de parâmetros

OBJETIVOS:
Abordar os tópicos procedimentos, funções e parâmetros. Estes são alguns recursos utilizados para tornar os algoritmos mais eficientes e possibilitar a reutilização de códigos, isto é, o uso de algumas rotinas em vários programas, até mesmo com objetivos diferentes.

Conforme estudado no Capítulo 3, a programação estruturada consiste na divisão de um problema em partes, tornando a tarefa mais fácil de ser resolvida, diminuindo assim a extensão dos programas de forma que qualquer alteração poderá ser feita mais rapidamente, caso seja necessária. A cada uma dessas partes é dado o nome de **módulo**. A modularização é uma técnica utilizada para desenvolver algoritmos, na qual se divide o problema em partes, denominadas módulos, por meio de refinamentos sucessivos.

O refinamento sucessivo nada mais é do que a redução de um problema a um conjunto de tarefas destinadas a solucioná-lo de maneira eficiente. Para cada tarefa, desenvolve-se um algoritmo/programa (módulo) que poderá ser utilizado na solução de outros problemas, pois cada módulo é independente. O gerenciamento das tarefas é feito pelo algoritmo principal ou módulo principal. Esse módulo "chama" ou aciona os outros módulos, que deverão ser escritos por meio de funções ou procedimentos.

> A uma das técnicas de refinamentos sucessivos dá-se o nome de *top-down* (de cima para baixo), ou seja, parte-se do problema como um todo, de forma abrangente, e vai detalhando-se até atingir o nível desejado. Outra técnica não muito utilizada, mas que tem a mesma função, é a *bottom-up* (de baixo para cima), isto é, parte-se dos conceitos mais detalhados até chegar ao objeto desejado, ou seja, à solução do problema.

7.1 PROCEDIMENTOS

Um **procedimento** (*procedure*), também conhecido como **sub-rotina**, é um conjunto de instruções que realiza determinada tarefa. Um algoritmo de procedimento é criado da mesma maneira que outro algoritmo qualquer, deve ser identificado e possuir variáveis, operações e até funções.

Pseudocódigo:
```
1. Procedimento nome_do_procedimento (lista de parâmetros)
2. var
3.   Declaração das variáveis pertencentes a este procedimento
     (locais)
4. Início
5.   Operações do Procedimento
6. Fim.
```

Os parâmetros são "variáveis" que estabelecem a troca de valores entre o algoritmo que realiza a chamada – isto é, que utiliza o procedimento – e o procedimento. Por meio dos parâmetros de entrada os valores são passados para o procedimento. Nem sempre existe a necessidade do uso de parâmetros, conforme o Exemplo 7.1.

> *i* Os parâmetros serão discutidos na seção 7.4.

EXEMPLO 7.1 – Procedimento para realizar a operação de adição entre dois valores, sem a passagem de parâmetros.

```
1.      Procedimento ModAdicao
2.      Var
3.         v1, v2, res: real
4.      Início
5.        Ler (v1, v2)
6.        res ← v1 + v2
7.        Mostrar (res)
8.      Fim.
```

No exemplo, os valores utilizados pelo procedimento são lidos com origem no próprio procedimento, na linha 5, e são armazenados nas variáveis v1 e v2, declaradas no âmbito do procedimento (linha 3). Isso significa que essas variáveis são locais, isto é, só podem ser utilizadas no escopo do procedimento. Esse assunto será abordado na seção 7.2. Outra maneira de escrever esse mesmo procedimento, agora com a declaração dos parâmetros, é apresentada no Exemplo 7.2.

EXEMPLO 7.2 – Procedimento para realizar a operação de adição entre dois valores, com a passagem de parâmetros.

```
1.      Procedimento ModAdicao(v1, v2: real)
2.      Var
3.         res: real
4.      Início
```

```
5.         res ← v1 + v2
6.         Mostrar (res)
7.     Fim.
```

Fluxograma:

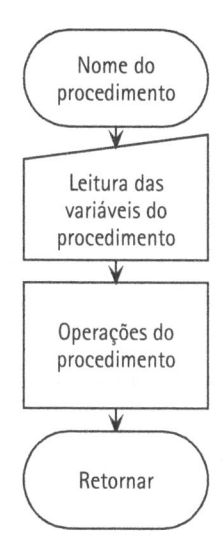

FIGURA 7.1 Fluxograma de procedimento.

A instrução `Retornar` indica que o controle do fluxo de dados deverá retornar ao algoritmo principal.

Java:

Em Java, os módulos, sejam eles procedimentos ou funções, são representados pelos métodos. Para escrever um método em Java, representando procedimentos, utiliza-se a seguinte sintaxe:

```
static void nome_Método (<argumentos>)
  {
  <instruções>;
  }
```

onde

`statitic`: é um modificador que indica que o método será alocado em memória sem que haja necessidade de ser instanciado. Não necessita objeto; pode ser invocado com base no nome da classe.

Os modificadores são elementos que caracterizam o método quanto à visibilidade (escopo) e à qualidade. Os métodos, bem como as classes e as variáveis, podem possuir mais de um modificador, não importando sua ordem. Além do `static`, outros modificadores muito utilizados são:

- » `public`: pode ser invocado livremente e indica um método que é visível para qualquer um que "enxergue" a classe;
- » `protected`: pode ser utilizado apenas no mesmo pacote e em subclasses;
- » `private`: pode ser invocado apenas na classe;
- » `final`: não pode ser sobrescrito e equivale à declaração de constante.

Existem outros modificadores, como `abstract`, `native`, `transient`, `volatile` e `synchronized`.

- » `void`: indica que não será retornado nenhum valor do programa que realizou a chamada;
- » `<nome_Método>`: é um identificador válido da linguagem, obedece às mesmas regras que os identificadores de classe, objeto e variável;
- » `<argumentos>`: indica a lista de argumentos que serão passados como parâmetros para o método. A sintaxe dos argumentos é a mesma da declaração de variáveis: ***tipo_dado* identificador**, e os vários parâmetros são separados por vírgulas.

> Se não há modificador, o método pode ser chamado apenas no mesmo pacote.

EXEMPLO 7.3 – Implementação em Java do procedimento do Exemplo 7.1 para realizar a operação de adição entre dois valores, sem a passagem de parâmetros.

```
1.   static void modAdicao( ){
2.       double v1;
3.       double v2;
4.       double res;
5.       v1 = Double.parseDouble(JOptionPane.showInputDialog(
6.           "Digite o primeiro valor"));
7.       v2 = Double.parseDouble(JOptionPane.showInputDialog(
8.           "Digite o segundo valor"));
9.       res = v1 + v2;
10.      JOptionPane.showMessageDialog(
11.          null, "Soma = " + res);
12.  }
```

EXEMPLO 7.4 – Implementação em Java do procedimento do Exemplo 7.2 para realizar a operação de adição entre dois valores, com a passagem de parâmetros.

```
1.   static void modAdicao(double v1, v2){
2.       double res;
3.       res = v1 + v2;
4.       JOptionPane.showMessageDialog(
5.           null, "Soma = " + res);
6.   }
```

```
class Menu {

modAdicao()
4. o fluxo do processamento
   é devolvido ao chamador

...
}
```

```
static void modAdicao( )
{
 2. O fluxo do processamento é desviado
 para o procedimento

...
  res = v1 + v2;
...
}
3. Quando o procedimento é encerrado
```

1. O programa faz uma chamada ao procedimento

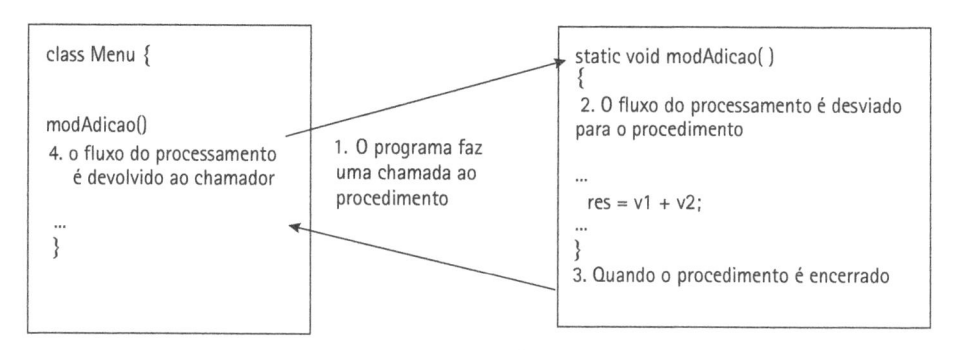

FIGURA 7.2 Fluxo de processamento com acesso a sub-rotinas.

7.1.1 Chamada de procedimentos

A chamada de um procedimento corresponde ao momento em que este é acionado e seu código, executado, podendo ocorrer a passagem ou não de parâmetros. Quando ocorre a chamada de um procedimento, a execução do algoritmo chamador é "interrompida", e o controle é passado para o procedimento até que seu conjunto de instruções seja finalizado, momento que o controle de execução volta para o chamador. O algoritmo chamador é o algoritmo que utiliza o procedimento.

Algoritmo principal

Na representação algorítmica, o chamador é o algoritmo principal, os procedimentos são declarados como sub-rotinas ou subalgoritmos dentro dele, como na representação a seguir.

```
1. Procedimento Nome_do_procedimento
2. Var
3.    <declaração de variáveis do procedimento>
4. Início
5.    <instruções do procedimento>
6. Fim.
7. Var
8.    <declaração de variáveis do algoritmo principal>
Início
9.    <instruções do algoritmo principal>
10. Fim.
```

A chamada ao procedimento é realizada a partir do corpo do algoritmo principal, pelo seu nome. Isso pode ser observado na linha 12 do Exemplo 7.5.

EXEMPLO 7.5 – Chamada a um procedimento sem parâmetros.

```
1. Algoritmo Principal
2.       Procedimento ModAdicao
3.             Var
4.                v1, v2, res: real
```

```
5.              Início
6.               Ler (v1, v2)
7.               res ← v1 + v2
8.               Mostrar (res)
9.          Fim.
10. Var
11. Início
12.    ModAdicao()
13. Fim.
```

> Observe que o algoritmo principal é utilizado apenas para ilustrar a chamada ao procedimento.

Quando o procedimento chamado contém parâmetros, os valores correspondentes devem ser passados no momento da chamada, conforme o Exemplo 7.6.

EXEMPLO 7.6 – Chamada a um procedimento com parâmetros (valores predeterminados).

```
1. Algoritmo Principal
2.         Procedimento ModAdicao( v1, v2: real)
3.              Var
4.               res: real
5.              Início
6.                 res ← v1 + v2
7.                 Mostrar (res)
8.          Fim.
9. Var
10. Início
11.    ModAdicao(13.5, 10.2)
12. Fim.
```

Na linha 11, os valores passados são predeterminados. Entretanto, também é possível substituí-los por variáveis. Veja o trecho de programa exemplificado a seguir nas linhas 12 e 13.

EXEMPLO 7.7 – Chamada a um procedimento com parâmetros (variáveis).

```
9.   Var
10.     N1, N2: real
11.  Início
12.     ler(N1, N2)
13.     ModAdicao(N1, N2)
14.  Fim.
```

No Exemplo 7.8, exemplifica-se um programa completo envolvendo a elaboração e a utilização de procedimentos sem a passagem de parâmetros. Para o exemplo também são apresentados o fluxograma e a implementação em Java.

EXEMPLO 7.8 – Elaborar um algoritmo que realize a operação aritmética escolhida pelo usuário, a saber: adição, subtração, multiplicação ou divisão, entre dois valores fornecidos por ele, e apresentar uma mensagem com o resultado obtido. Criar um menu de opções para o usuário no algoritmo principal e módulos com procedimentos para a realização das operações, conforme diagrama a seguir.

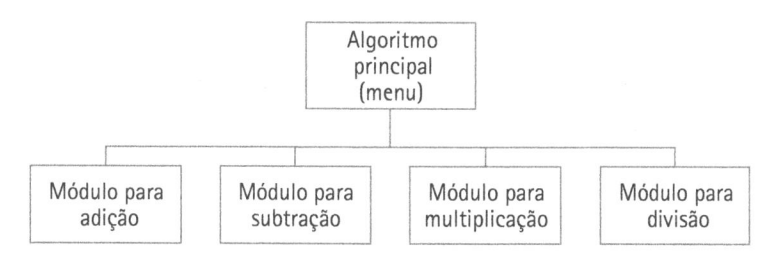

FIGURA 7.3 Módulos do exemplo.

Pseudocódigo:

```
1.       Algoritmo Menu
2.       Var Opcao: inteiro
3.       Início
4.         Ler (Opcao)
5.         Escolha Opcao
6.            Caso 1: faça ModAdicao
7.            Caso 2: faça ModSubtr
8.            Caso 3: faça ModMultip
9.            Caso 4: faça ModDiv
10.           Caso contrário: Mostrar ("Fim de Programa")
11.        Fim_Escolha
12.      Fim.
```

No algoritmo Menu, foi criado um menu de opções, de maneira que quando determinada opção é escolhida, o procedimento associado a essa opção é acionado e executado. Após a execução desse procedimento, o fluxo de execução do programa retorna para o algoritmo principal, nesse caso, o algoritmo Menu, e segue executando a próxima instrução. No caso do nosso exemplo, é a execução da instrução Fim (linha 12).

> O menu de opções é apresentado apenas uma vez ao usuário, para apresentá-lo várias vezes inclua as instruções das linhas 4 até a 11 entre uma estrutura de repetição, por exemplo enquanto, como o exemplo apresentado no trecho de código a seguir.

```
4.  opcao ← 1
5.  Enquanto (opcao >= 1 e opcao <= 4) Faça
6.     Ler (Opcao)
7.        Escolha Opcao
8.           Caso 1: faça ModAdicao
9.           Caso 2: faça ModSubtr
10.          Caso 3: faça ModMultip
11.          Caso 4: faça ModDiv
12.          Caso contrário: Mostrar ("Fim de Programa")
13.       Fim_Escolha
14. Fim-enquanto
```

A seguir, são apresentados os procedimentos de adição, subtração, multiplicação e divisão que são chamados pelo programa principal.

```
1.      Procedimento ModAdicao
2.      Var v1, v2, res: real
3.      Início
4.         Ler (v1, v2)
5.         res ← v1 + v2
6.         Mostrar (res)
7.      Fim.

8.      Procedimento ModSubtr
9.      Var v1, v2, res: real
10.     Início
11.        Ler (v1, v2)
12.        res ← v1 - v2
13.        Mostrar (res)
14.     Fim.

15.     Procedimento ModMultip
16.     Var v1, v2, res: real
17.     Início
18.        Ler (v1, v2)
19.        res ← v1 * v2
20.        Mostrar (res)
21.     Fim.

22.     Procedimento ModDiv
23.     Var v1, v2, res: real
24.     Início
25.        Ler (v1, v2)
26.        res ← v1 / v2
27.        Mostrar (res)
28.     Fim.
```

Observe que, nos procedimentos anteriores, as variáveis v1, v2 e res são declaradas em todos os algoritmos, pois estão declaradas como variáveis locais. Esse problema pode ser resolvido declarando-as como variáveis globais no módulo principal. Esse assunto será detalhado adiante, na seção "Escopo de variáveis". Cabe lembrar que esses procedimentos podem ser utilizados em outros algoritmos e programas.

No fluxograma utiliza-se o símbolo ▭ para indicar a chamada a uma sub-rotina, se a sub-rotina contiver parâmetros, estes também devem ser informados.

FIGURA 7.4 Representação da chamada a sub-rotinas em fluxogramas.

Fluxograma:

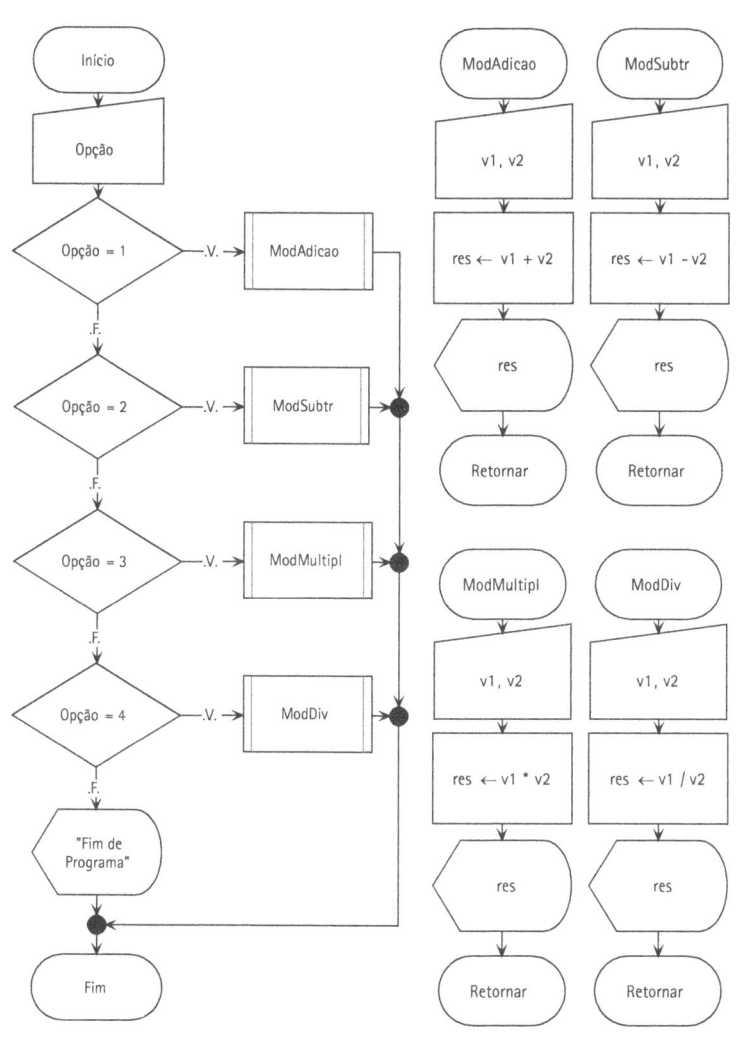

Java:

```java
1.      import javax.swing.JOptionPane;
2.      public class Menu {
3.        public static void main (String args[]){
4.          int opcao;
5.          opcao = Integer.parseInt(JOptionPane.showInputDialog(
6.            "Escolha a sua opção:\n" +
7.            "1 - Adição\n" +
8.            "2 - Subtração\n" +
9.            "3 - Multiplicação\n" +
10.           "4 - Divisão"));
11.         switch (opcao){
12.           case 1 : modAdicao(); break;
13.           case 2 : modSubtr(); break;
14.           case 3 : modMultipl(); break;
15.           case 4 : modDiv();break;
16.           default : JOptionPane.showMessageDialog(
17.             null, "Fim do Programa");
18.         }
19.       }
20.
21.       static void modAdicao( ){
22.         double v1;
23.         double v2;
24.         double res;
25.         v1 = Double.parseDouble(JOptionPane.showInputDialog(
26.           "Digite o  primeiro valor"));
27.         v2 = Double.parseDouble(JOptionPane.showInputDialog(
28.           "Digite o segundo valor"));
29.         res = v1 + v2;
30.         JOptionPane.showMessageDialog(
31.           null, "Soma = " + res);
32.       }
33.
34.       static void modSubtr( ){
35.         double v1;
36.         double v2;
37.         double res;
38.         v1 = Double.parseDouble(JOptionPane.showInputDialog(
39.           "Digite o primeiro valor"));
40.         v2 = Double.parseDouble(JOptionPane.showInputDialog(
41.           "Digite o segundo valor"));
42.         res = v1 - v2;
43.         JOptionPane.showMessageDialog(
44.           null, "Subtração = " + res);
45.       }
46.
47.       static void modMultipl( ){
```

```
48.         double v1;
49.         double v2;
50.         double res;
51.         v1 = Double.parseDouble(JOptionPane.showInputDialog(
52.             "Digite o primeiro valor"));
53.         v2 = Double.parseDouble(JOptionPane.showInputDialog(
54.             "Digite o segundo valor"));
55.         res = v1 * v2;
56.         JOptionPane.showMessageDialog(
57.             null, "Multiplicação = " + res);
58.     }
59.
60.     static void modDiv( ){
61.         double v1;
62.         double v2;
63.         double res;
64.         v1 = Double.parseDouble(JOptionPane.showInputDialog(
65.             "Digite o primeiro valor"));
66.         v2 = Double.parseDouble(JOptionPane.showInputDialog(
67.             "Digite o segundo valor"));
68.         res = v1 / v2;
69.         JOptionPane.showMessageDialog(
70.             null, "Divisão = " + res);
71.     }
72. }
```

Na instrução da linha 5 até a da 10 fazemos uso da instrução \n para que cada opção seja escrita em uma linha, isto é, o \n provoca o salto para a linha seguinte. A título de apresentação, a instrução foi quebrada em várias linhas, porém nada impede que seja escrita em uma única linha. Na quebra de instruções em mais de uma linha, é importante verificar o ponto em que isso pode ser feito, para que não provoque erro.

> A ordem em que os métodos são escritos é indiferente para a execução do programa, da mesma forma que esta independe da ordem em que eles são chamados. O importante é a ordem em que a lógica do programa necessita executar tais métodos.

7.2 ESCOPO DE VARIÁVEIS

Até agora, todos os exemplos apresentados utilizaram variáveis locais, isto é, variáveis que podem ser utilizadas somente no escopo do algoritmo/programa no qual foram declaradas. No entanto, isso pode ocasionar redundância na declaração de variáveis que se fazem necessárias em vários módulos, como no caso do Exemplo 7.8, em que as variáveis v1, v2 e res foram declaradas em todos os módulos. Para resolver esse problema, existe a possibilidade de serem declaradas variáveis globais.

As variáveis globais são declaradas no algoritmo principal e podem ser utilizadas por todos os algoritmos hierarquicamente inferiores. Já as variáveis locais podem ser utilizadas pelo algoritmo em que foram declaradas e nos algoritmos hierarquicamente inferiores, conforme mostra o diagrama a seguir.

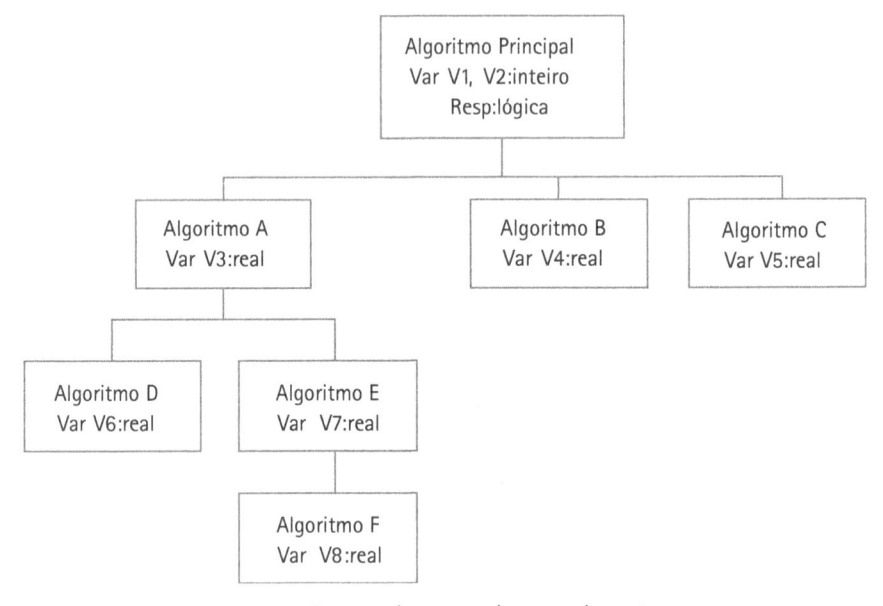

```
                    Algoritmo Principal
                    Var V1, V2:inteiro
                      Resp:lógica
                            |
        ┌───────────────────┼───────────────────┐
   Algoritmo A          Algoritmo B         Algoritmo C
   Var V3:real          Var V4:real         Var V5:real
        |
   ┌────┴────┐
Algoritmo D  Algoritmo E
Var V6:real  Var V7:real
                  |
             Algoritmo F
             Var V8:real
```

FIGURA 7.5 Diagrama hierárquico de escopo de variáveis.

Supondo que esse diagrama represente a hierarquia da resolução de um problema em módulos, tem-se que:

» as variáveis V1 e V2 foram declaradas no módulo principal e podem ser utilizadas por todos os módulos dos algoritmos;
» a variável V3 foi declarada no algoritmo A e pode ser utilizada pelos algoritmos D, E e F, que são hierarquicamente inferiores a ele;
» as variáveis V4, V5, V6 e V8 podem ser utilizadas somente pelos algoritmos B, C, D e F, respectivamente, pois não possuem algoritmos hierarquicamente inferiores;
» a variável V7 pode ser utilizada pelos algoritmos E e F.

> A definição adequada das variáveis pode economizar memória e tornar os programas mais eficientes.

7.3 FUNÇÕES

As **funções** são criadas da mesma maneira que os procedimentos. A diferença entre os dois é que elas podem ser utilizadas em expressões, como se fossem variáveis, pois as funções retornam valores que são associados ao seu nome, e para esses valores é necessária a declaração do tipo de dado a ser retornado.

```
1. Função nome_da_função (lista de parâmetros): tipo_de dado da
2. função
3. var
4.      Declaração das variáveis pertencentes a esta função
5. (locais)
6. Início
7.      Instruções da função
8. Retornar(variável)
9. Fim.
```

> Tanto os procedimentos como as funções são "minialgoritmos" que possuem variáveis e até mesmo outros procedimentos e funções.

Uma função sempre deve retornar um valor ao algoritmo chamador. Vamos rever o Exemplo 7.2 e reescrevê-lo no Exemplo 7.9 como uma função para realizarmos as comparações.

EXEMPLO 7.9 – Procedimento e função para realizar a operação de adição entre dois valores, com a passagem de parâmetros.

	Procedimento	Função

1.	`Procedimento`
	   `ModAdicao(v1, v2: real)`
		`Função`
		   `ModAdicao(v1, v2: real): real`

2.	`Var`	`Var`
3.	`res: real`	`res: real`
4.	`Início`	`Início`
5.	`res ← v1 + v2`	`res ← v1 + v2`
6.	`Mostrar (res)`	`retornar (res)`
7.	`Fim.`	`Fim.`

A primeira diferença pode ser observada na linha 1, cabeçalho da função, onde se faz necessária a especificação do tipo de dado atribuído ao retorno da função. Isso deve ser feito logo após a declaração dos parâmetros. O retorno da função é realizado na linha 6, pela variável `res`, que foi declarada como uma variável do tipo `real` e recebe o resultado da soma dos valores recebidos para os parâmetros `v1` e `v2`. Esse retorno poderá ser utilizado no algoritmo chamador em expressões, diferentemente do procedimento que apenas apresenta o resultado armazenado em `res`. Dessa maneira, a chamada a uma função é um pouco diferente, como pode ser observado nas linhas 13 e 14 do Exemplo 7.10. Foram declaradas as variáveis `X` e `Y` para as quais são atribuídos o resultado retornado pela função `ModAdicao`, no caso do `X` (linha 12) e o resultado do valor retornado pela função `ModAdicao` somado ao valor de `N1` (linha 13).

EXEMPLO 7.10 – Chamada a uma função com parâmetros (variáveis)

```
1.      Algoritmo Principal
2.      Função ModAdicao(v1, v2: real): real
3.      Var
4.       res: real
5.         Início
6.            res ← v1 + v2
7.            retornar (res)
8.        Fim.
9.      Var
10.     X, Y, N1, N2: real
11.     Início
11.     Ler(N1, N2)
12.     X ← ModAdicao(N1, N2)
13.     Y ← N2 + ModAdicao(N1, N2)
15.     Fim.
```

Fluxograma:

FIGURA 7.6 Fluxograma de função.

Java:

Os métodos para representação de funções têm uma sintaxe muito parecida com a utilizada para representação dos procedimentos. O que os difere é a presença do tipo de retorno e da instrução return, já que as funções devem, obrigatoriamente, retornar um valor à rotina chamadora.

```
1. static <tipo_retorno> <nome_Método> (<argumentos>){
2.    <instruções>;
```

```
3.        return <nome_variável_retorno>;
4. }
```

Onde:

`static`: é um modificador que indica que o método será alocado em memória sem que haja necessidade de ser instanciado; não necessita de objeto, pode ser invocado com base no nome da classe.

Os modificadores são elementos que caracterizam o método quanto à visibilidade (escopo) e à qualidade. Os métodos, bem como as classes e as variáveis, podem possuir mais de um modificador, não importando sua ordem.

Além do `static`, outros modificadores muito utilizados são:

- `public`: pode ser invocado livremente e indica um método que é visível para qualquer um que "enxergue" a classe;
- `protected`: pode ser utilizado apenas no mesmo pacote e em subclasses;
- `private`: pode ser invocado apenas na classe;
- `final`: não pode ser sobrescrito e equivale à declaração de constante.

Existem outros modificadores como `abstract`, `native`, `transient`, `volatile` e `synchronized`.

- `<tipo_retorno>`: indica o tipo de dado do valor que será retornado pelo método;
- `<nome_Método>`: é um identificador válido da linguagem; obedece às mesmas regras que os identificadores de classe, objeto e variável;
- `<argumentos>`: indica a lista de argumentos que serão passados como parâmetros para o método. A sintaxe dos argumentos é a de declaração de variáveis *tipo*_dado identificador, e os vários parâmetros são separados por vírgulas.
- `return`: palavra reservada que indica o valor que será devolvido para o programa chamador, sendo associada à variável que armazena esse valor. No caso de um método com tipo de retorno `void`, nada é devolvido, portanto, não se deve utilizar a instrução `return`, o que constituiria um erro.

No Exemplo 7.9, fizemos um comparativo entre funções e procedimentos. Vamos ver como fica o Exemplo 7.11 implementado em Java.

EXEMPLO 7.11 – Função para realizar a adição entre dois números.

```
1.    static double modAdicao(double v1, v2){
2.         double res;
3.         res = v1 + v2;
4.    return res;
5.  }
```

O conceito de escopo de variáveis se aplica também às funções!

No Exemplo 7.12 apresenta-se a função fatorial e o algoritmo que a utiliza.

EXEMPLO 7.12 – Ler um número fornecido pelo usuário e calcular o fatorial.

Pseudocódigo:

```
1.      Algoritmo usa Fatorial
2.      Função Fatorial(n : inteiro) : inteiro
3.      Var
4.         i, fat: inteiro
5.      Início
6.         fat ← 1
7.         Para i de 1 até n Passo 1 Faça
8.            fat ← fat * i
9.         Fim-Para
10.        Retornar (fat)
11.     Fim.
12.     Var
13.     numero, resultado: inteiro
14.     Início
15.        Ler (numero)
16.        resultado ← Fatorial (numero)
17.     Fim.
```

> A declaração do tipo da função e das variáveis de parâmetro faz-se necessária, pois o parâmetro passado pode ser de um tipo e o retorno ou resultado, de outro (saiba mais a seguir).

Fluxograma:

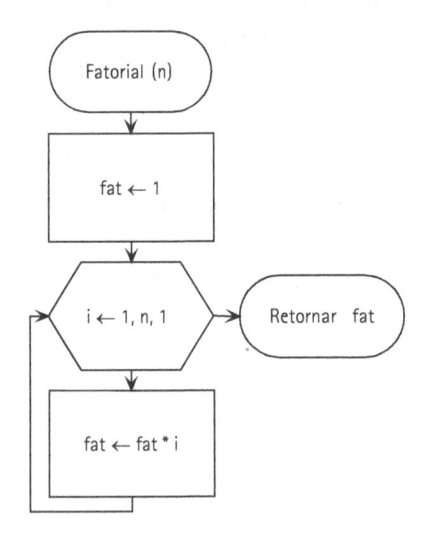

FIGURA 7.7 Fluxograma da função fatorial.

A representação do algoritmo chamador é similar ao fluxograma apresentado no Exemplo 7.12.

Java:
```
1.      import javax.swing.JOptionPane;
2.      public class Exemplo712 {
3.        public static void main(String args []){
4.          int numero;
5.          int fat;
6.          numero = Integer.parseInt(
7.             JOptionPane.showInputDialog(
8.             "Qual é o número?"));
9.          fat = fatorial(numero);
10.         JOptionPane.showMessageDialog(null,
11.            "O fatorial de " + numero + " é " + fat);
12.       }
13.
14.       static int fatorial (int numero){
15.         int f = 1;
16.         for (int i = 1; i <= numero; i++)
17.           f = f * i;
18.         return f;
19.       }
20.     }
```

> ⚠ O resultado do cálculo do fatorial de um número pode ser um valor muito grande, podendo ultrapassar a capacidade de armazenamento da variável, dependendo de seu tipo. Dessa forma, considere a possibilidade de essa operação resultar em números incorretos.

7.4 PARÂMETROS

Parâmetros são variáveis ou valores que podem ser transferidos do algoritmo principal para um módulo que está sendo chamado. Eles funcionam como comunicadores entre os módulos. Existem dois tipos de parâmetros: os formais e os reais.

7.4.1 Parâmetros formais

São declarados nos módulos e tratados como as variáveis. Têm a função de receber os valores passados do algoritmo que o chama. O algoritmo que chama a função ou o procedimento informa os valores que substituirão esses parâmetros. Na linha 1 do Exemplo 7.13, as variáveis A e B são **parâmetros formais**.

EXEMPLO 7.13 – Calcular a multiplicação entre dois números.

Pseudocódigo:

```
1.        Procedimento Multiplica(A, B: reais)
2.        Var Res: real
3.        Início
4.           Res ←(A * B)
5.            Mostrar (Res)
6.        Fim.
```

Fluxograma:

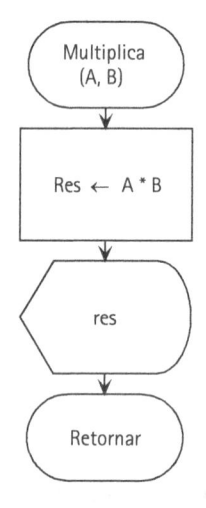

FIGURA 7.8 **Fluxograma do** Procedimento multiplica

Java:

```
1.        static void multiplicar (double a, double b){
2.           double res;
3.           res = a * b;
4.           System.out.println("Resultado= " + res);
5.        }
```

7.4.2 Parâmetros reais

Os **parâmetros reais** são os valores passados pela rotina chamadora ao módulo (função ou procedimento). Esses valores substituem os parâmetros formais. No Exemplo 7.14, os parâmetros formais A e B do Procedimento multiplicar serão substituídos pelos valores fornecidos para as variáveis num1 e num2 do algoritmo principal.

EXEMPLO 7.14 – Calcular a multiplicação entre dois números.

Pseudocódigo:

```
1.      Algoritmo Exemplo7.14
2.      Procedimento multiplicar (A, B: real)
3.      Var Res : real
4.      Início
5.      Res ← A * B
6.      Mostrar (Res)
7.      Fim.
8.      Var Num1, Num2: real
9.      Início
10.     Ler (Num1, Num2)
11.     Multiplicar (Num1, Num2)
12.     Fim.
```

Fluxograma:

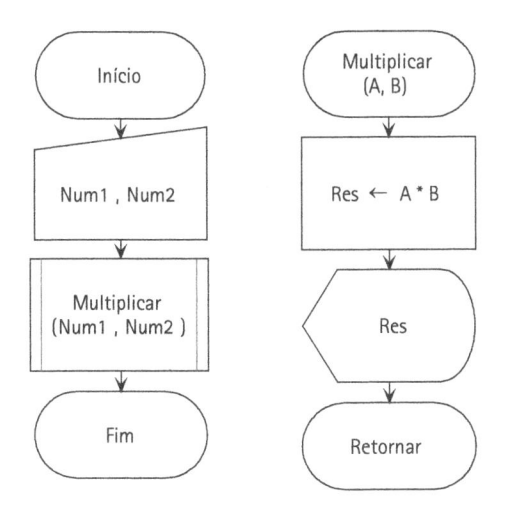

Se o `Procedimento multiplicar` fosse implementado como uma função, seria necessário informar o tipo de dado esperado como retorno na declaração da função e deveria ser utilizada a palavra retorno (variável), no algoritmo, ou `return` (variável) no programa Java.

Java:

```
1.      import javax.swing.JOptionPane;
2.      public class Exemplo714{
3.        public static void main (String args []){
4.          int num1, num2;
5.          num1 = Integer.parseInt(JOptionPane.showInputDialog(
6.              "Qual é o número 1?"));
```

```
7.           num2 = Integer.parseInt(JOptionPane.showInputDialog(
8.             "Qual é o número 2?"));
9.           multiplicar(num1, num2);
10.        }
11.
12.        static void multiplicar(int a, int b){
13.           int res;
14.           res = a * b;
15.           JOptionPane.showMessageDialog(
16.             null, "Resultado: " + res);
17.        }
18.   }
```

As variáveis num1 e num2 são declaradas no algoritmo ou no programa que faz a chamada ao Procedimento multiplicar; essas variáveis passam os valores do algoritmo principal para o procedimento no qual serão processados. Na linha 9 o Procedimento multiplicar é chamado, é nesse momento que os valores das variáveis num1 e num2 são passados ao procedimento. Esses parâmetros são chamados parâmetros **reais** porque recebem os valores fornecidos pelo usuário ou decorrentes de algum processamento.

Na linha 12 iniciamos a criação do procedimento multiplicar. Observe que são declarados os parâmetros a e b – static void multiplicar(int a, int b). Estes são os parâmetros **formais**, isto é, as variáveis que receberão os valores que serão utilizados no algoritmo do procedimento. Os parâmetros formais são declarados no procedimento ou na função. No Exemplo 7.14, o valor do parâmetro real num1 será passado para o parâmetro formal a, e o valor do parâmetro real num2 será passado para o parâmetro formal b.

A **passagem de parâmetros** ocorre por meio da correspondência argumento/parâmetro, em que os argumentos são valores constantes ou variáveis, informados no módulo chamador ou principal. Passagem de parâmetros é a substituição dos parâmetros formais pelos parâmetros reais. Os argumentos devem ser fornecidos na mesma ordem dos parâmetros. Os parâmetros podem ser passados por valor ou por referência.

7.4.3 Passagem de parâmetros por valor e por referência

Na **passagem de parâmetros por valor**, o valor do parâmetro real é copiado para o parâmetro formal do módulo, preservando, assim, o valor original do parâmetro.

No Exemplo 7.14 foi utilizado esse tipo de passagem, tendo sido solicitada uma entrada para os parâmetros num1 e num2 (que são parâmetros reais), e estes foram armazenados em a e b (que são parâmetros formais), os quais foram manipulados, preservando-se assim os valores de num1 e num2.

Na passagem por valor, como nos exemplos apresentados neste capítulo, os parâmetros das sub-rotinas (procedimentos e funções) funcionaram como variáveis da própria sub-rotina, isto é, não têm nada que ver com as variáveis do algoritmo chamador. Por isso, os valores desses parâmetros não interferem nos valores das variáveis do algoritmo chamador.

Na **passagem de parâmetros por referência**, toda alteração feita nos parâmetros formais reflete-se nos parâmetros reais. Assim, o parâmetro é de entrada e saída.

> Na linguagem de programação Java, os objetos (String, Date etc.) e os *arrays* são sempre passados por referência e os tipos primitivos, por valor.

7.5 EXERCÍCIOS PARA FIXAÇÃO

Responda às questões.

1. O que é passagem de parâmetros e como funciona?
2. Explique a diferença entre procedimentos e funções.
3. O que é escopo da variável? Exemplifique.

Nos exercícios a seguir, escreva os algoritmos usando sempre procedimentos ou funções adequados para a resolução de cada problema.

4. Escreva um procedimento para ordenar três números fornecidos pelo usuário e apresente-os. Utilize a passagem de parâmetros formais.
5. Escreva um algoritmo para:
   a) preencher uma matriz A;
   b) ordenar os elementos da matriz A;
   c) gerar uma matriz somente com os números pares da matriz A;
   d) gerar uma matriz somente com os números múltiplos de 5;
   e) criar um menu para acessar os itens anteriores no programa principal.

   Verifique se a matriz foi preenchida antes de realizar os itens b, c e d.
6. Elabore um algoritmo que seja capaz de fazer a conversão de um valor em real para o correspondente em dólar, libra, franco e iene, e vice-versa. O programa deverá conter um menu com as opções e retornar os resultados para o programa principal, que deve encarregar-se da exibição dos resultados.
7. Construa um algoritmo que verifique se um dado número é divisível por outro. Ambos devem ser fornecidos pelo usuário. Deve-se usar passagem de parâmetros e o resultado deve ser exibido no programa principal.
8. Faça uma função que possibilite o arredondamento de um número real para um número inteiro seguindo os padrões científicos.
9. Construa uma função que verifique, sem utilizar a função mod, se um número é divisível por outro.
10. Faça um algoritmo no qual o usuário possa escolher que tipo de média deseja calcular a partir de n valores. Faça um algoritmo que leia os valores, a opção escolhida pelo usuário e calcule a média. A quantidade de valores deverá ser fornecida pelo usuário.
    a) aritmética
    b) ponderada (n, n - 1, n - 2...)
    c) harmônica

7.6 EXERCÍCIOS COMPLEMENTARES

Para os exercícios a seguir, escreva os algoritmos usando sempre procedimentos ou funções adequados para a resolução de cada problema.

1. Escreva um procedimento sem parâmetros para calcular o máximo divisor comum de dois números fornecidos pelo usuário.

2. Calcule alguns dados correspondentes aos animais de uma fazenda. Os animais pertencem a espécies diferentes, a saber: bovinos, ovinos e caprinos. Construa procedimento para calcular e apresentar a média de peso de cada espécie para os animais do sexo feminino e do sexo masculino. Com base em dados fornecidos pelo usuário, faça também o algoritmo chamador.

3. Faça a leitura de mil números pelo processo de sorteio automático. Os números devem estar entre 0 e 100. Verifique:
   a) Qual foi o número sorteado mais vezes.
   b) Qual foi o número sorteado menos vezes.
   c) Qual foi o maior número.
   d) Qual foi o menor número.
   Escreva uma função para cada opção.

4. Construa um algoritmo que calcule o somatório dos N primeiros números de um conjunto. O valor de N deverá ser fornecido pelo usuário.

5. Escreva um algoritmo que calcule o número de horas de determinado período estabelecido por duas datas.

6. Escreva os procedimentos ou as funções adequados para construir uma pequena calculadora com as seguintes operações:
   a) Adição – procedimento sem parâmetros;
   b) Subtração – procedimento com parâmetros;
   c) Divisão real – função sem parâmetros;
   d) Resto da divisão – função com parâmetros;
   e) Porcentagem – função com parâmetros;
   f) Multiplicação – função com parâmetros;
   g) Sair do programa – procedimento sem parâmetros.

   O menu de opções deverá ser apresentado ao usuário até que se escolha a opção sair do programa.

7. Construa um menu com as opções de escolha a seguir. Para cada opção escreva um procedimento ou uma função apropriados:
   a) Preencha um vetor de inteiros com 30 posições;
   b) Identifique o maior elemento do vetor e apresente-o;
   c) Identifique o menor valor do vetor e apresente-o;
   d) Calcule a soma entre os elementos do vetor;
   e) Calcule a média entre os elementos do vetor;
   f) Apresente o elemento de uma determinada posição indicada pelo usuário;
   g) Saia do programa;
   Dica: Para realizar as operações b, c, d, e, e f, o vetor deve ter sido preenchido. Caso contrário, deve ser apresentada uma mensagem ao usuário informando que o vetor está vazio.

8. Elabore um algoritmo para receber 10 letras fornecidas pelo usuário e armazená-las em um vetor. Em seguida, o programa deverá realizar todas as combinações de 4 em 4 elementos da seguinte maneira:
   a) Com repetição (AAAA, AAAB etc.);
   b) Sem repetição (ABCD, ABCDE, ABCF etc.).

9. Faça uma função que receba como parâmetro o salário de um funcionário e retorne o salário reajustado em 15%.

10. Faça uma função que receba o nome completo de um funcionário e retorne a primeira letra de seu nome e seu sobrenome completo concatenado com a string @algoritmos.com.br. No algoritmo principal deverá ser apresentada a mensagem ao usuário contendo seu nome completo e seu e-mail, conforme exemplo: Sra. Sandra Puga, seu e-mail é spuga@algoritmos.com.br.

8 Busca e ordenação

» Ordenação
» Busca

OBJETIVOS:
Abordar algumas técnicas para construção de algoritmos de ordenação e busca de dados em vetores.

Nos capítulos anteriores, mostramos como trabalhar com dados fornecidos das mais diversas formas pelos usuários. Geralmente, o usuário que vai inserir os dados em um programa não está preocupado, ou não precisa se preocupar, com a ordem de entrada destes, deixando a cargo do sistema organizá-los e ordená-los no momento certo e de acordo com a necessidade de utilização. Assim, é comum encontrarmos elementos armazenados de maneira aleatória em nossos sistemas.

Muitas vezes necessitamos que esses dados apresentem uma ordem para que possamos realizar ações como verificar se determinado cliente pagou uma conta, se uma pessoa consta de uma lista de clientes, se determinado número faz parte de uma agenda de telefones e assim por diante. Encontrar elementos em uma lista torna-se algo simples e fica facilitado quando esses dados estão ordenados; algo como procurar um nome em uma lista em ordem alfabética.

8.1 ORDENAÇÃO

Em virtude das várias aplicações, foram desenvolvidos diversos algoritmos de ordenação que consistem, basicamente, em realizar comparações sucessivas e trocar os elementos de posição, os quais, muitas vezes, estão relacionados ou trabalham em conjunto com algoritmos de busca, destinados a localizar determinado elemento de forma mais eficiente. Neste capítulo, mostraremos alguns métodos básicos de ordenação e busca.

8.1.1 Ordenação por seleção

O método de **ordenação por seleção** é considerado um dos mais simples e constitui-se na execução dos passos indicadores a seguir:

1. Selecione o menor elemento da seqüência.
2. Troque-o com o que está na primeira posição.
3. Repita as operações anteriores para os demais elementos, até que reste apenas um.

O exemplo a seguir ilustra a aplicação dessa técnica para um conjunto de números inteiros, sendo que cada linha corresponde a uma iteração.

TABELA 8.1 Exemplo de ordenação por seleção

Posição	1	2	3	4	5	6	7	8
Valores iniciais	23	4	33	45	19	12	28	40
Iteração 1	4	23	33	45	19	12	28	40
Iteração 2	4	12	33	45	19	23	28	40
Iteração 3	4	12	19	45	33	23	28	40
Iteração 4	4	12	19	23	33	45	28	40
Iteração 5	4	12	19	23	28	45	33	40
Iteração 6	4	12	19	23	28	33	45	40
Iteração 7	4	12	19	23	28	33	40	45

Considerando que o conjunto de números faz parte de um vetor, a técnica procura o menor consumo de memória, evitando, por exemplo, a criação de um novo vetor ordenado partindo do primeiro.

A eficiência de um algoritmo de ordenação deve considerar, além do menor consumo de memória, o menor número de iterações e trocas de elementos para obter o resultado final.

EXEMPLO 8.1 – Algoritmo de ordenação por seleção (ordem crescente).

Pseudocódigo:

```
1.      Algoritmo Exemplo8.1
2.      Var
3.         numeros : vetor de inteiros
4.         menor, x, i, j : inteiro
5.      Início
6.        Para i de <inicio> até <fim - 1> Passo 1 Faça
7.          menor ← i
8.          x ← numeros [i]
9.          Para j de <inicio + 1> até <fim> Passo 1 Faça
10.           Se (numeros [j] < x)
11.             menor ← j
12.             x ← numeros [menor]
13.           Fim-Se
14.         Fim-Para
15.         numeros [menor] ← numeros [i]
16.         numeros [i] ← x
17.       Fim-Para
18.     Fim.
```

No Exemplo 8.1 foi definida a variável menor, que guarda o índice do menor elemento do vetor, e x, que armazena o valor desse elemento. O valor de x, que inicialmente corresponde ao do primeiro elemento do vetor, vai sendo substituído à medida que um menor é encontrado. Considerando o exemplo da Tabela 8.1, x inicia com o valor 23, que é substituído por 4 na primeira iteração, assim permanecendo, já que nenhum elemento possui valor menor. A parte do algoritmo que faz essa verificação corresponde ao trecho da linha 9 à 14.

É interessante observar que a troca de posição dos elementos ocorre somente quando a verificação é completada, o que é feito pelas instruções nas linhas 15 e 16. Levando-se em conta a segunda iteração da Tabela 8.1, é o momento que ocorre a troca do valor armazenado anteriormente na posição 2 (23) pelo da posição 6 (12). O laço Para externo do algoritmo, que inicia na linha 6 e finaliza na linha 17, garante a execução para os n − 1 elementos restantes a cada iteração, já que um deles pode ficar de fora da verificação na próxima etapa.

Um aspecto importante está relacionado ao fato de que esse algoritmo executa o mesmo número de vezes, tanto para um vetor de entrada já ordenado quanto para um fora de ordem.

Fluxograma:

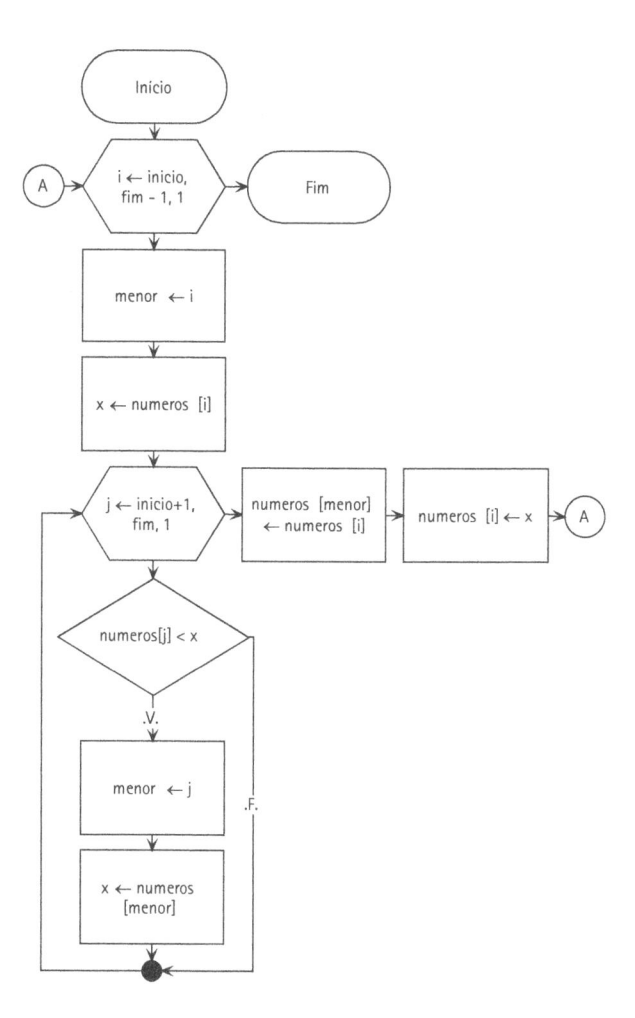

Java:

```java
1.      public class Exemplo81{
2.        public static void main (String args[]){
3.          int numeros[] = {23, 4, 33, 45, 19, 12, 28, 40};
4.          int menor, x;
5.          for(int i = 0; i < numeros.length - 1; i++){
6.            menor = i;
7.            x = numeros[i];
8.            for(int j = i + 1; j < numeros.length; j++){
9.              if(numeros[j] < x){
10.               menor = j;
11.               x = numeros[j];
12.             }
13.           }
14.           numeros[menor] = numeros[i];
15.           numeros[i] = x;
16.         }
17.         for(int i = 0; i < numeros.length; i++){
18.           System.out.printf("%5d", numeros[i]);
19.         }
20.       }
21.     }
```

No código Java, a exibição dos elementos do vetor usa a saída formatada `printf` com a `string` de formato "`%5d`", que indica a exibição de números decimais em um campo de 5 caracteres.

8.1.2 Ordenação por trocas – método da bolha

O método de **ordenação por trocas** consiste em comparar pares consecutivos de valores e permutá-los caso estejam fora de ordem. O algoritmo determina uma seqüência de comparações sistemáticas que varrem a seqüência de dados como um todo, fazendo com que o menor valor (ou maior, de acordo com a ordem desejada) acabe no início da seqüência, e tenha início uma nova série de comparações sistemáticas.

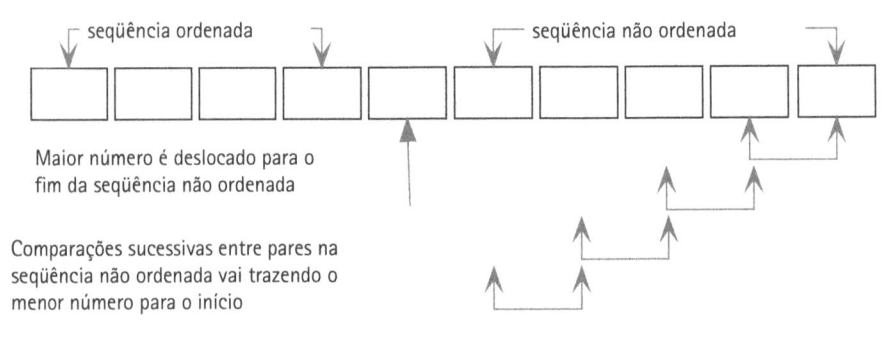

FIGURA 8.1 Ordenação por trocas.

Vamos retomar o Exemplo 8.1, mas, em vez de representar o vetor na posição horizontal, com seus índices crescendo da esquerda para a direita, vamos apresentá-lo na posição vertical, fazendo parte de uma coluna cujos índices crescem de cima para baixo.

TABELA 8.2 Exemplo de ordenação por trocas

Posição	Valores iniciais	Iteração 1	Iteração 2	Iteração 3	Iteração 4	Iteração 5	Iteração 6	Iteração 7
1	23	4	4	4	4	4	4	4
2	4	23	12	12	12	12	12	12
3	33	12	23	19	19	19	19	19
4	45	33	19	23	23	23	23	23
5	19	45	33	28	28	28	28	28
6	12	19	45	33	33	33	33	33
7	28	28	28	45	40	40	40	40
8	40	40	40	40	45	45	45	45

Em cada passagem, um elemento é deslocado para a posição inicial, isto é, um elemento é ordenado. Assim, uma seqüência com n elementos terá, após a primeira passagem, um elemento ordenado e n – 1 elementos por ordenar. Na segunda passagem, a seqüência terá dois elementos ordenados e n – 2 elementos por ordenar, e assim sucessivamente.

O deslocamento do elemento menor para a posição inicial é feito por comparações e trocas sucessivas, iniciando-se pelos penúltimo e último. Se o valor do elemento com índice 7 for maior que o elemento com índice 8, eles são trocados de posição, no Exemplo 8.1, 28 não é maior que 40, então eles permanecem na mesma posição. O processo prossegue até que seja feita a comparação entre o primeiro e o segundo elementos, lembrando que a cada comparação pode ocorrer ou não uma troca; dessa forma, os elementos com os menores valores são trazidos para as primeiras posições, ao mesmo tempo que os de maiores valores são levados para as últimas.

A idéia desse tipo de ordenação é análoga à idéia de jogar pedras na água. Enquanto as pedras (elementos mais pesados) vão para o fundo, as bolhas de ar (elementos mais leves) vão para a superfície. Daí o nome do método ser conhecido como **método da bolha**.

> A disposição vertical dos elementos do vetor na Tabela 8.2 procura fazer alusão ao fato dos elementos mais "leves" subirem como bolhas.

O algoritmo de ordenação por trocas apresenta melhora em relação ao de ordenação por seleção. Basta observar que na Tabela 8.2 os elementos já estavam ordenados na quarta iteração. Para melhoria desse algoritmo, poderia ser estudada uma forma de parada de execução nesse ponto, em que os elementos já estão em ordem.

EXEMPLO 8.2 – Algoritmo de ordenação por trocas – método da bolha.

Pseudocódigo:

```
1.      Algoritmo Exemplo8.2
2.      Var
3.         numeros : vetor de inteiros
4.         x, i, j : inteiro
5.      Início
6.        Para i de <inicio + 1> até <fim> Passo 1 Faça
7.          Para j de <fim> até <i> Passo -1 Faça
8.            Se (numeros[j - 1] > numeros[j])
9.              x = numeros[j - 1]
10.             numeros [j - 1] = numeros [j]
11.             numeros[j] = x
12.           Fim-Se
13.         Fim-Para
14.       Fim-Para
15.     Fim.
```

Em cada passagem, linhas 6 a 14, será feito um conjunto de comparações sucessivas, linhas 8 a 12, e a troca dos valores que estiverem fora de ordem. Nesse caso, o número de comparações é determinado por uma estrutura de repetição (linha 7) que vai desde o último até o primeiro elemento não ordenado, que é dado pelo índice do último elemento da seqüência a ser ordenada (`<fim>`) menos a quantidade de elementos que já foram ordenados (`i`). A estrutura de controle `Para` da linha 6 garante a execução dentro da faixa correta, de acordo com a iteração e o número de elementos ordenados, ou seja, na primeira iteração a verificação deve ser feita até o primeiro, já na segunda deve ser feita apenas até o segundo, pois o primeiro elemento é o menor da seqüência e não precisa mais ser verificado.

> *i* Observe que a variável auxiliar utilizada para a permuta dos elementos deve ser do mesmo tipo que os elementos que estão sendo trocados.

Considerando que cada passagem ordena um elemento por meio de comparações sucessivas entre os elementos não ordenados, uma seqüência de n elementos terá n – 1 passagens. A última passagem ordena dois números ao mesmo tempo, e cada passagem terá n – i comparações, em que `i` é o número da passagem.

Fluxograma:

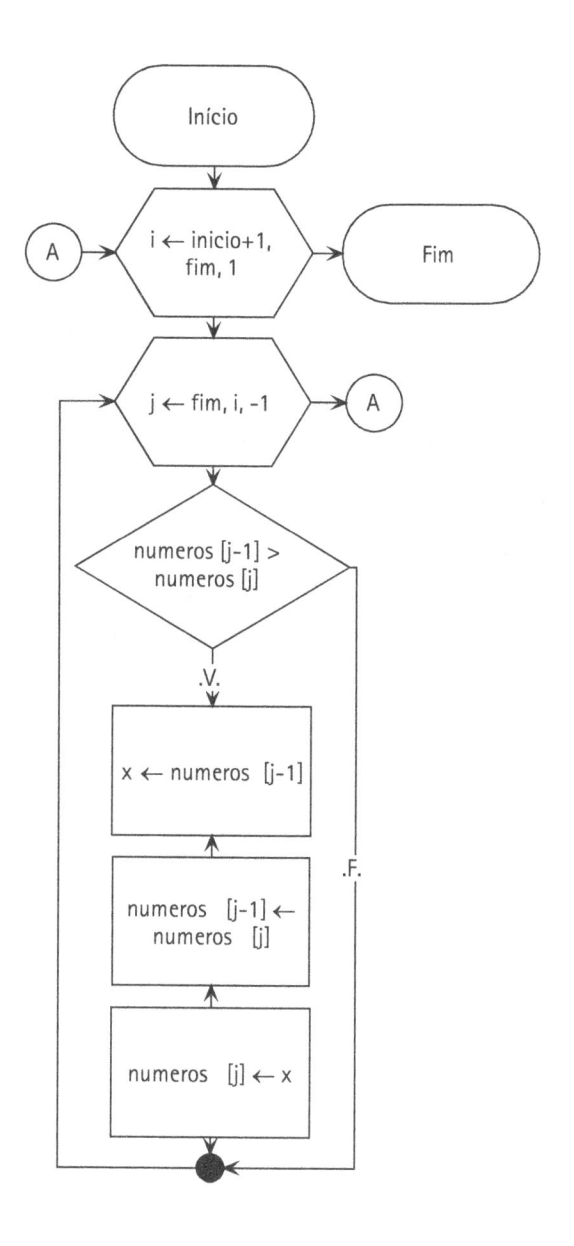

```
                    ┌─────────┐
                    │  Início │
                    └────┬────┘
                         ↓
         ┌───┐    ╱ i ← inicio+1, ╲      ┌─────┐
         │ A │──→ ╲    fim, 1     ╱ ───→ │ Fim │
         └───┘     ╲──────┬──────╱       └─────┘
                          ↓
              ┌──→ ╱ j ← fim, i, -1 ╲ ──→ ( A )
              │    ╲─────────┬──────╱
              │              ↓
              │       ╱ numeros [j-1] > ╲
              │       ╲  numeros [j]   ╱
              │              │.V.
              │              ↓
              │    ┌──────────────────┐
              │    │ x ← numeros [j-1]│
              │    └─────────┬────────┘
              │              ↑         .F.
              │    ┌──────────────────┐
              │    │ numeros [j-1] ←  │
              │    │   numeros [j]    │
              │    └─────────┬────────┘
              │              ↑
              │    ┌──────────────────┐
              │    │  numeros [j] ← x │
              │    └─────────┬────────┘
              └──────────────●
```

Java:

```java
1.      public class Exemplo82 {
2.        public static void main (String args[]){
3.          int numeros[] = {23, 4, 33, 45, 19, 12, 28, 40};
4.          int x;
5.          for(int i = 1; i < numeros.length; i++){
6.            for(int j = numeros.length-1; j >= i; j--){
7.              if(numeros[j-1] > numeros[j]){
8.                x = numeros[j-1];
9.                numeros[j-1] = numeros[j];
```

```
10.                    numeros[j] = x;
11.                }
12.            }
13.            System.out.printf("\n%s%2d", "Iteração", i);
14.            for(int k = 0; k < numeros.length; k++)
15.                System.out.printf("%5d", numeros[k]);
16.        }
17.    }
18. }
```

No código Java do Exemplo 8.2, o contador j do laço da linha 6 inicia em numeros.length - 1, visto que o método length retorna o número de elementos (8) e o último índice do vetor é 7. No trecho das linhas 13 a 15 inserimos os comandos para a exibição dos resultados parciais da ordenação do vetor após cada iteração.

Ordenação ou busca de caractere ou conjunto de caracteres em Java utilizando-se strings, requer dedicar especial atenção. String é uma classe definida na linguagem, cujos elementos possuem características especiais; as comparações entre objetos são feitas de maneira diferente das comparações de tipos primitivos, como os números inteiros.

Para comparar a ordem de duas strings existe um método chamado compareTo(), definido na classe String. Esse método lê a representação Unicode das strings envolvidas e subtrai uma da outra, resultando um valor numérico do tipo inteiro, que se for igual a zero as duas strings serão iguais; se for menor que zero, elas estão ordenadas de forma crescente; e se for maior do que zero elas estarão em ordem decrescente (Tabela 8.3).

TABELA 8.3 Comparação de strings

Sintaxe de comparação	Resultado	Significado
String1.compareTo(String2)	= 0	São iguais
String1.compareTo(String2)	> 0	String1 é maior que String2 (fora de ordem crescente)
String1.compareTo(String2)	< 0	String1 é menor que String2 (em ordem crescente)

Para ilustrar a explicação sobre ordenação pelo método da bolha para strings, é apresentado no Exemplo 8.3 o código em Java cuja única diferença para o Exemplo 8.2 está na condicional da linha 8. Justamente por isso, não existe a necessidade de repetirmos a representação algorítmica em pseudocódigo e fluxograma.

EXEMPLO 8.3 – Programa para ordenação de caracteres ou strings de caracteres.

```
1.    public class Exemplo83 {
2.        public static void main (String args[]){
```

```
3.           String letras[] = {"AG", "BD", "AA", "AE", "AF",
4.              "AC", "AB", "B"};
5.           String x;
6.           for(int i = 1; i < letras.length; i++){
7.             for(int j = letras.length-1; j >= i; j--){
8.               if(letras[j-1].compareTo(letras[j]) > 0){
9.                 x = letras[j-1];
10.                letras[j-1] = letras[j];
11.                letras[j] = x;
12.              }
13.            }
14.            System.out.printf("\n%s%2d", "Iteração", i);
15.            for(int k = 0; k < letras.length; k++)
16.              System.out.printf("%5s", letras[k]);
17.          }
18.        }
19.      }
```

Na ordenação de palavras, o programador deve lembrar que maiúsculas e minúsculas são diferentes, estando as maiúsculas listadas na frente das minúsculas nas tabelas de caracteres. Para evitar problemas, é recomendável utilizar algum mecanismo de segurança, por exemplo, converter todos os caracteres indicados pelo usuário em maiúsculas ou minúsculas. Em Java, utilizam-se os métodos toUpperCase() e toLowerCase() para fazer as conversões em maiúsculas e em minúsculas, respectivamente.

O Exemplo 8.4 a seguir mostra um programa completo que permite ordenar um conjunto de elementos do tipo número inteiro ou string, dados pelo usuário. Neste exemplo, o usuário deve saber com antecedência a quantidade de elementos que deseja ordenar.

EXEMPLO 8.4 – Programa completo para ordenação.

```
1.       import javax.swing.JOptionPane;
2.       public class Exemplo84 {
3.         public static void main(String args[]){
4.           int opcao, qte;
5.           String num, saida = "| ";
6.           boolean ok;
7.           try{
8.             do{
9.               num = JOptionPane.showInputDialog(
10.                 "Ordenar\n" +
11.                 "Digite a opção para ordenar:\n" +
12.                 "1 - Números Inteiros\n" +
13.                 "2 - Palavras\n");
14.              opcao = Integer.parseInt(num);
15.              switch(opcao){
16.                case 1:
```

```
17.            num = JOptionPane.showInputDialog(
18.              "Quantos números?");
19.            qte = Integer.parseInt(num);
20.            int numeros [] = new int [qte];
21.            for (int i = 0; i < qte; i++){
22.              num = JOptionPane.showInputDialog(
23.                "Número[" + i + "]");
24.              numeros[i] = Integer.parseInt(num);
25.            }
26.            Ordenacao.bolha(numeros);
27.            for(int i = 0; i < numeros.length; i++)
28.              saida = saida + numeros[i] + " | ";
29.            JOptionPane.showMessageDialog(null,
30.              "Números Ordenados:\n" + saida);
31.            ok = true;
32.            break;
33.          case 2:
34.            num = JOptionPane.showInputDialog(
35.              "Quantas palavras?");
36.            qte = Integer.parseInt(num);
37.            String palavras[] = new String[qte];
38.            for (int i = 0; i < qte; i++){
39.              num = JOptionPane.showInputDialog(
40.                "Palavra[" + i + "]");
41.              palavras[i] = num.toUpperCase();
42.            }
43.            Ordenacao.bolha(palavras);
44.            for(int i = 0; i < palavras.length; i++)
45.              saida = saida + palavras[i] + " | ";
46.            JOptionPane.showMessageDialog(null,
47.              "Palavras Ordenadas:\n" + saida);
48.            ok = true;
49.            break;
50.          default :
51.            JOptionPane.showMessageDialog(null,
52.              "Opção Inválida!\n" +
53.              "Tente Novamente.");
54.            ok = false;
55.          }
56.        }while(!ok);
57.      }catch(Exception e){
58.        JOptionPane.showMessageDialog(null,
59.          "Ocorreu um erro durante a leitura!");
```

```
60.            }
61.          }
62.        }
1.     public class Ordenacao {
2.       public static void bolha(int numeros[]){
3.         int x;
4.         for(int i = 1; i < numeros.length; i++){
5.           for(int j = numeros.length-1; j >= i; j--){
6.             if(numeros[j-1] > numeros[j]){
7.               x = numeros[j-1];
8.               numeros[j-1] = numeros[j];
9.               numeros[j] = x;
10.            }
11.          }
12.        }
13.      }
14.      public static void bolha(String palavras[]){
15.        String x;
16.        for(int i = 1; i < palavras.length; i++){
17.          for(int j = palavras.length-1; j >= i; j--){
18.            if(palavras[j-1].compareTo(palavras[j]) > 0){
19.              x = palavras[j-1];
20.              palavras[j-1] = palavras[j];
21.              palavras[j] = x;
22.            }
23.          }
24.        }
25.      }
26.    }
```

Neste exemplo, a classe `Ordenacao` possui métodos que permitem ordenar números inteiros e strings, mas o programador pode ampliá-la para permitir a ordenação dos demais tipos primitivos, como números reais (`float`) e caracteres (`char`).

As chamadas dos métodos ocorrem nas linhas 26 e 43. Essas chamadas são realizadas indicando-se o nome da classe em que o método está definido (`Ordenacao`) e o nome do método (`bolha`) com os parâmetros necessários. Como existem dois métodos com o mesmo nome, Java cuida para que o método adequado seja chamado, de acordo com o tipo de dado do parâmetro passado.

Nas linhas 28 e 45 da `class Exemplo84`, utiliza-se a variável saída para concatenar o conjunto de elementos que se quer exibir, intercalados pela barra vertical "|" (`pipe`), permitindo que o resultado possa ser exibido em uma caixa de mensagem.

Na linha 41 é feita a conversão da entrada de dados do usuário de forma que todas as letras sejam transformadas em maiúsculas. Isso foi feito para evitar o problema já mencionado de diferença de ordenação para maiúsculas e minúsculas. O programa apresenta um menu de escolha para o usuário e uma estrutura adequada para cada tipo de entrada.

8.2 BUSCA

Evidentemente, possuir os dados não ajuda em nada se o programador ou o usuário não souberem como recuperá-los eficientemente. Imagine, por exemplo, uma festa com cem convidados na qual não se sabe quem eles são ou se determinada pessoa foi ou não convidada. Imagine, nas eleições, que você queira votar naquele único político honesto que conhece, mas não sabe qual é o número!

Procurar nomes e números em listas parece ser uma atividade trivial, porém, quando a quantidade é muito grande, são necessários recursos adicionais para facilitar o procedimento. Sistemas trabalham, freqüentemente, com a busca de números, códigos, nomes, siglas etc. e precisam de uma resposta rápida para não comprometer seu desempenho. Imagine aguardar por dois a três minutos para localizar o nome de um cliente em um sistema de atendimento de *Call Center*; o funcionário provavelmente ouvirá poucas e boas!

Os algoritmos de busca são alguns dos mais utilizados no mundo da informática, sendo aplicados em bancos de dados, internet e jogos, entre outros. Aqui serão apresentados alguns exemplos de algoritmos de **busca linear** e **busca binária**.

A escolha do método a ser utilizado para busca depende muito da quantidade de dados envolvidos, do volume de operações de inclusão e exclusão a serem realizadas, entre outros fatores que devem ser considerados quando do desenvolvimento da aplicação.

8.2.1 Busca linear (ou seqüencial)

A maneira mais óbvia de fazer uma busca é comparar o elemento que se está procurando com todos os elementos guardados, um a um, isto é, procurar o elemento seqüencialmente até que ele seja encontrado.

O algoritmo que realiza essa busca é realmente muito simples e consiste em uma estrutura de repetição que "varre" toda a seqüência de elementos, realizando uma condicional que compara o elemento desejado com os elementos existentes na seqüência.

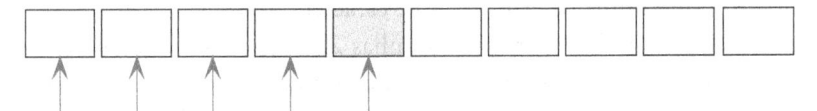

Comparações sucessivas são feitas entre o elemento que se procura e os elementos da lista, até que uma igualdade seja estabelecida

FIGURA 8.2 Busca linear.

Quando o elemento é encontrado, retorna-se o valor verdadeiro, o que indica o sucesso da busca e encerra a estrutura de repetição. É claro que a maneira de encerrar essa estrutura dependerá da linguagem de programação a ser utilizada.

> A execução da rotina de busca termina quando a condição de busca é satisfeita ou quando todo o conjunto é percorrido e o elemento não é encontrado.

EXEMPLO 8.5 – Algoritmo de busca linear (seqüencial).

Pseudocódigo:

```
1.      Algoritmo Exemplo8.5
2.      Var
3.         sequencia : vetor de elementos
4.         x         : elemento a ser procurado
5.         encontrou : logica
6.         i         : inteiro
7.      Início
8.         Ler (x)
9.         Para i de <inicio> até <fim> Faça
10.          Se (x = sequencia[i])
11.             encontrou ← .v.
12.             <fim da busca>
13.          Senão
14.             encontrou ← .f.
15.          Fim-Se
16.       Fim-Para
17.     Fim.
```

No algoritmo do Exemplo 8.5, para a variável sequencia, devem-se declarar o tamanho do vetor e o tipo de dados que esse vetor receberá, conforme visto no Capítulo 6, assim como para a variável x, deve-se declarar o tipo de dado da informação a ser procurada.

Fluxograma:

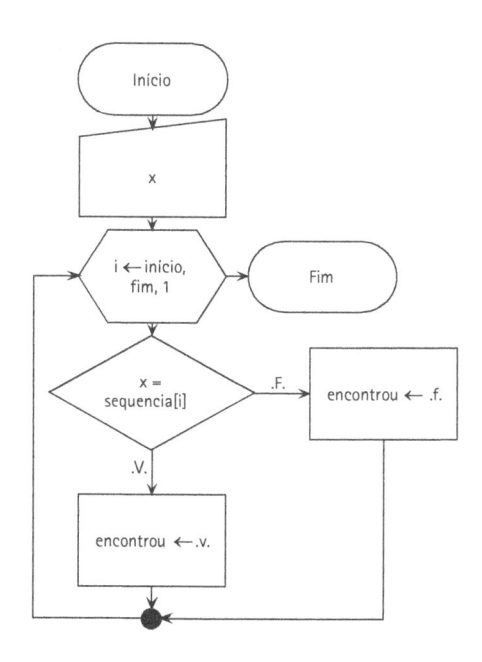

Uma variação bastante comum desta e das demais estruturas de busca retorna o índice do elemento procurado na seqüência. Para isso, basta substituir a variável lógica por uma variável de tipo inteiro que receberá o índice do elemento, quando este for encontrado ou um valor não associado a nenhum índice, por exemplo, –1. A variação escolhida sempre será uma opção do programador que refletirá suas necessidades.

O código em Java é tão simples como o algoritmo. Uma classe com esse método aplicado a números inteiros é mostrada no programa a seguir.

Java:

```
1.      public class Busca {
2.        public static boolean linear (int x, int dados []){
3.          final int n = dados.length;
4.          for (int i = 0; i < n; i++)
5.            if (x == dados[i])
6.              return true;
7.          return false;
8.        }
9.      }
```

Na linha 5 do exemplo é feita a comparação efetiva entre o elemento procurado e os elementos da seqüência. Caso o elemento procurado seja encontrado, o programa retorna verdadeiro (linha 6). Em Java, quando a palavra reservada `return` é encontrada, o método é encerrado e as comparações param, significando que o algoritmo não prossegue a execução após encontrar o elemento desejado. Dessa forma, a instrução da linha 7 apenas será executada se o elemento não for encontrado, pois está fora do laço `for`.

> Novamente, deve-se observar o fato de que as comparações entre strings (objetos) são diferentes das comparações entre tipos primitivos. Um cuidado extra é requerido, pois a utilização do operador de igualdade (==) não provocará erro no programa. Esse operador pode ser utilizado para comparar os objetos entre si, por exemplo, para verificar qual objeto foi responsável pela chamada de um método em um programa com interface gráfica. Nesse caso, deseja-se conhecer o objeto (botão, caixa de edição...), e não seu conteúdo (cor do botão, tamanho da caixa de edição...).

Além do método já citado, a classe `String` possui alguns métodos de comparação direta entre dois strings. O método `equals(Object)` é derivado da superclasse `Object` e pode ser utilizado para comparar o conteúdo completo de dois objetos quaisquer, inclusive `String`. Esse método é bastante utilizado, mas para nossos exemplos é mais conveniente utilizar o método `equalsIgnoreCase(String)`, que faz a comparação apenas entre objetos do tipo `String`, eliminando o problema de comparações entre maiúsculas e minúsculas.

EXEMPLO 8.6 – Programa em Java para busca linear de strings.

```
1.      public class Busca {
2.        public static boolean linear(String x,
```

```
3.          String dados[]){
4.          final int n = dados.length;
5.          for(int i = 0; i < n; i++)
6.             if(x.equalsIgnoreCase(dados[i]))
7.                return true;
8.          return false;
9.       }
10.   }
```

Observe o método de busca linear descrito para `String`. As alterações estão apenas no identificador do método, que utiliza parâmetros corretos para uma busca em uma seqüência de strings, e na linha 6, onde a comparação foi modificada para adequar-se aos objetos do tipo `String`. Este e outros métodos de busca linear para os demais tipos primitivos podem ser adicionados à classe descrita no Exemplo 8.5, o que constitui um bom exercício de fixação.

O Exemplo 8.7 apresenta um programa com os métodos de busca para números inteiros e strings, a classe `Busca` e a classe `Exemplo87` com o método principal que solicita a entrada de dados e a escolha do elemento que se deseja localizar.

EXEMPLO 8.7 – Programa completo de busca.

```
1.    public class Busca {
2.       public static boolean linear(int x, int dados[]){
3.          final int n = dados.length;
4.          for(int i = 0; i < n; i++)
5.             if (x == dados[i])
6.                return true;
7.          return false;
8.       }
9.       public static boolean linear(String x,
10.         String dados[]){
11.         final int n = dados.length;
12.         for(int i = 0; i < n; i++)
13.            if(x.equalsIgnoreCase(dados[i]))
14.               return true;
15.         return false;
16.      }
17.   }
```

A classe `Busca` incorpora os dois métodos de busca referenciados pelo nome `linear` que, como já dissemos, estão sobrecarregados, diferenciados pelos tipos dos dados passados como parâmetros.

```
1.    import javax.swing.JOptionPane;
2.    public class Exemplo87 {
3.       public static void main(String args[]){
```

```
4.          int opcao, qte, x;
5.          String num;
6.          boolean ok, achou;
7.          try{
8.            do{
9.              num = JOptionPane.showInputDialog(
10.                "Que tipo deseja usar?\n" +
11.                "1 - Números Inteiros\n" +
12.                "2 - Palavras\n");
13.             opcao = Integer.parseInt(num);
14.             switch(opcao){
15.             case 1:
16.               num = JOptionPane.showInputDialog(
17.                 "Quantos números?");
18.               qte = Integer.parseInt(num);
19.               int numeros [] = new int [qte];
20.               for (int i = 0; i < qte; i++){
21.                  num = JOptionPane.showInputDialog(
22.                    "Número[" + i + "]");
23.                  numeros[i] = Integer.parseInt(num);
24.               }
25.               num = JOptionPane.showInputDialog(
26.                  "Qual o número deseja pesquisar?");
27.               x = Integer.parseInt(num);
28.               achou = Busca.linear(x, numeros);
29.               if(achou)
30.                  JOptionPane.showMessageDialog(null,
31.                    "Número presente na relação");
32.               else
33.                  JOptionPane.showMessageDialog(null,
34.                    "Número não presente na relação");
35.               ok = true;
36.               break;
37.             case 2:
38.               num = JOptionPane.showInputDialog(
39.                  "Quantas palavras?");
40.               qte = Integer.parseInt(num);
41.               String palavras[] = new String[qte];
42.               for (int i = 0; i < qte; i++){
43.                  num = JOptionPane.showInputDialog(
44.                    "Palavra[" + i + "]");
45.                  palavras[i] = num.toUpperCase();
46.               }
47.               num = JOptionPane.showInputDialog(
48.                  "Qual a palavra deseja pesquisar?");
49.               achou = Busca.linear(num, palavras);
50.               if(achou)
51.                  JOptionPane.showMessageDialog(null,
```

```
52.                     "Palavra presente na relação");
53.                  else
54.                    JOptionPane.showMessageDialog(null,
55.                       "Palavra não presente na relação");
56.                  ok = true;
57.                  break;
58.               default :
59.                  JOptionPane.showMessageDialog(null,
60.                     "Opção Inválida!\n" +
61.                     "Tente Novamente.");
62.                  ok = false;
63.               }
64.            }while(!ok);
65.         }catch(Exception e){
66.            JOptionPane.showMessageDialog(null,
67.               "Ocorreu um erro durante a leitura!");
68.         }
69.      }
70.   }
```

Nesse exemplo, que é semelhante ao Exemplo 8.4, pede-se para o usuário identificar o tipo de dado que se deseja manipular e a execução é direcionada para o conjunto de instruções adequado dependendo da opção escolhida.

8.2.2 Busca binária (ou busca logarítmica)

O método de busca linear é o mais adequado quando não se tem nenhuma informação a respeito da estrutura em que a busca será realizada. Contudo, se o elemento procurado estiver entre os últimos ou não estiver no conjunto, esse método poderá ser demasiadamente lento, pois ocorrerão comparações com todos os elementos de um conjunto que pode ser muito grande — imagine a relação dos clientes de um banco!

Quando temos uma seqüência ordenada de elementos, existem outros métodos de busca que são muito mais adequados, pois permitem realizar uma busca por meio de algoritmos mais eficientes, que podem utilizar um número menor de comparações.

Considere uma seqüência ordenada de elementos de qualquer tipo. Em vez de comparar o elemento procurado ao primeiro elemento da seqüência, pode-se compará-lo a um elemento do meio da seqüência. Se o elemento comparado é o desejado, a busca termina; senão, pode-se verificar se o elemento desejado é maior ou menor que o elemento encontrado. Como todos os elementos estão ordenados, essa verificação elimina a metade da seqüência onde o elemento não pode estar. Por exemplo, se o elemento procurado for maior que o elemento encontrado, a metade inferior da lista poderá ser descartada para a próxima comparação.

A segunda comparação será feita com o elemento do meio da seqüência que restou, e o procedimento anterior se repetirá. Dessa forma, cada vez que o elemento não for encontrado, o conjunto a ser pesquisado será reduzido pela metade, aproximadamente, até que o elemento seja encontrado ou até que a lista não possa mais ser dividida.

Esse método foi batizado de **método de busca logarítmica** pelo fato de haver uma redução logarítmica de elementos a serem pesquisados, porém, como essa redução ocorre pela metade dos elementos da busca em cada comparação, ele também é conhecido como **método de busca binária**.

Para um conjunto de 15 elementos (como será mostrado na Figura 8.3), o método de busca linear realizaria, no mínimo, 1 comparação e, no máximo, 15 comparações. No caso da busca binária, ocorreria, no mínimo, 1 comparação e, no máximo, 4 comparações, o que geraria um ganho considerável, mais sensível para conjuntos de elementos muito grandes.

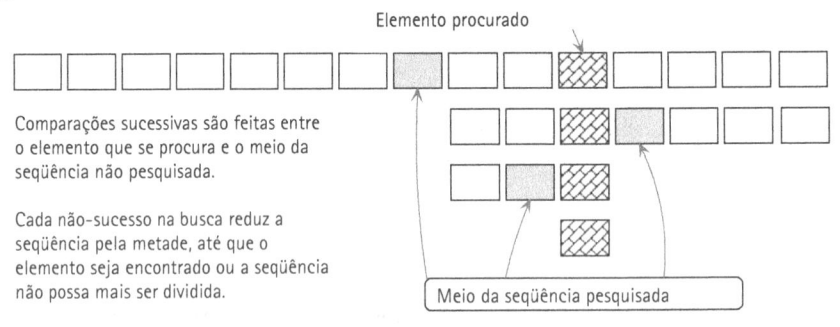

FIGURA 8.3 Busca binária.

Considere o exemplo a seguir. Suponha que o elemento a ser localizado seja o número 329, que será chamado de x:

500	178	2	487	158	47	35	78	329	215	19	25	214	38	77

1º passo – Ordenar o conjunto:

2	19	25	35	38	47	77	78	158	178	214	215	329	487	500

2º passo – Dividir o conjunto ao meio:

2	19	25	35	38	47	77	78	158	178	214	215	329	487	500

3º passo – Efetuar a comparação para verificar se o elemento procurado é igual ao elemento central, que será chamado de meio:

$$x = meio$$

Se o resultado for verdadeiro, a busca deverá ser encerrada. Caso contrário, serão executados os passos seguintes. No caso de nosso exemplo:

$$329 = 78, \text{ a resposta é falso.}$$

4º passo – Efetuar a comparação para verificar se o elemento procurado é maior ou menor do que o elemento central:

$$329 >= 78, \text{ a resposta é verdadeiro.}$$

5º passo – Proceder a uma nova divisão do conjunto que atenda à condição do 4º passo, isto é, se x for maior que o meio, será dividido o conjunto da direita, senão, o conjunto da esquerda. No caso do exemplo, será utilizado o conjunto da direita.

| 158 | 178 | 214 | 215 | 329 | 487 | 500 |

Repetir os passos 4 e 5 até que o elemento seja encontrado.

| 329 | 487 | 500 |

EXEMPLO 8.8 – Busca binária (ou logarítmica).

Pseudocódigo:

```
1.      Algoritmo Exemplo88
2.      Var
3.         sequencia : vetor de elementos
4.         x         : inteiro
5.         encontrou : logica
6.         inicio, meio, fim: numeros inteiros
7.      Início
8.         Ler (x)
9.         Enquanto (inicio <= fim) Faça
10.           meio ← (inicio + fim) / 2
11.           Se (x = sequencia[meio])
12.              encontrou ← .v.
13.           Fim-Se
14.           Se (x < sequencia[meio])
15.              fim ← meio - 1
16.           Senão
17.              inicio ← meio + 1
18.           Fim-Se
19.        Fim-Enquanto
20.        encontrou ← .f.
21.     Fim.
```

O algoritmo de busca binária (Exemplo 8.8) é, na verdade, bem simples. Considerando uma seqüência qualquer, o índice do meio da seqüência é dado pela divisão por 2 da soma do primeiro com o último do conjunto que se deseja pesquisar (linha 10) – deve-se ter cuidado para garantir o resultado inteiro dessa divisão, uma vez que índices só podem ser números inteiros. Compara-se o elemento procurado ao elemento do meio da seqüência (linha 11) e, se forem iguais, a busca é encerrada (linha 12). Caso contrário, uma segunda comparação é realizada para determinar se o elemento procurado é maior ou menor que o elemento encontrado no meio (linha 14). Se o elemento for menor, significa que a segunda metade da seqüência pode ser ignorada para a próxima pesquisa, e isso pode ser alcançado alterando-se o valor do último índice do conjunto que se deseja pesquisar para o valor inferior do meio (linha 15). Caso contrário, isto é, caso o elemento seja maior que o elemento encontrado, então a primeira parte da seqüência pode ser ignorada, alterando-se o índice do início da busca para o valor imediatamente superior ao do meio (linha 17).

Isso será repetido até que o elemento seja encontrado ou até que a seqüência não possa mais ser dividida, o que ocorre, na prática, quando o índice do fim torna-se menor que o índice do início (linha 9). Nesse caso, o elemento não se encontra na seqüência e retorna-se falso (linha 20).

Fluxograma:

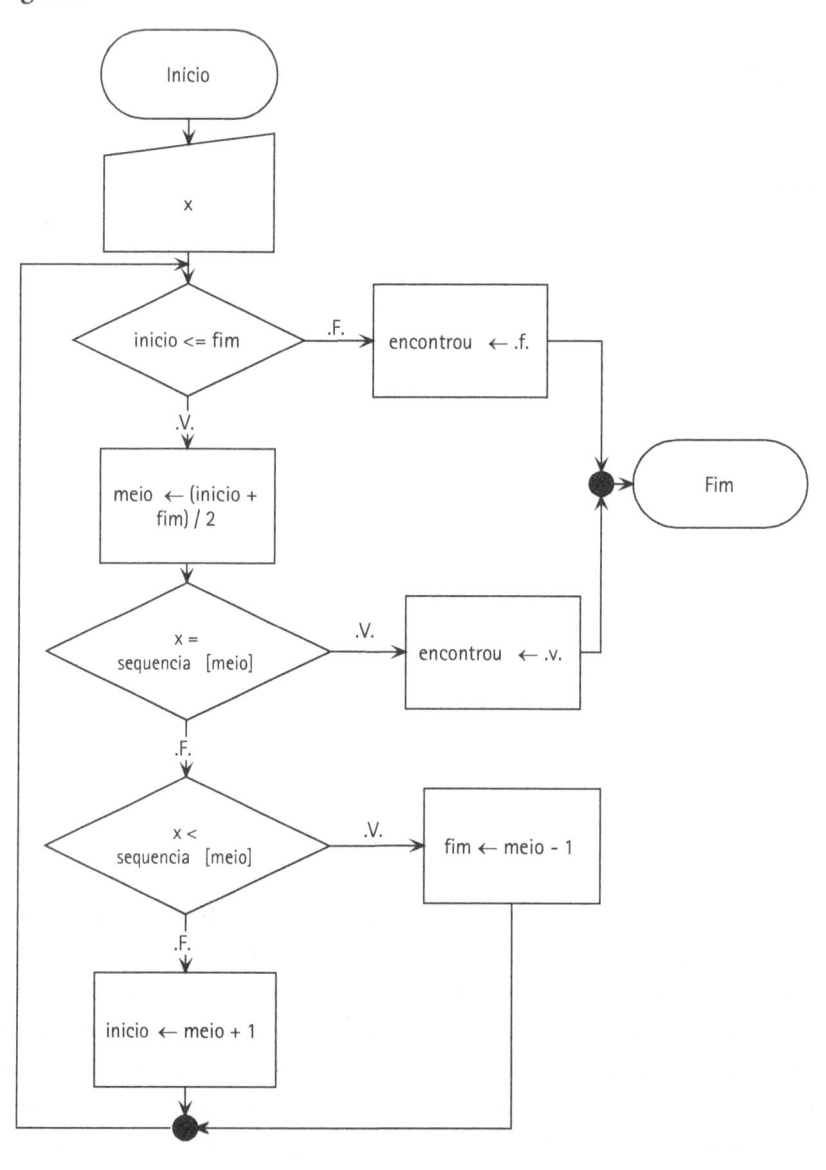

> Para implementar esses algoritmos, as variáveis `inicio` e `fim` devem receber algum valor!

O programa em Java para o Exemplo 8.8 segue exatamente a mesma lógica. No começo do algoritmo, o índice do início do conjunto a ser pesquisado será o índice do primeiro elemento da seqüência, e o índice do fim será o índice do último elemento da seqüência. Vale lembrar que o índice do primeiro elemento de um vetor, em Java, é 0 (zero) e, portanto, o último elemento terá índice igual à quantidade de elementos do vetor menos um.

Java:

```
1.      public class BuscaBinaria {
2.        public static boolean binaria(int x, int numeros []){
3.          int inicio = 0, fim = numeros.length-1;
4.          int meio;
5.          while (inicio <= fim){
6.            meio = (inicio + fim) / 2;
7.            if (x == numeros[meio])
8.              return true;
9.            if (x < numeros[meio])
10.             fim = meio - 1;
11.           else
12.             inicio = meio + 1;
13.         }
14.         return false;
15.       }
16.     }
```

Esse programa apresenta apenas a criação de um método para busca de números inteiros. Seguindo-se as mesmas considerações de comparações dadas anteriormente, pode-se modificar ou ampliar essa classe para fazer pesquisa por meio do método de busca binária para outro tipo qualquer ou para strings.

```
1.      import javax.swing.JOptionPane;
2.      public class Exemplo88 {
3.        public static void main(String args[]){
4.          int qte, x;
5.          boolean achou;
6.          String num;
7.          try{
8.            num = JOptionPane.showInputDialog(
9.               "Quantos números?");
10.           qte = Integer.parseInt(num);
11.           int numeros[] = new int[qte];
12.           for(int i = 0; i < qte; i++){
13.             num = JOptionPane.showInputDialog(
14.                "Número[" + i + "]");
```

```
15.            numeros[i] = Integer.parseInt(num);
16.          }
17.          Ordenacao.bolha(numeros);
18.          num = JOptionPane.showInputDialog(
19.            "Qual o número deseja pesquisar?");
20.          x = Integer.parseInt(num);
21.          achou = BuscaBinaria.binaria(x, numeros);
22.          if(achou)
23.            JOptionPane.showMessageDialog(null,
24.              "Número presente na relação");
25.          else
26.            JOptionPane.showMessageDialog(null,
27.              "Número não presente na relação");
28.        }catch(Exception e){
29.          JOptionPane.showMessageDialog(null,
30.            "Ocorreu um erro durante a leitura!");
31.        }
32.      }
33.    }
```

A classe `Exemplo88` possui elementos semelhantes aos usados nos exercícios anteriores, lembrando apenas que ela usa o método da bolha da classe `Ordenacao`, na chamada realizada na linha 17, e o método binaria da classe `BuscaBinaria` na linha 21.

8.3 EXERCÍCIOS PARA FIXAÇÃO

1. Modifique o código Java do Exemplo 8.1 de forma que o usuário possa inserir os números desejados e escolher como quer ordená-los, em ordem crescente ou decrescente.

2. Faça uma alteração no código Java do Exemplo 8.2 para que a classificação dos elementos seja feita na ordem decrescente, mantendo o mesmo princípio do método de ordenação por trocas.

3. Faça a implementação em Java, conforme sugerido no Exemplo 8.4, para que a classe `Ordenacao` passe a operar com tipos de dados char e float.

4. Crie o pseudocódigo e o fluxograma e faça a implementação em Java de um algoritmo que receba 10 números inteiros e insira-os em um vetor em ordem, à medida que forem digitados pelo usuário.

5. Desenvolva uma aplicação em Java que, dados dois vetores de inteiros quaisquer, cujos elementos são fornecidos pelo usuário, gere um terceiro em ordem crescente. Apresente o resultado final.

6. Para esse problema, pede-se o pseudocódigo, o fluxograma e o programa em Java. Crie uma matriz quadrada com 16 números inteiros os quais deverão ser fornecidos aleatoriamente pelo usuário e:
   a) coloque os elementos na ordem crescente;
   b) coloque os elementos na ordem decrescente.

7. Crie uma matriz de 4 linhas e 3 colunas para receber nomes fornecidos pelo usuário e apresente-os em ordem crescente.

8. Elabore um programa em Java que trate uma matriz com as seguintes informações, as quais deverão ser fornecidas pelo usuário: nome, sexo e idade. O programa deve apresentar os dados em ordem crescente de nome.

9. Considerando o exercício anterior, implemente uma rotina para procurar e exibir os dados de um nome fornecido pelo usuário.

10. Na ordenação por trocas (método da bolha), sabe-se que, dependendo da ordem dos elementos no vetor, o resultado já pode ser obtido alguns passos antes do final das iterações. Faça o pseudocódigo, o fluxograma e a implementação em Java de um recurso para identificar essa situação e encerrar o processo quando os elementos já estiverem em ordem.

8.4 EXERCÍCIOS COMPLEMENTARES

1. Reescreva o Exemplo 8.7 modificando o programa para que possua um menu de opções, conforme a seguir:
   a) Entrada de dados (incluindo escolha de tipo de dados).
   b) Ordenação.
   c) Busca.

2. Uma matriz X é composta pelos elementos do alfabeto e pelos numerais de 0 a 9. Escreva um algoritmo que seja capaz de localizar, pelo método binário, um caractere fornecido pelo usuário. Se esse caractere for uma letra, o usuário poderá fornecê-la no formato maiúsculo ou minúsculo.

3. Dada uma tabela de horários de ônibus que fazem viagens para as diversas cidades do Estado, escreva um algoritmo que possibilite a localização dos horários de saída e de chegada quando se forneça o destino.

4. Crie uma matriz que armazene dados de 30 funcionários de uma empresa. Deverão ser considerados os campos: código funcional, nome, salário e data de admissão. Elabore um programa em Java que:
   a) Preencha a matriz com dados fornecidos pelo usuário.
   b) Ordene os elementos pelo campo código funcional.
   c) Crie uma rotina para encontrar os dados de um funcionário pelo método binário.

5. Desenvolva uma aplicação que crie um vetor de 10.000 elementos do tipo inteiro, com números variando de 1 até 10.000. Como sugestão, use a classe Random do pacote java.util, para a geração dos números aleatórios. Faça com que o programa registre o horário de início e o fim ou a diferença entre eles, para as operações solicitadas a seguir:
   a) ordenação pelo método de seleção;
   b) ordenação pelo método de trocas (método da bolha);
   c) ordenação pelo método de trocas otimizado, sugerida no Exercício de Fixação 10;
   d) comente os resultados obtidos em cada um dos processos.

   Considere a possibilidade de aumentar ou diminuir o número de elementos do vetor, de acordo com as características de seu sistema. Procure não executar outras aplicações com alto consumo de CPU quando da realização dos testes.

6. Faça um comparativo considerando o número de trocas realizadas para os métodos de ordenação propostos para o exercício anterior, com base no mesmo vetor e comente os resultados.

7. Elabore uma matriz com 500 linhas e 50 colunas, que deverá ser preenchida com elementos do tipo inteiro sorteados aleatoriamente, na faixa de 1 a 10.000 (utilize a classe Random), e:
   a) faça a busca, pelo método binário, de um elemento sorteado e indique a quantidade de elementos iguais a este presente na matriz;
   b) faça a busca, pelo método seqüencial, de um elemento sorteado, indicando a posição em que ele se encontra (i, j).
8. Pesquise o método de ordenação chamado Quicksort, elabore o pseudocódigo, o fluxograma e a implementação em Java desse algoritmo.
9. Aplique o método de ordenação desenvolvido no exercício anterior (Quicksort) para o vetor do Exercício 5 e comente o desempenho comparando com o método de trocas (Bubblesort).
10. A operação de unir arquivos ordenados gerando um terceiro é denominada intercalação (*merge*). Essa idéia pode ser utilizada para construir um algoritmo de ordenação de vetores conhecido como Mergesort. Pesquise a técnica e elabore o pseudocódigo, o fluxograma e a aplicação em Java para esse método.

9 Acesso a arquivos

» Acesso a arquivos-texto
» Operações de manipulação

OBJETIVOS:
Trabalhar as técnicas para representação da criação e manipulação de arquivos-texto, realizando operações de busca, leitura, alteração e escrita. Implementar essas operações usando a linguagem Java e exemplos para construção de uma agenda.

Até agora, os exemplos apresentados armazenavam as informações temporariamente na memória RAM do computador. Esse recurso é bastante utilizado durante a fase de aprendizado e também quando se está desenvolvendo o algoritmo para a resolução de um problema sem que haja, ainda, a preocupação com recursos de implementação, como a persistência dos dados, interfaces e estética, entre outros.

Para que possam ser utilizadas posteriormente, as informações precisam ser transferidas para meios físicos de armazenamento, guardadas em arquivos ou bancos de dados. A principal diferença entre eles está relacionada com a organização do armazenamento, o acesso e a recuperação dos dados. Os arquivos podem ser facilmente criados utilizando-se os recursos disponíveis no sistema operacional do computador, ao passo que, para a criação de um banco de dados, é necessário um software específico.

Neste livro, serão abordados apenas os arquivos, pois, para que fosse feita uma abordagem satisfatória acerca do armazenamento em bancos de dados, seria necessário o estudo dos conceitos de bancos de dados e das ferramentas para sua criação e gerenciamento.

> Sistema operacional: software que é responsável pelo gerenciamento do hardware e do software da máquina, além de realizar a interface entre o usuário e o hardware.

9.1 O QUE É UM ARQUIVO?

Um **arquivo** é um local reservado para guardar informações escritas para uso futuro. Um bom exemplo são os arquivos de aço utilizados para armazenar fichas contendo dados de clientes, produtos e pacientes.

O arquivo de computador é uma maneira de armazenar informações em meios físicos, magnéticos ou ópticos, como, por exemplo, discos rígidos, discos flexíveis, *pen drives*, CDs e outros. Esses dados podem ser utilizados diversas vezes pelos programas associados ao arquivo.

Os arquivos podem armazenar imagens, textos ou sons. A título de exemplo, será demonstrado como armazenar informações-texto.

9.2 ARQUIVO-TEXTO

As informações de um **arquivo-texto** são organizadas em registros. Os registros, por sua vez, são organizados em campos, onde são "inseridas" as informações. Suponha que, no exemplo a seguir, a Figura 9.1 represente a interface, e a Figura 9.2 represente o arquivo-texto.

FIGURA 9.1 Interface.

Nome	Endereço	CEP	Tel.
João Ninguém	Rua do Bosque, 10	08000102	67867766
Maria Bonita	Rua da Bruta, 247	09009904	31237788
José Filho Jr.	Av. Sul, 3196	07989001	78966998

FIGURA 9.2 Arquivo-texto.

» Na interface são representados os nomes dos campos, que devem ser legíveis para o usuário, isto é, o usuário deve ler e entender o que deverá ser digitado nos espaços reservados para as informações.
» Na interface também deve existir um espaço para que o usuário faça a entrada dos dados, isto é, o local no qual serão digitadas ou selecionadas as informações.
» No programa deve existir uma variável para cada informação que será digitada na interface.
» No arquivo deve existir um campo para cada variável cuja informação deve ser armazenada.

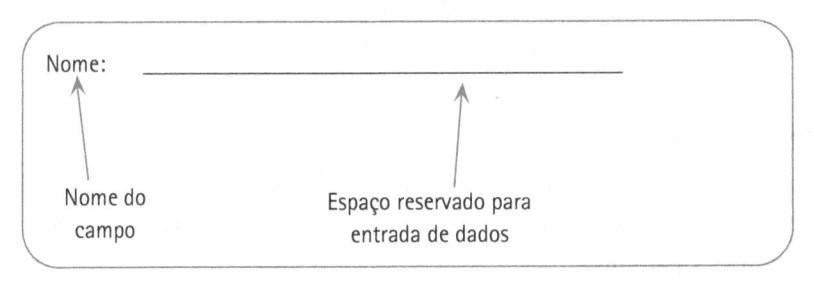

FIGURA 9.3 Campo da interface.

No arquivo, cada linha representa um registro. Um registro é um conjunto de campos, isto é, um conjunto de informações sobre um determinado assunto. Cada campo recebe dados que são armazenados no arquivo por meio da associação da variável da interface ao campo do arquivo.

> Os tipos de dados das variáveis e campos são os mesmos estudados no Capítulo 4. Os registros são estruturas de dados compostos por um conjunto de campos definidos.

	Campos			
	Nome	Endereço	CEP	Tel.
Registros	João Ninguém	Rua do Bosque, 10	08000102	67867766
	Maria Bonita	Rua da Bruta, 247	09009904	31237788
	José Filho Jr.	Av. Sul, 3196	07989001	78966998

FIGURA 9.4 Campos e registros.

9.3 TIPOS DE ARQUIVO QUANTO ÀS FORMAS DE ACESSO

Escrever dados em arquivos pressupõe a possibilidade de ler, alterar, escrever e apagar operações básicas de manipulação que requerem o estabelecimento de formas de acesso. Basicamente, podemos considerar duas possibilidades, o acesso seqüencial e o acesso aleatório ou randômico.

9.3.1 Arquivos seqüenciais

Os **arquivos seqüenciais** armazenam informações em caracteres no formato ASCII, e os dados são gravados na ordem em que são digitados. Os arquivos seqüenciais apresentam alguns inconvenientes:

» as informações são lidas na mesma ordem em que foram inseridas, isto é, em seqüência;
» é necessário que o arquivo todo seja percorrido, na pior hipótese, até que a informação seja localizada;
» as informações não podem ser alteradas diretamente no arquivo. Para alterar algum dado, é necessário copiar para um novo arquivo todas as informações do arquivo anterior, já com as alterações;
» esse tipo de arquivo não é recomendado para trabalhos com grande volume de informações, pois é lento;
» não é possível abri-lo para leitura e escrita.

> A tabela ASCII (*American standard code for information interchange*, ou seja, código padronizado americano para intercâmbio de informações) possui 256 combinações de 8 bits, que representam os caracteres.

9.3.2 Arquivos de acesso aleatório

Os **arquivos de acesso aleatório** ou randômico também armazenam as informações no formato ASCII. Cada registro é gravado em uma posição específica. Com isso, as informações podem ser lidas independentemente da ordem em que foram inseridas, como descrito a seguir.

9.4 OPERAÇÕES DE MANIPULAÇÃO DE ARQUIVOS

As informações dos arquivos, por estarem armazenadas em um dispositivo físico, podem ser manipuladas, isto é, o arquivo pode ser atualizado ou simplesmente consultado. Para a manipulação dos arquivos, existem quatro operações básicas que podem ser realizadas, como descrito a seguir.

- » **Inserção** de dados: trata-se da inclusão de novos registros.
- » **Consulta** aos dados: operação de leitura ou busca dos dados já armazenados.
- » **Alteração** dos dados: trata-se da possibilidade de alteração de um ou mais campos do conjunto.
- » **Exclusão** de dados: corresponde à operação de eliminação de registros.

9.4.1 Representação da manipulação de arquivos seqüenciais

Os arquivos-texto não impõem qualquer estrutura para o armazenamento das informações, cabendo ao programador estruturar os registros com campos e tipos de dados necessários aos requisitos da aplicação que precisa desenvolver. Para que seja possível manipular arquivos seqüenciais, será necessário:

- » declarar o registro e o arquivo;
- » declarar as variáveis de arquivo e registro;
- » abrir o arquivo;
- » fechar o arquivo.

Esses passos são utilizados para qualquer operação de manipulação de arquivos, como inserção, consulta, alteração e exclusão, e serão explicados por meio dos exemplos a seguir.

Operação de inserção em arquivo seqüencial

EXEMPLO 9.1 – Construção de uma agenda que armazene nomes, endereços e telefones, com a operação de inserção em arquivo seqüencial.

Pseudocódigo:

```
1.      Algoritmo Exemplo9.1
2.      Var
3.        Tipo reg_agenda = registro
4.                      Nome: caracter
```

```
5.                        End: caracter
6.                        Tel: caracter
7.                     Fim_registro
8.        Tipo arq_agenda: arquivo seqüencial de reg_agenda
9.        Auxiliar: reg_agenda
10.       Agenda: arq_agenda
11.    Início
12.       Abrir (Agenda)
13.       Repita
14.          Avançar (Agenda)
15.       Até EOF (Agenda)
16.       Ler (Auxiliar.Nome, Auxiliar.End, Auxiliar.Tel)
17.       Armazenar (Agenda, Auxiliar)
18.       Fechar (Agenda)
19.    Fim.
```

> EOF – *end of file* (fim de arquivo).

Nos algoritmos, deve-se, primeiramente, declarar uma estrutura do tipo do registro, com todos os campos cujas informações se pretende armazenar, como no trecho das linhas 3 a 7 do Exemplo 9.1:

```
Tipo reg_agenda = registro
                     Nome: caracter
                     End: caracter
                     Tel: caracter
                  Fim_registro
```

É necessário, também, declarar um identificador do tipo arquivo, mencionando o tipo de arquivo que será utilizado. Esse identificador é associado ao arquivo que será formado pelos registros de `reg_agenda`. As variáveis `Auxiliar` e `Agenda` são variáveis de registro e de arquivo, respectivamente.

Para que seja possível a manipulação do arquivo, ele deve ser aberto com a instrução:

```
Abrir (nome da variável de arquivo)
```

Após a abertura do arquivo, será disponibilizado o primeiro registro armazenado. Para acessar os próximos registros, utiliza-se a instrução:

```
Avançar (nome da variável de arquivo)
```

Caso se queira posicionar o arquivo no último registro, utiliza-se uma estrutura de repetição que provoque o avanço pelos registros até o final do arquivo:

```
Repita
    Avançar (nome da variável de arquivo)
Até EOF (nome da variável de arquivo)
```

> Por se tratar de um arquivo seqüencial, para chegar ao último registro, percorre-se o arquivo todo, passando por todos os registros armazenados, como, por exemplo, em uma fita cassete.

Para processar a inclusão de um registro, é necessário que seus campos sejam preenchidos na mesma ordem e com os mesmos campos do arquivo. Por isso, a variável de registro é declarada com o tipo da estrutura declarada para o registro do arquivo. No caso do Exemplo 9.1, temos:

» Declaração da estrutura de dados do tipo registro:

```
Var Tipo reg_agenda = registro
                        Nome: caracter
                        End: caracter
                        Tel: caracter
                  Fim_registro
```

» Declaração da variável do tipo registro, que terá o mesmo formato da estrutura de dados criada para o registro, isto é, `Auxiliar.Nome, Auxiliar.End, Auxiliar.Tel`:

```
Auxiliar: reg_agenda
```

» Preenchimento dos campos:

```
Ler (Auxiliar.Nome, Auxiliar.End, Auxiliar.Tel)
```

Depois de representar o preenchimento dos campos, é necessário indicar a operação de armazenamento do conteúdo no arquivo. Para isso, utiliza-se a instrução:

```
Armazenar (nome da variável de arquivo, nome da variável de
registro)
Armazenar (Agenda, Auxiliar)
```

A variável de arquivo `Agenda` receberá o conteúdo da variável de registro `Auxiliar`. Por último, o arquivo deve ser fechado, com a instrução:

```
Fechar (nome da variável de arquivo)
```

Fluxograma:

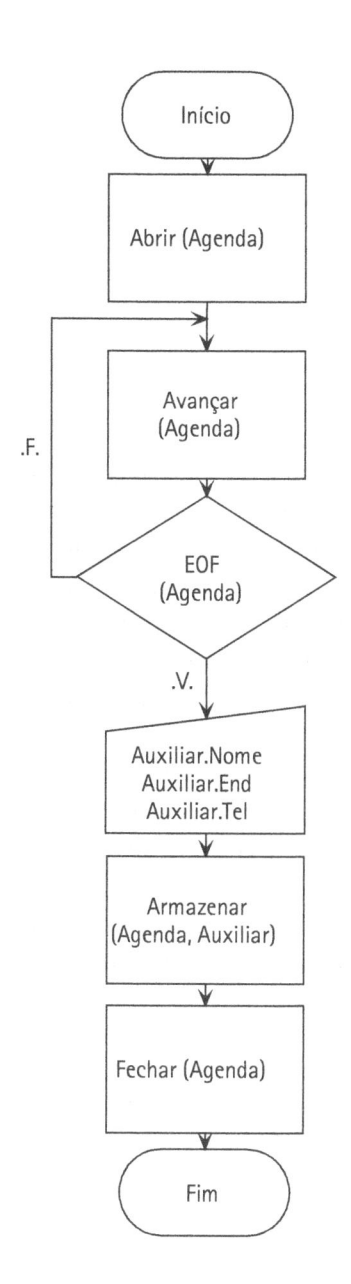

```
         ┌─────────┐
         │  Início │
         └────┬────┘
              ▼
       ┌─────────────┐
       │ Abrir(Agenda)│
       └──────┬──────┘
              ▼
       ┌─────────────┐
   ┌──▶│  Avançar    │
   │   │  (Agenda)   │
.F.│   └──────┬──────┘
   │          ▼
   │      ╱ EOF  ╲
   └────╱ (Agenda)╲
        ╲         ╱
         ╲       ╱
           │ .V.
           ▼
   ┌──────────────┐
   │ Auxiliar.Nome│
   │ Auxiliar.End │
   │ Auxiliar.Tel │
   └──────┬───────┘
          ▼
   ┌──────────────────┐
   │    Armazenar     │
   │(Agenda, Auxiliar)│
   └──────┬───────────┘
          ▼
   ┌─────────────┐
   │Fechar(Agenda)│
   └──────┬──────┘
          ▼
       ┌─────┐
       │ Fim │
       └─────┘
```

Java:

```java
1.      public class RegAgenda {
2.         private String nome;
3.         private String end;
4.         private String tel;
5.
6.         public RegAgenda (String nome, String end, String tel){
7.            this.nome = nome;
```

```
8.          this.end = end;
9.          this.tel = tel;
10.       }
11.       public String mostraNome (){
12.          return nome;
13.       }
14.       public String mostraEnd (){
15.          return end;
16.       }
17.       public String mostraTel (){
18.          return tel;
19.       }
20.    }
```

Para representar uma estrutura do tipo registro em Java, utilizou-se uma classe RegAgenda que possui como atributos: nome, end e tel. Essa forma de representação é necessária, uma vez que Java trabalha orientado a objetos, conforme citado no Capítulo 3. Assim, cada entrada em RegAgenda corresponde a um novo registro e refere-se a um novo objeto da classe, o qual possui características próprias, ou seja, um nome, um endereço e um telefone que o distingue dos demais objetos existentes. O método construtor usa o modificador this, para indicar que o atributo da classe recebe o valor passado pelo parâmetro de mesmo nome.

A declaração da classe correspondente ao registro é feita nas linhas de 1 a 4. Nas linhas de 6 a 10 é definido o método construtor, responsável pela instanciação de novos objetos da classe ou, para o nosso caso, de novas entradas de registro em RegAgenda.

Para exibir os atributos de cada novo objeto instanciado, criaram-se os métodos mostraNome(), mostraEnd() e mostraTel(), que retornam os respectivos dados.

O algoritmo codificado em Java relativo ao Exemplo 9.1 e que utiliza a classe RegAgenda para definição das entradas de novos registros na agenda é apresentado a seguir.

> Java é uma linguagem *case-sensitive*. As referências às variáveis e métodos devem ser feitas exatamente da forma que estes foram declarados, considerando as letras maiúsculas e minúsculas.

Java: classe para escolher um arquivo
```
1.    import javax.swing.JOptionPane;
2.    import javax.swing.JFileChooser;
3.    import java.io.File;
4.    public class EscolherArquivo {
5.      public static String caminho(){
6.        JFileChooser fileChooser = new JFileChooser();
7.        fileChooser.setFileSelectionMode(
8.           JFileChooser.FILES_ONLY);
9.        int result = fileChooser.showOpenDialog(null);
10.       if(result == JFileChooser.CANCEL_OPTION)
```

```
11.            return null;
12.         File arquivo = fileChooser.getSelectedFile();
13.         if(arquivo == null || arquivo.getName().equals(""))
14.            JOptionPane.showMessageDialog(null,
15.               "Nome de arquivo inválido");
16.         else
17.            return arquivo.getPath();
18.         return null;
19.      }
20.   }
```

Para facilitar a escolha do arquivo que será utilizado para gravação dos dados da agenda, foi criada a classe EscolherArquivo, que abre uma janela para navegar na estrutura do diretório do computador, usando um recurso da classe JFileChooser do pacote javax.swing.

O método caminho retorna uma *string* com o caminho completo do arquivo escolhido, usando o método getPath da classe File do pacote java.io, conforme a instrução da linha 17.

Na linha 12, usa-se o objeto arquivo da classe File para receber a referência do arquivo selecionado pelo método getSelectedFile, utilizado pelo objeto fileChooser da classe JFileChooser.

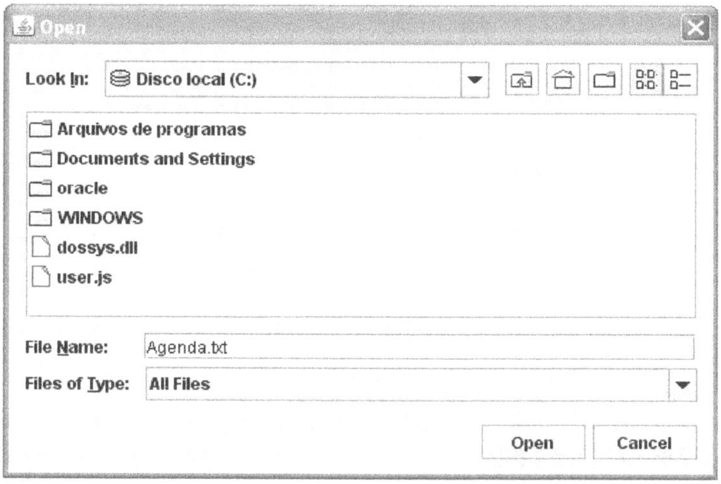

FIGURA 9.5 Janela de navegação.

A janela mostrada na Figura 9.5 permite a navegação pelas pastas até encontrar o arquivo escolhido, permitindo que se digite um novo nome, caso ele ainda não exista. O nome digitado e o caminho completo serão retornados para o chamador. Lembre-se de utilizar arquivo com a extensão txt, apropriada para a aplicação que estamos desenvolvendo.

Algumas verificações são feitas, como a da linha 10, para averiguar se o usuário clicou no botão `Cancel` ou a da linha 13, para verificar se nenhum arquivo foi selecionado ou se foi digitado um valor `branco`.

Java: classe principal do exemplo

```java
1.      import javax.swing.JOptionPane;
2.      import java.io.*;
3.      public class Exemplo91 {
4.        public static void main(String args[]){
5.          try{
6.            String arquivo = EscolherArquivo.caminho();
7.            BufferedWriter saida;
8.            saida = new BufferedWriter(
9.                new FileWriter(arquivo, true));
10.           String nome = JOptionPane.showInputDialog(
11.               "Digite o nome");
12.           nome = nome.toUpperCase();
13.           String end = JOptionPane.showInputDialog(
14.               "Digite o endereço");
15.           end = end.toUpperCase();
16.           String tel = JOptionPane.showInputDialog(
17.               "Digite o telefone");
18.           RegAgenda regAg1 = new RegAgenda(nome, end, tel);
19.           saida.write (regAg1.mostraNome() + "\t");
20.           saida.write (regAg1.mostraEnd () + "\t");
21.           saida.write (regAg1.mostraTel () + "\r\n");
22.           saida.flush();
23.           saida.close();
24.         }catch(Exception e){
25.           JOptionPane.showMessageDialog(null,
26.               "Erro de gravação");
27.         }
28.       }
29.     }
```

Na linha 6, declara-se a variável `arquivo`, para receber o caminho do arquivo que foi escolhido para receber os dados digitados para nossa agenda. Nas linhas 7 a 9 está a declaração do contêiner de dados usado para armazenar e escrever no arquivo escolhido. Declara-se o objeto `saida` da classe `BufferedWriter`, que é o contêiner de dados, o qual usa um objeto da classe `FileWriter`, que define uma saída para o arquivo escolhido cujo caminho está na variável `arquivo`, que é passada como parâmetro.

Um detalhe particular deve ser observado nessa declaração: na linha 9, quando se define o nome do arquivo destinado ao armazenamento dos dados, no trecho `FileWriter(arquivo, true)`, tem-se, na verdade, uma chamada de um método com passagem dos parâmetros `arquivo` e `true`. O primeiro é o caminho, conforme foi dito, e o segundo significa que o arquivo será acessado com a condição append = true, ou seja, os dados gravados serão sempre inseridos ao final do arquivo. Vale ressaltar, ainda, que, caso o arquivo não exista, ele será criado automaticamente.

O processo de entrada dos dados é executado das instruções das linhas 10 a 17, segundo as quais os caracteres lidos do teclado serão transferidos para as respectivas variáveis de armazenamento: nome, end e tel.

Na linha 18, ocorre a chamada do método construtor da classe, regAgenda, com a respectiva passagem dos parâmetros nome, end e tel, instanciando-se um novo objeto regAg1 da classe RegAgenda. No trecho de código anterior (classe RegAgenda), pode-se verificar a declaração do método nas linhas 6 a 10.

A escrita dos dados é feita por meio do código nas linhas 19 a 21, com a chamada dos métodos que retornam os atributos do novo objeto criado. Por exemplo, em

```
saida.write (regAg1.mostraNome() + "\t");
```

temos a chamada do método que retorna o atributo nome do objeto regAg1 e a transferência do resultado para a saída. O atributo "\t" associado ao nome indica que, após o dado, será gravado também um espaço de tabulação como separador.

Ao final da transferência do último dado, também é passado o caractere de controle "\r\n" (retorno de carro e nova linha), utilizado como separador, indicando o final do registro. O motivo da utilização desses separadores será visto nos exemplos posteriores.

Nas linhas 22 e 23 são chamados os métodos saida.flush() e saida.close(), que fazem a transferência definitiva dos dados da memória para o arquivo e o fechamento do arquivo, respectivamente.

> Pode-se perguntar por que os dados obtidos da entrada via teclado não são transferidos diretamente para o arquivo, uma vez que eles estariam disponíveis sem a necessidade de instanciar um objeto da classe RegAgenda. O motivo é a necessidade de satisfazer os princípios da orientação a objetos, segundo os quais cada novo dado ou registro é um objeto e assim deve ser tratado. Como será visto posteriormente, a manipulação dos atributos dos objetos deve seguir esses princípios, garantindo-se que alterações nesses atributos somente poderão ser feitas mediante a chamada de métodos, que permitirão ou não as alterações. Os atributos de um objeto definem sua estrutura, e as operações, seu comportamento. Os métodos implementam essas operações que permitem alterações nos atributos dos objetos, preservando sua integridade.

Operação de consulta em arquivo seqüencial

A operação de consulta pode ser realizada de duas maneiras:

» saltando manualmente de um registro para o outro: nesse caso, o usuário visualizará todos os registros até chegar ao registro desejado;
» saltando automaticamente para o registro desejado: nesse caso, utiliza-se uma variável que recebe a informação a ser encontrada no arquivo e, por meio de uma estrutura

de repetição, é provocado o avanço pelos registros até que seja encontrado o registro desejado.

> *Quando se trabalha com arquivos seqüenciais, nos dois casos todos os registros são percorridos até que se chegue ao registro desejado.*

No exemplo a seguir, será utilizado o recurso de consulta automática. Para isso, será declarada a variável `Buscar`, que receberá o nome a ser consultado.

EXEMPLO 9.2 – Construção de uma agenda que armazene nomes, endereços e telefones, com operação de consulta.

```
1.    Algoritmo Exemplo9.2
2.    Var tipo reg_agenda = registro
3.                   Nome: caracter
4.                   End: caracter
5.                   Tel: caracter
6.                   Fim_registro
7.      Tipo arq_agenda: arquivo seqüencial de reg_agenda
8.      Auxiliar: reg_agenda
9.      Agenda:  arq_agenda
10.     Buscar: caracter
11.   Início
12.     Abrir (Agenda)
13.     Ler(Buscar)
14.     Repita
15.       Avançar (Agenda)
16.     Até (Auxiliar.Nome = Buscar) ou (EOF(Agenda))
17.     Se (Auxiliar.Nome = Buscar) Então
18.       Mostrar(Auxiliar.End, Auxiliar.Tel)
19.     Senão
20.       Mostrar("Não cadastrado")
21.     Fim-Se
22.     Fechar (Agenda)
23.   Fim.
```

Neste exemplo, foi utilizada a variável `Buscar`, que recebeu o nome a ser consultado. A estrutura de repetição `Repita` provoca o avanço pelos registros do arquivo até que se encontre o nome desejado ou o final do arquivo. Se a consulta for bem-sucedida, isto é, se o nome desejado for encontrado, então o programa exibirá o endereço e o telefone.

Fluxograma:

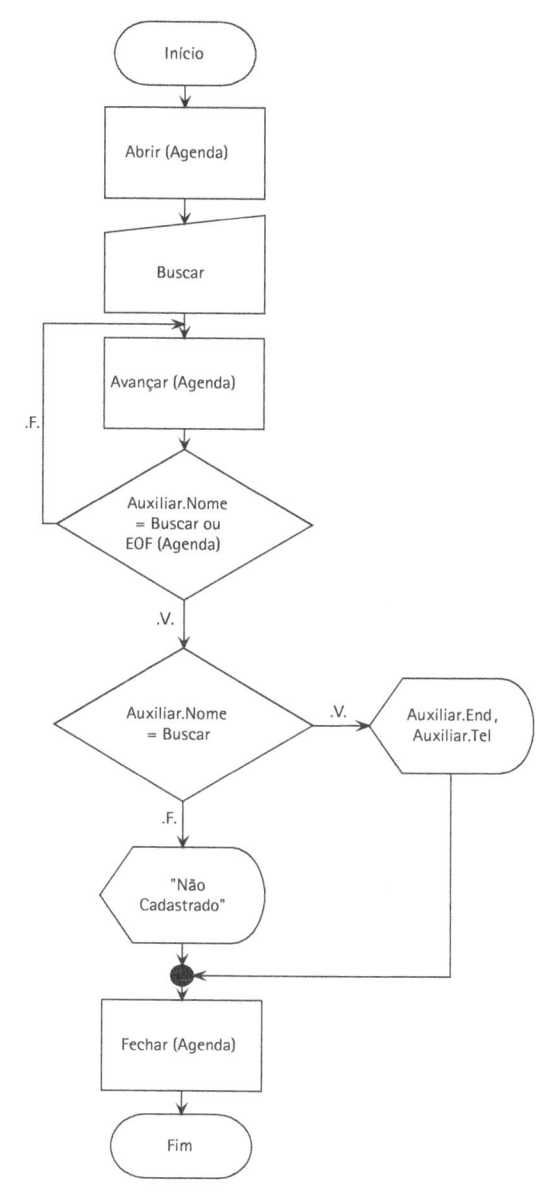

Java:
```
1.      import javax.swing.JOptionPane;
2.      import java.io.*;
3.      public class Exemplo92 {
4.        static StringBuffer memoria = new StringBuffer();
5.        public static void main(String args[]){
6.          try{
7.            String arquivo = EscolherArquivo.caminho();
8.            BufferedReader arqentrada;
```

```java
9.            arqentrada = new BufferedReader(
10.               new FileReader(arquivo));
11.           String nome = JOptionPane.showInputDialog(
12.              "Digite o nome");
13.           nome = nome.toUpperCase();
14.           String linha;
15.           String end = "";
16.           String tel = "";
17.           while((linha = arqentrada.readLine()) != null){
18.              memoria.append(linha + "\r\n");
19.           }
20.           int inicio = -1;
21.           inicio = memoria.indexOf (nome);
22.           if (inicio != -1){
23.              int ultimo = memoria.indexOf ("\t", inicio);
24.              nome = ler (inicio, ultimo);
25.              int primeiro = ultimo + 1;
26.              ultimo = memoria.indexOf ("\t", primeiro);
27.              end = ler (primeiro, ultimo);
28.              primeiro = ultimo + 1;
29.              int fim = memoria.indexOf ("\n", primeiro);
30.              tel = ler (primeiro, fim);
31.              RegAgenda regAg1 = new RegAgenda (nome, end, tel);
32.              JOptionPane.showMessageDialog(null,
33.                 regAg1.mostraEnd() + "\n" +
34.                 regAg1.mostraTel());
35.           }else{
36.              JOptionPane.showMessageDialog(null,
37.                 "Não cadastrado");
38.           }
39.           arqentrada.close ();
40.        }catch (Exception e){
41.           JOptionPane.showMessageDialog(null,
42.              "Erro de leitura");
43.        }
44.     }
45.     public static String ler(int primeiro, int ultimo){
46.        String dados = "";
47.        dados = memoria.substring(primeiro, ultimo);
48.        return dados;
49.     }
50.  }
```

Na implementação deste exemplo, cria-se uma estrutura chamada `memoria`, que é uma variável de memória do tipo `StringBuffer`. Em Java, esse tipo de variável é semelhante ao tipo *string*, mas permite uma estrutura de trabalho mais avançada como, por exemplo, `append`, que adiciona um novo conteúdo ao conteúdo já existente, sem perda de dados.

O contêiner de acesso aos dados do arquivo `arqentrada` é declarado como sendo do tipo `BufferedReader`, que usa a classe `FileReader`, em função do acesso aos dados somente para leitura.

A linha 17 define a condicional de uma estrutura de armazenamento de dados que se repetirá enquanto houver dados a serem lidos, isto é, lerá todos os dados até o fim do arquivo. Essa condicional é equivalente à determinação de EOF (*end of file*).

A busca do nome na agenda é feita na variável `memoria`, com o método `indexOf`, que recebe `nome` como parâmetro, dado obtido pela entrada de dados via teclado nas linhas 11 e 12. Esse método retorna à posição onde se inicia o caractere pesquisado. As posições são numeradas partindo de 0, significando que o teste de condição na linha 22 verifica se o valor atribuído primeiramente à variável `inicio` foi alterado. Em caso afirmativo, ou seja, se `inicio` é diferente de -1, significa que a seqüência de caracteres de `nome` foi localizada, executando-se os comandos internos do laço.

Para obtermos os dados dos diversos campos separadamente, buscamos "\t" (tabulação) após a busca para localizar a primeira posição do `nome` e, assim, obter apenas os caracteres correspondentes. Por exemplo, suponha que fosse incluído o seguinte registro:

```
Gilberto da Silva    Rua A, 203 apto 102 25834911
```

Para obtermos somente o campo `nome` (Gilberto da Silva), efetuamos a busca passando para o método `indexOf` os parâmetros "\t" e `inicio`, que correspondem, respectivamente, à tabulação e à posição em que foi encontrado o primeiro caractere do nome (variável `inicio`). Para obtermos os caracteres referentes ao campo `nome`, utilizamos o método `ler`, fornecendo como parâmetros as posições de `inicio` e `ultimo`, correspondentes ao primeiro e ao último caracteres do `nome`. Observe, também, que foram incluídas as variáveis `primeiro` e `ultimo`, que cumprem, o papel de obter as posições de início e fim de cada campo, preservando a variável `inicio`, a qual precisa manter seu valor e será usada nos próximos exemplos.

Uma vez identificadas as posições correspondentes ao início e fim de um campo, esses parâmetros são passados para o método `ler`, como na linha 24, o qual obtém os caracteres e os retorna em uma *string*.

O método `ler` usa o método `substring` para obter a string correspondente ao campo do registro, usando as posições `primeiro` e `ultimo` dentro da `memoria` (contêiner de dados) e armazenando o resultado em `dados`, que retorna para o método chamador.

Obtidos todos os campos do registro, cada um deles é usado para instanciar o objeto `regAg1`, seguindo os princípios da orientação a objeto, de forma que os métodos da classe `RegAgenda` possam ser utilizados para retornar os valores e exibi-los, conforme ocorre nas linhas 32 a 34.

Foi feito o tratamento de erro capturado durante a execução do código, exibindo uma mensagem genérica "`Erro de leitura`" (linhas 40 a 43), o que poderá ser modificado de acordo com a necessidade da aplicação.

Operação de alteração em arquivo seqüencial

EXEMPLO 9.3 – Construção de uma agenda que armazene nomes, endereços e telefones, com a operação de alteração em arquivo seqüencial.

Pseudocódigo:

```
1.      Algoritmo Exemplo9.3
2.      Var tipo reg_agenda = registro
3.                              Nome: caracter
4.                              End: caracter
5.                              Tel: caracter
6.                         Fim_registro
7.          Tipo arq_agenda: arquivo seqüencial de reg_agenda
8.          Auxiliar: reg_agenda
9.          Agenda:   arq_agenda
10.         Buscar: caracter
11.         Novo_end: caracter
12.         Novo_tel: caracter
13.     Início
14.         Abrir (Agenda)
15.         Ler (Buscar)
16.         Enquanto (Auxiliar.Nome <> Buscar) e (Não EOF(Agenda))
     Faça
17.            Avançar (Agenda)
18.            Copiar(Agenda, Auxiliar)
19.         Fim-Enquanto
20.         Se (Auxiliar.Nome = Buscar) Então
21.            Início
22.               Mostrar(Auxiliar.End, Auxiliar.Tel)
23.               Mostrar("Novo endereço: ") Ler(Novo_end)
24.               Auxiliar.End ← Novo_end
25.               Mostrar("Novo telefone: ") Ler (Novo_tel)
26.               Auxiliar.Tel ← Novo_tel
27.               Armazenar(Agenda, Auxiliar)
28.            Fim
29.         Senão
30.            Mostrar("Não cadastrado")
31.         Fim-Se
32.         Fechar (Agenda)
33.     Fim.
```

No Algoritmo 9.3 é feita uma consulta similar à do Algoritmo 9.2. Se o registro for encontrado, recomenda-se que os dados sejam exibidos antes da alteração. Para a alteração, devem ser declaradas as variáveis que receberão os novos valores, preencher os novos valores e depois atribuir esses valores às variáveis de registro, conforme destacamos a seguir.

```
Mostrar("Novo endereço: "); Ler(Novo_end)
Auxiliar.end ← Novo_end
```

Fluxograma:

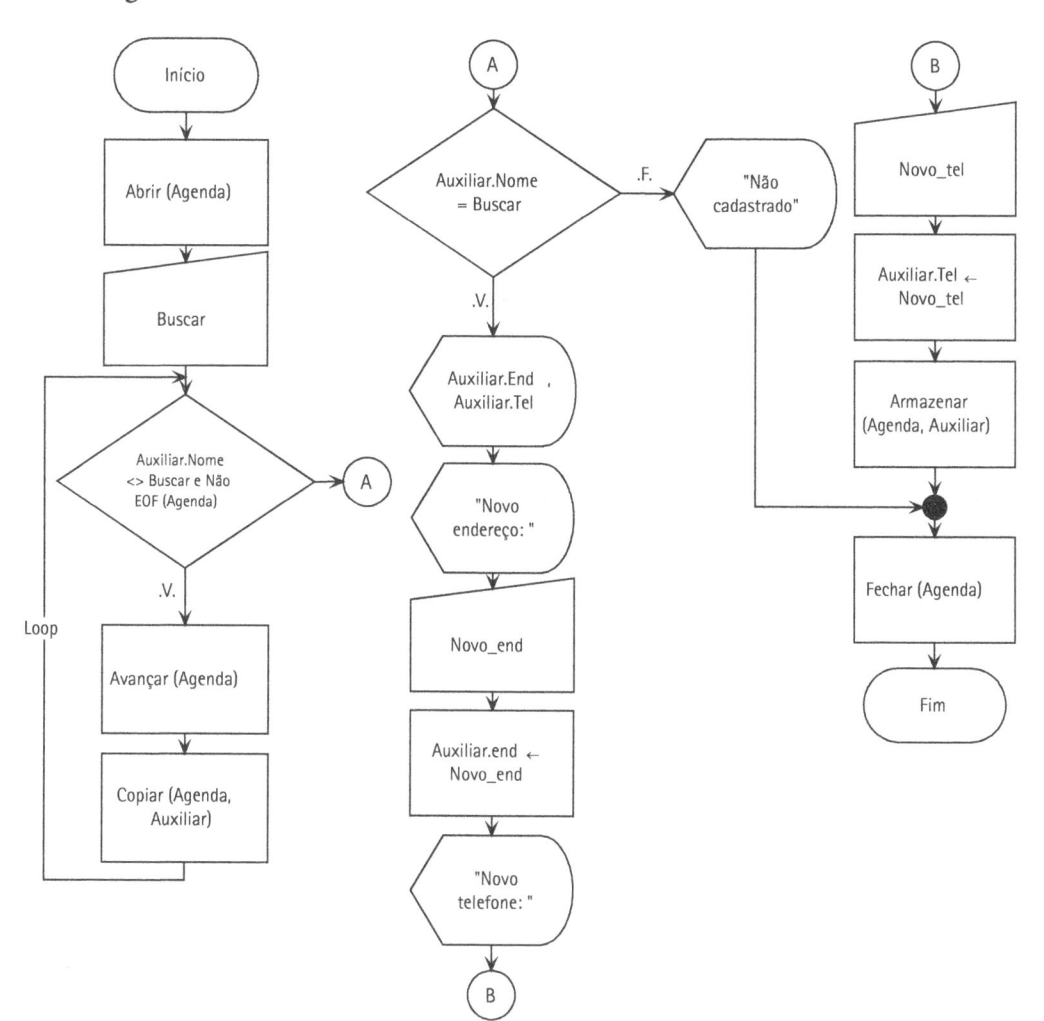

```
                    Início
                      ↓
                Abrir (Agenda)
                      ↓
                    Buscar
                      ↓
        ┌→  Auxiliar.Nome
        │   <> Buscar e Não  ──→ (A)
        │   EOF (Agenda)
        │         ↓ .V.
  Loop  │   Avançar (Agenda)
        │         ↓
        └── Copiar (Agenda,
               Auxiliar)

     (A)
      ↓
  Auxiliar.Nome       .F.      "Não
  = Buscar      ─────────→    cadastrado"
      ↓ .V.
  Auxiliar.End ,
  Auxiliar.Tel
      ↓
  "Novo
  endereço: "
      ↓
  Novo_end
      ↓
  Auxiliar.end ←
  Novo_end
      ↓
  "Novo
  telefone: "
      ↓
     (B)

     (B)
      ↓
  Novo_tel
      ↓
  Auxiliar.Tel ←
  Novo_tel
      ↓
  Armazenar
  (Agenda, Auxiliar)
      ↓
  Fechar (Agenda)
      ↓
     Fim
```

Java:

```java
1.      public class RegAgenda {
2.         private String nome;
3.         private String end;
4.         private String tel;
5.
6.         public RegAgenda (String nome, String end, String tel){
7.            this.nome = nome;
8.            this.end = end;
9.            this.tel = tel;
10.        }
11.        public String mostraNome (){
12.           return nome;
13.        }
```

```
14.         public String mostraEnd (){
15.            return end;
16.         }
17.         public String mostraTel (){
18.            return tel;
19.         }
20.         public void alteraEnd (String end){
21.            this.end = end;
22.         }
23.         public void alteraTel (String tel){
24.            this.tel = tel;
25.         }
26.     }
```

A classe RegAgenda sofreu alterações para suportar as novas necessidades do algoritmo. Foram incluídos os métodos alteraEnd e alteraTel (linhas 20 a 25) para que os objetos permitam alterações no endereço e no número do telefone. Assim, para que seja possível a alteração desses atributos, é necessário invocar (ou chamar) esses métodos, como será feito no trecho de código a seguir.

```
1.      import javax.swing.JOptionPane;
2.      import java.io.*;
3.      public class Exemplo93 {
4.         static StringBuffer memoria = new StringBuffer();
5.         static String arquivo = EscolherArquivo.caminho();
6.         public static void main(String args[]){
7.            try{
8.              BufferedReader arqentrada;
9.              arqentrada = new BufferedReader(
10.                 new FileReader(arquivo));
11.             String nome = JOptionPane.showInputDialog(
12.                "Digite o nome");
13.             nome = nome.toUpperCase();
14.             String linha;
15.             String end = "";
16.             String tel = "";
17.             while((linha = arqentrada.readLine()) != null){
18.                memoria.append(linha + "\r\n");
19.             }
20.             int inicio = -1;
21.             inicio = memoria.indexOf (nome);
22.             if (inicio != -1){
23.                int ultimo = memoria.indexOf ("\t", inicio);
24.                nome = ler (inicio, ultimo);
25.                int primeiro = ultimo + 1;
26.                ultimo = memoria.indexOf ("\t", primeiro);
27.                end = ler (primeiro, ultimo);
```

```
28.            primeiro = ultimo + 1;
29.            int fim = memoria.indexOf ("\n", primeiro);
30.            tel = ler (primeiro, fim);
31.            RegAgenda regAg1 = new RegAgenda (nome, end, tel);
32.            JOptionPane.showMessageDialog(null,
33.               regAg1.mostraEnd() + "\n" +
34.               regAg1.mostraTel());
35.            end = JOptionPane.showInputDialog(
36.               "Entre com novo endereço");
37.            end = end.toUpperCase();
38.            regAg1.alteraEnd(end);
39.            tel = JOptionPane.showInputDialog(
40.               "Entre com novo telefone");
41.            regAg1.alteraTel(tel);
42.            memoria.replace(inicio, fim + 1,
43.               regAg1.mostraNome() + "\t" +
44.               regAg1.mostraEnd() + "\t" +
45.               regAg1.mostraTel() + "\r\n");
46.            gravar();
47.            JOptionPane.showMessageDialog(null,
48.               "Atualização realizada com sucesso");
49.         }else{
50.            JOptionPane.showMessageDialog(null,
51.               "Não cadastrado");
52.         }
53.         arqentrada.close ();
54.      }catch (Exception e){
55.         JOptionPane.showMessageDialog(null,
56.            "Erro de leitura");
57.      }
58.   }
59.   public static String ler(int primeiro, int ultimo){
60.      String dados = "";
61.      dados = memoria.substring(primeiro, ultimo);
62.      return dados;
63.   }
64.   public static void gravar(){
65.      try{
66.         BufferedWriter saida;
67.         saida = new BufferedWriter (new FileWriter (arquivo));
68.         saida.write (memoria.toString());
69.         saida.flush();
70.         saida.close();
71.      }catch (Exception erro){
72.         JOptionPane.showMessageDialog(null,
73.            "Erro de gravação");
```

```
74.            }
75.         }
76.      }
```

> ⚠ Para a execução do programa do Exemplo 9.3, o arquivo da agenda deverá conter pelo menos um registro de entrada. Portanto, é necessário executar o programa do Exemplo 9.1 para a inclusão dos registros desejados.

Os mesmos recursos de entrada de dados e busca em arquivo do Exemplo 9.2 foram utilizados. Acrescentamos o método `gravar` que declara a classe `saida` do tipo `BufferedWriter`, semelhante ao que foi utilizado no Exemplo 9.1, visto que o arquivo da agenda foi aberto, inicialmente, para leitura. O parâmetro `arquivo` foi passado para o método construtor da classe `FileWriter`, especificando o caminho do arquivo-texto que está em operação e que deve ser mantido. A variável `arquivo` foi declarada na linha 5 como sendo do tipo `static`, permitindo que possa ser utilizada tanto na parte principal do programa (método `main`), quanto no método gravar.

As variáveis `inicio` e `fim` prestam-se a guardar as posições de início e fim do registro e foram utilizadas para invocar o método `replace`, na linha 42 a 45, que faz a atualização do contêiner dos dados que estão na memória. Para tanto, é necessário identificar corretamente as posições e os dados que serão substituídos. Note que os parâmetros passados para o método são: `inicio`, `fim + 1` e uma *string* composta pela concatenação `regAg1.mostraNome() + "\t" + regAg1.mostraEnd() + "\t" + regAg1.mostraTel() + "\r\n"`. Como exemplo, vamos supor que o endereço de `Gilberto da Silva` fosse alterado para `Rua Alfazema, 203`, ficando o número do telefone como `25834911`, a *string* resultante, passada para atualização seria:

```
GILBERTO DA SILVA    RUA ALFAZEMA, 203    25834911
```

Essa *string* deve substituir a que estava no contêiner `memoria`, devendo-se indicar a posição de início e fim que a *string* ocupava antes da alteração. A variável `inicio` representaria a posição da letra `G`, no exemplo, e a variável `fim` precisa ser acrescida de 1 para englobar a última posição. Os valores dessas variáveis foram obtidos por meio da pesquisa feita em `memoria`, usando o método `indexOf`, no trecho que vai da linha 23 a 29.

Operação de exclusão em arquivo seqüencial

EXEMPLO 9.4 — Construção de uma agenda que armazene nomes, endereços e telefones, com a operação de exclusão em arquivo seqüencial.

Pseudocódigo:

```
1.    Algoritmo Exemplo9.4
2.    Var tipo reg_agenda = registro
```

```
3.                        Nome: caracter
4.                        End: caracter
5.                        Tel: caracter
6.                      Fim_registro
7.      Tipo arq_agenda: arquivo seqüencial de reg_agenda
8.      Auxiliar: reg_agenda
9.      Agenda:  arq_agenda
10.     Buscar: caracter
11.     Resposta: caracter
12.   Início
13.     Abrir (Agenda)
14.     Ler(Buscar)
15.     Repita
16.        Copiar(Agenda, Auxiliar)
17.        Avançar(Agenda)
18.     Até (Auxiliar.Nome = Buscar) ou (EOF(Agenda))
19.     Se (Auxiliar.Nome = Buscar) Então
20.        Início
21.           Mostrar(Auxiliar.Nome, Auxiliar.End, Auxiliar.Tel)
22.           Mostrar("Deseja excluir? (Digite S ou N)")
23.           Ler(Resposta)
24.           Se (Resposta = "S") Então
25.              Deletar(Agenda)
26.           Fim-Se
27.        Fim
28.     Senão
29.        Mostrar("Não cadastrado")
30.     Fim-Se
31.     Fechar (Agenda)
32.   Fim.
```

Para facilitar o processo de exclusão, é recomendado que seja feita uma busca automática, conforme visto no Algoritmo 9.2. A exclusão será feita com a instrução Deletar (nome da variável de arquivo).

> Uma vez deletado, o registro não pode ser recuperado.

Fluxograma:

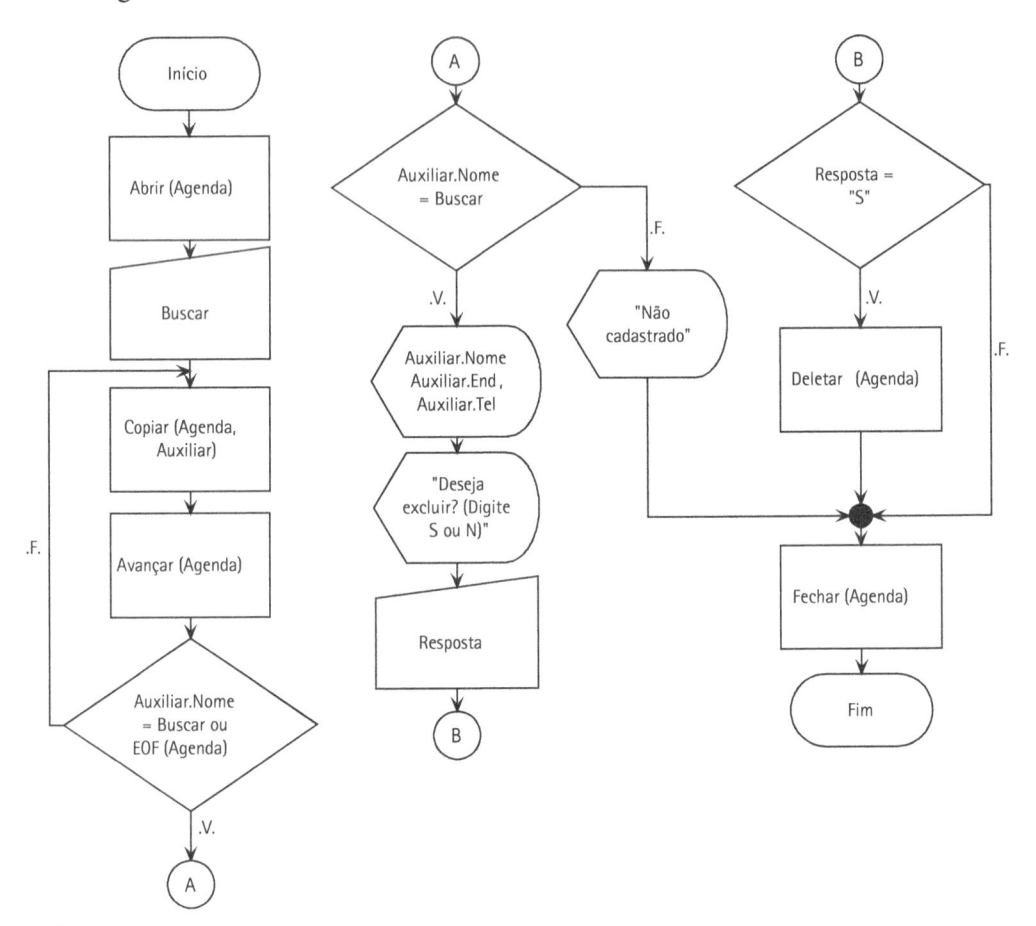

Java:

```
1.      import javax.swing.JOptionPane;
2.      import java.io.*;
3.      public class Exemplo94 {
4.         static StringBuffer memoria = new StringBuffer();
5.         static String arquivo = EscolherArquivo.caminho();
6.         public static void main(String args[]){
7.           try{
8.             BufferedReader arqentrada;
9.             arqentrada = new BufferedReader(
10.               new FileReader(arquivo));
11.            String nome = JOptionPane.showInputDialog(
12.              "Digite o nome");
13.            nome = nome.toUpperCase();
14.            String linha;
15.            String end = "";
16.            String tel = "";
```

```
17.         while((linha = arqentrada.readLine()) != null){
18.            memoria.append(linha + "\r\n");
19.         }
20.         int inicio = -1;
21.         inicio = memoria.indexOf (nome);
22.         if (inicio != -1){
23.            int ultimo = memoria.indexOf ("\t", inicio);
24.            nome = ler (inicio, ultimo);
25.            int primeiro = ultimo + 1;
26.            ultimo = memoria.indexOf ("\t", primeiro);
27.            end = ler (primeiro, ultimo);
28.            primeiro = ultimo + 1;
29.            int fim = memoria.indexOf ("\n", primeiro);
30.            tel = ler (primeiro, fim);
31.            RegAgenda regAg1 = new RegAgenda (nome, end, tel);
32.            int resp = JOptionPane.showConfirmDialog(null,
33.               "Deseja excluir?" + "\n" +
34.               regAg1.mostraNome() + "\n" +
35.               regAg1.mostraEnd() + "\n" +
36.               regAg1.mostraTel());
37.            if(resp == 0){
38.               memoria.delete(inicio, fim + 1);
39.               gravar();
40.               JOptionPane.showMessageDialog(null,
41.                  "Atualização realizada com sucesso");
42.            }
43.         }else{
44.            JOptionPane.showMessageDialog(null,
45.               "Não cadastrado");
46.         }
47.         arqentrada.close ();
48.      }catch (Exception e){
49.         JOptionPane.showMessageDialog(null,
50.            "Erro de leitura");
51.      }
52.   }
53.   public static String ler(int primeiro, int ultimo){
54.      String dados = "";
55.      dados = memoria.substring(primeiro, ultimo);
56.      return dados;
57.   }
58.   public static void gravar(){
59.      try{
60.         BufferedWriter saida;
61.         saida = new BufferedWriter (new FileWriter (arquivo));
62.         saida.write (memoria.toString());
```

```
63.              saida.flush();
64.              saida.close();
65.          }catch (Exception erro){
66.            JOptionPane.showMessageDialog(null,
67.              "Erro de gravação");
68.          }
69.       }
70.    }
```

Poucas modificações foram necessárias em relação ao código do Exemplo 9.3 para implementar a exclusão de registro. Utilizou-se, para tanto, um inteiro `resp` que recebe a resposta por meio da exibição de uma caixa de diálogo (linhas 32 a 36 e Figura 9.6), a qual permite a interação com o usuário, pedindo a confirmação da exclusão.

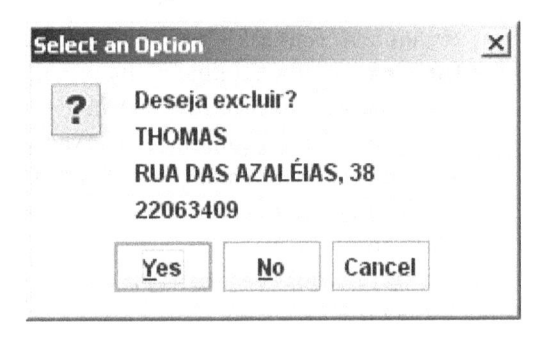

FIGURA 9.6 Caixa de diálogo de confirmação.

De acordo com o botão acionado pelo usuário, a variável `resp` recebe um valor de retorno: 0 (zero) para `Yes`, 1 para `No` e 2 para `Cancel`, permitindo que o resultado da ação possa ser tratado. A exclusão ocorre no trecho de código na linha 38 (exclusão dos caracteres entre as posições `inicio` e `fim + 1`) somente no contêiner `memoria`. A atualização do arquivo ocorre somente quando é chamado o método `gravar`. Note, ainda, que foi utilizado `fim + 1`, pois a posição `fim` correspondente ao final do registro e não considera o caractere \n.

9.4.2 Representação da manipulação de arquivos de acesso aleatório

As informações de um arquivo de acesso aleatório ou randômico têm sua ordem de inserção definida por um campo denominado **chave**. O campo chave de um registro não pode ter o seu conteúdo repetido; ele deve ser único no arquivo para que possibilite a identificação do registro. Por meio do campo chave, o registro pode ser localizado diretamente, sem que haja necessidade de se percorrer todos os registros anteriores. O campo chave deve ser declarado juntamente com as demais variáveis que comporão o registro.

> Os arquivos de acesso aleatório ou randômico também são chamados de arquivo de acesso direto.

Um arquivo de acesso aleatório ou randômico pode ser comparado a um CD com músicas pelo qual se pode ouvir a primeira música, depois saltar para a décima e voltar para a sétima, sem a necessidade de se percorrer todas as músicas intermediárias.

Para que seja possível a manipulação de arquivos de acesso aleatório ou randômico, será necessário:

» declarar o registro e o arquivo;
» declarar as variáveis de arquivo e registro;
» abrir o arquivo;
» fechar o arquivo.

Esses passos são utilizados para qualquer operação de manipulação de arquivos e já foram explicados no Algoritmo 9.1 – operação de inclusão.

No exemplo a seguir, será feita a construção de um cadastro de clientes que armazene código do cliente, nome, telefone e e-mail.

EXEMPLO 9.5 – Operação de inclusão – arquivo de acesso aleatório.

Pseudocódigo:

```
1.      Algoritmo Exemplo9.5
2.      Var Tipo reg_cliente = registro
3.                        Cod_cli: inteiro
4.                        Nome: caracter
5.                        Tel: caracter
6.                        Email: caracter
7.                      Fim_registro
8.        Tipo arq_cliente: arquivo direto de reg_cliente
9.        Auxiliar: reg_cliente
10.       Cliente:  arq_cliente
11.     Início
12.       Abrir (Cliente)
13.       Ler(Auxiliar.Cod_cli, Auxiliar.Nome, Auxiliar.Tel,
          Auxiliar.Email)
14.       Posicionar (Cliente, Auxiliar)
15.       Armazenar (Cliente, Auxiliar)
16.       Fechar (Cliente)
17.     Fim.
```

A instrução Posicionar (nome da variável de arquivo, nome da variável de registro) é utilizada para posicionar o novo registro corretamente. Essa posição é determinada pelo campo chave. No Algoritmo 9.5, o campo chave é o Cod_cli. É necessário indicar, também, o armazenamento do registro, para que este seja definitivamente inserido no arquivo por meio da instrução Armazenar (nome da variável de arquivo, nome da variável de registro).

Fluxograma:

```
                    ┌─────────┐
                    │  Início │
                    └────┬────┘
                         ▼
              ┌──────────────────────┐
              │    Abrir (Cliente)   │
              └──────────┬───────────┘
                         ▼
              ┌──────────────────────┐
              │   Auxiliar.Cod_cli,  │
              │    Auxiliar.Nome,    │
              │    Auxiliar.Tel,     │
              │    Auxiliar.Email    │
              └──────────┬───────────┘
                         ▼
              ┌──────────────────────┐
              │ Posicionar (Cliente, │
              │      Auxiliar)       │
              └──────────┬───────────┘
                         ▼
              ┌──────────────────────┐
              │  Armazenar (Cliente, │
              │      Auxiliar)       │
              └──────────┬───────────┘
                         ▼
              ┌──────────────────────┐
              │   Fechar (Cliente)   │
              └──────────┬───────────┘
                         ▼
                    ┌─────────┐
                    │   Fim   │
                    └─────────┘
```

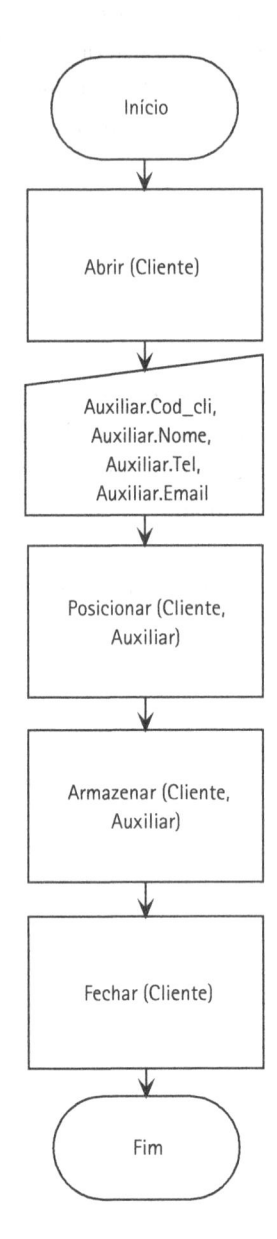

O código a seguir mostra a criação da classe `Clientes` para suportar as necessidades dos algoritmos que serão desenvolvidos, com a definição dos atributos necessários e inclusão dos métodos para retornar seus valores, seguindo a mesma idéia do acesso a arquivos seqüenciais tratado anteriormente.

Java:

```
1.      public class Clientes {
2.          private int cod_cli;
```

```
3.         private String nome;
4.         private String tel;
5.         private String email;
6.
7.         public Clientes(int cod_cli, String nome, String tel,
8.             String email){
9.           this.cod_cli = cod_cli;
10.          this.nome = nome;
11.          this.tel = tel;
12.          this.email = email;
13.        }
14.        public int mostraCod(){
15.          return cod_cli;
16.        }
17.        public String mostraNome(){
18.          return nome;
19.        }
20.        public String mostraTel(){
21.          return tel;
22.        }
23.        public String mostraEmail(){
24.          return email;
25.        }
26.        public void alteraNome(String nome){
27.          this.nome = nome;
28.        }
29.        public void alteraTel(String tel){
30.          this.tel = tel;
31.        }
32.        public void alteraEmail(String email){
33.          this.email = email;
34.        }
35.     }
```

A classe `Clientes` será utilizada para inicializar os objetos, suportando operações de exibir e alterar seus atributos, preservando os princípios da orientação a objeto.

O código que se segue corresponde ao algoritmo para a inclusão de novos clientes no arquivo.

```
1.     import javax.swing.JOptionPane;
2.     import java.io.*;
3.     public class Exemplo95 {
4.        private static RandomAccessFile arquivo;
5.        public static void main(String args[]){
6.          try{
7.            int cod_cli;
8.            String nome, tel, email;
9.            String caminho = EscolherArquivo.caminho();
```

```java
10.            arquivo = new RandomAccessFile(new File(caminho),
                   "rw");
11.            long t = arquivo.length();
12.            arquivo.seek(t);
13.            cod_cli = (int)(t / 100 + 1);
14.            gravar(cod_cli);
15.            nome = JOptionPane.showInputDialog(
16.                "Digite o nome");
17.            gravar(nome.toUpperCase(), 20);
18.            tel = JOptionPane.showInputDialog(
19.                "Digite o telefone");
20.            gravar(tel.toUpperCase(), 8);
21.            email = JOptionPane.showInputDialog(
22.                "Digite o e-mail");
23.            gravar(email.toUpperCase(), 20);
24.            arquivo.close();
25.        }catch(IOException e){
26.            JOptionPane.showMessageDialog(null,
27.                "Erro no arquivo");
28.        }
29.    }
30.    public static void gravar(String dado, int tamanho)
31.        throws IOException{
32.        StringBuffer buffer = new StringBuffer(dado);
33.        buffer.setLength(tamanho);
34.        arquivo.writeChars(buffer.toString());
35.    }
36.    public static void gravar(int cod_cli)throws
               IOException{
37.        arquivo.writeInt(cod_cli);
38.    }
39. }
```

Existem várias formas de implementar o acesso aleatório em arquivos-texto. Vamos usar uma que grava um número fixo de caracteres, de modo que a localização de determinado campo possa ser feita por meio de um deslocamento nos bytes nesse arquivo, usando um cálculo simples.

Campo	Variável	Tamanho	Bytes
Código	cod_cli	inteiro	4
Nome	nome	20 (char)	40
Telefone	tel	8 (char)	16
E-mail	email	20 (char)	40

A tabela mostra os nomes e tamanhos dos campos que serão considerados, sendo que o registro equivale a um total de 100 bytes, que é o somatório de todos os campos. Estamos utilizando uma pequena quantidade de caracteres por campo apenas por questão de conveniência e simplificação.

Para acesso ao arquivo, será utilizado um objeto da classe `RandomAccessFile`, declarado na linha 4 e inicializado na linha 10, passando o parâmetro `caminho`, obtido pela classe `EscolherArquivo`, já utilizado nos exemplos anteriores. O arquivo é aberto para escrita e leitura, pela opção "rw" passada como parâmetro.

O código do cliente é obtido por meio do cálculo `t / 100 + 1`, em que `t` corresponde ao tamanho do arquivo e `100`, ao tamanho do registro, de maneira que, se o tamanho do registro for igual a 300, existem 3 clientes já registrados e o próximo seria o de número 4. Esse cálculo é feito na expressão da linha 13, cujo resultado é atribuído a `cod_cli`.

Para posicionar o ponteiro do arquivo onde a gravação deve ser realizada, usa-se o método `seek`, passando como parâmetro a posição correspondente ao registro. Supondo que o arquivo tenha 3 registros, o método da linha 11 retornaria o valor 300 (3 registros de 100), e a posição da próxima gravação seria a 300. Vale lembrar que a posição inicial do arquivo é numerada partindo de 0.

Criamos dois métodos gravar, para atender às necessidades dos tipos de dados utilizados no exemplo – um que recebe uma string, cujo tamanho é especificado e passado como parâmetro, e outro para gravar um inteiro, que usa o tamanho padrão.

O método que grava uma string usa um `buffer` de caracteres que recebe em sua inicialização a string `dado`. Esse `buffer` tem a vantagem de poder ser redefinido após a inicialização, limitando o tamanho de caracteres e atendendo à necessidade da limitação do tamanho do campo do registro, o que é feito pela instrução da linha 33. A gravação ocorre utilizando-se o método `writeChars` da linha 34, que transfere o conjunto de caracteres do `buffer` para o arquivo.

EXEMPLO 9.6 – Operação de consulta – arquivo de acesso aleatório.

Pseudocódigo:

```
1.      Algoritmo Exemplo9.6
2.      Var tipo reg_cliente = registro
3.                      Cod_cli: inteiro
4.                      Nome: caracter
5.                      Tel: caracter
6.                      Email: caracter
7.                  Fim_registro
8.        Tipo arq_cliente: arquivo direto de reg_cliente
9.        Auxiliar: reg_cliente
10.       Cliente:  arq_cliente
11.       Consulta_codcli: inteiro
12.     Início
13.       Abrir (Cliente)
14.       Ler (Consulta_codcli)
```

```
15.         Se (Consulta_codcli = Auxiliar.Cod_cli) Então
16.           Posicionar(Cliente, Auxiliar.Cod_cli)
17.         Senão
18.           Mostrar("Registro não cadastrado")
19.         Fim-Se
20.         Fechar (Cliente)
21.     Fim.
```

> 🛈 O acesso direto/aleatório ao registro a ser consultado é feito por meio do campo **chave**.

Fluxograma:

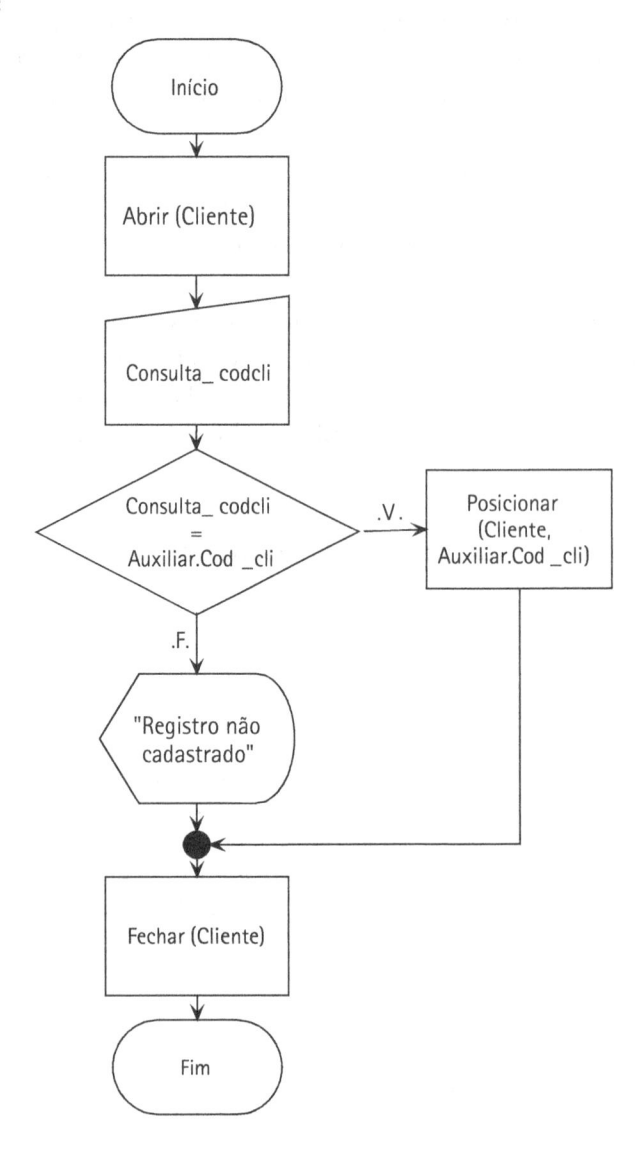

```
                    ┌─────────┐
                    │  Início │
                    └────┬────┘
                         ▼
                ┌─────────────────┐
                │  Abrir (Cliente)│
                └────────┬────────┘
                         ▼
                ┌─────────────────┐
                │ Consulta_ codcli│
                └────────┬────────┘
                         ▼
                  ╱─────────────╲
                 ╱ Consulta_codcli╲      .V.    ┌──────────────────┐
                ╱        =         ╲──────────▶│    Posicionar    │
                ╲ Auxiliar.Cod _cli ╱           │    (Cliente,     │
                 ╲                 ╱            │ Auxiliar.Cod_cli)│
                  ╲───────┬───────╱             └────────┬─────────┘
                        .F.│                             │
                           ▼                             │
                  ┌─────────────────┐                    │
                  │  "Registro não  │                    │
                  │   cadastrado"   │                    │
                  └────────┬────────┘                    │
                           ▼                             │
                           ●◀────────────────────────────┘
                           ▼
                ┌─────────────────┐
                │ Fechar (Cliente)│
                └────────┬────────┘
                         ▼
                    ┌─────────┐
                    │   Fim   │
                    └─────────┘
```

Java:

```java
1.     import javax.swing.JOptionPane;
2.     import java.io.*;
3.     public class Exemplo96 {
4.       private static RandomAccessFile arquivo;
5.       public static void main(String args[]){
6.         try{
7.           int cod_cli;
8.           long a;
9.           String caminho = EscolherArquivo.caminho();
10.          arquivo = new RandomAccessFile(new File(caminho),
               "rw");
11.          String codigo = JOptionPane.showInputDialog(
12.              "Digite o código");
13.          cod_cli = Integer.parseInt(codigo);
14.          a = (cod_cli - 1) * 100;
15.          if(a < arquivo.length()){
16.            arquivo.seek(a);
17.            if(cod_cli == arquivo.readInt())
18.              JOptionPane.showMessageDialog(null,
19.                 "Registro cadastrado");
20.            else
21.              JOptionPane.showMessageDialog(null,
22.                 "Registro não cadastrado");
23.          }else
24.            JOptionPane.showMessageDialog(null,
25.               "Registro não cadastrado");
26.          arquivo.close();
27.        }catch(IOException e){
28.          JOptionPane.showMessageDialog(null,
29.             "Erro no arquivo");
30.        }
31.      }
32.    }
```

A implementação da busca é feita por meio do código do cliente, o qual é obtido por digitação e convertido na posição correspondente à qual este deveria ocupar no arquivo, usando a expressão da linha 14: `a = (cod_cli - 1) * 100`. Considerando que o valor digitado tenha sido 4, a posição do primeiro byte do registro no arquivo corresponderia a 300, conforme visto no exemplo anterior.

Duas verificações são feitas, uma na linha 15, que confere se a posição obtida não está fora dos limites do arquivo, o que provocaria erro de leitura, outra na linha 17, confirmando se o número digitado é igual ao lido do arquivo pelo método `readInt()`, garantindo que o número encontrado equivale ao solicitado pelo usuário.

EXEMPLO 9.7 – Operação de alteração – arquivo de acesso aleatório.

Pseudocódigo:

```
1.      Algoritmo Exemplo9.7
2.      Var Tipo reg_cliente = registro
3.                              Cod_cli: inteiro
4.                              Nome: caracter
5.                              Tel: caracter
6.                              Email: caracter
7.                          Fim_registro
8.        Tipo arq_cliente : arquivo direto de reg_cliente
9.        Auxiliar : reg_cliente
10.       Cliente :   arq_cliente
11.       Altera_codcli: inteiro
12.       novo_nome, novo_tel, novo_end, novo_email : caracter
13.     Início
14.       Abrir (Cliente)
15.       Ler (Altera_codcli)
16.       Se (Altera_codcli = Auxiliar.Cod_cli) Então
17.          Posicionar(Cliente, Auxiliar.Cod_cli)
18.          Mostrar(Auxiliar.Nome, Auxiliar.Tel, Auxiliar.End, Auxiliar.Email)
19.          Ler(novo_nome, novo_tel, novo_end, novo_email)
20.          Auxiliar.Nome ← novo_nome
21.          Auxiliar.Tel ← novo_tel
22.          Auxiliar.End ← novo_end
23.          Auxiliar.Email ← novo_email
24.          Armazenar(Cliente, Auxiliar)
25.       Senão
26.          Mostrar("Registro não cadastrado")
27.       Fim-Se
28.       Fechar (Cliente)
29.     Fim.
```

Fluxograma:

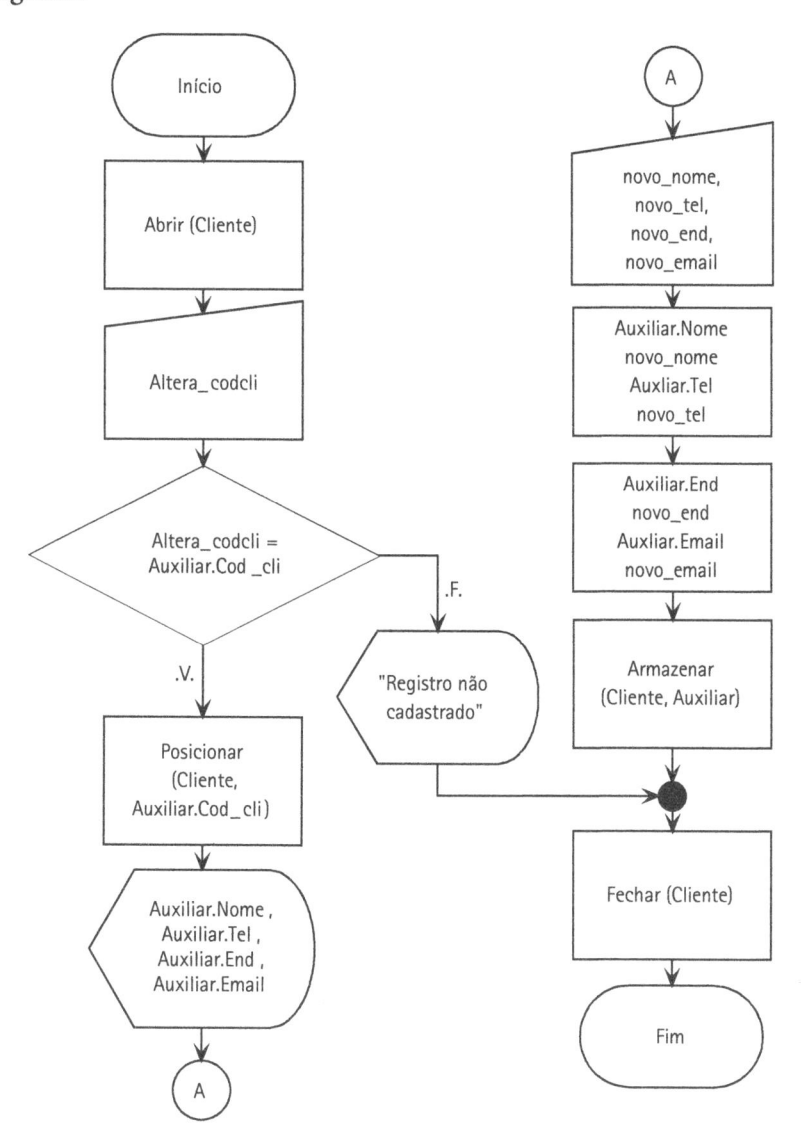

```
                    ┌─────────┐                              ( A )
                    │  Início │                                │
                    └────┬────┘                                ▼
                         ▼                              ╱novo_nome,  ╲
                 ┌───────────────┐                     ╱ novo_tel,    ╲
                 │ Abrir (Cliente)│                    ╲ novo_end,    ╱
                 └───────┬───────┘                      ╲novo_email  ╱
                         ▼                                    │
                  ╱──────────────╲                            ▼
                 ╱ Altera_codcli  ╲                  ┌─────────────────┐
                 ╲                ╱                  │ Auxiliar.Nome   │
                  ╲──────┬───────╱                   │ novo_nome       │
                         ▼                           │ Auxliar.Tel     │
                  ╱─────────────╲                    │ novo_tel        │
                 ╱ Altera_codcli ╲                   └────────┬────────┘
                ╱       =         ╲  .F.                      ▼
                ╲ Auxiliar.Cod_cli╱──────┐           ┌─────────────────┐
                 ╲               ╱       │           │ Auxiliar.End    │
                  ╲──────┬──────╱        │           │ novo_end        │
                     .V. │                │           │ Auxliar.Email   │
                         ▼                │           │ novo_email      │
                 ┌───────────────┐        │           └────────┬────────┘
                 │  Posicionar   │        ▼                    ▼
                 │  (Cliente,    │    ╱──────────╲     ┌───────────────┐
                 │Auxiliar.Cod_cli)│  ╱"Registro não╲   │  Armazenar    │
                 └───────┬───────┘  ╲ cadastrado" ╱    │(Cliente, Auxiliar)│
                         ▼           ╲───────┬──╱      └───────┬───────┘
                ╱────────────────╲           │                 ▼
               ╱ Auxiliar.Nome ,  ╲          │                 ●
              ╱  Auxiliar.Tel ,    ╲         └─────────────────┤
              ╲  Auxiliar.End ,    ╱                           ▼
               ╲ Auxiliar.Email   ╱                   ┌───────────────┐
                ╲────────┬───────╱                    │ Fechar (Cliente)│
                         ▼                            └───────┬───────┘
                       ( A )                                  ▼
                                                         ┌─────────┐
                                                         │   Fim   │
                                                         └─────────┘
```

Java:

```java
1.      import javax.swing.JOptionPane;
2.      import java.io.*;
3.      public class Exemplo97 {
4.         private static RandomAccessFile arquivo;
5.         public static void main(String args[]){
6.            try{
7.               int cod_cli, alteraCod_cli;
```

```
8.              String nome, tel, email, codigo;
9.              long a;
10.             String caminho = EscolherArquivo.caminho();
11.             arquivo = new RandomAccessFile(new File(caminho),
                    "rw");
12.             codigo = JOptionPane.showInputDialog(
13.                "Digite o código");
14.             alteraCod_cli = Integer.parseInt(codigo);
15.             a = (alteraCod_cli - 1) * 100;
16.             if(a < arquivo.length()){
17.               arquivo.seek(a);
18.               cod_cli = arquivo.readInt();
19.               if(alteraCod_cli == cod_cli){
20.                 nome = ler(20);
21.                 tel = ler(8);
22.                 email = ler(20);
23.                 Clientes cli = new Clientes(cod_cli, nome, tel,
                        email);
24.                 JOptionPane.showMessageDialog(null,
25.                    "Nome: " + cli.mostraNome() + "\n" +
26.                    "Telefone: " + cli.mostraTel() + "\n" +
27.                    "E-mail: " + cli.mostraEmail());
28.                 nome = JOptionPane.showInputDialog(
29.                    "Digite novo nome");
30.                 cli.alteraNome(nome.toUpperCase());
31.                 tel = JOptionPane.showInputDialog(
32.                    "Digite novo telefone");
33.                 cli.alteraTel(tel);
34.                 email = JOptionPane.showInputDialog(
35.                    "Digite novo e-mail");
36.                 cli.alteraEmail(email.toUpperCase());
37.                 arquivo.seek(a);
38.                 gravar(cli.mostraCod());
39.                 gravar(cli.mostraNome(), 20);
40.                 gravar(cli.mostraTel(), 8);
41.                 gravar(cli.mostraEmail(), 20);
42.              }else
43.                 JOptionPane.showMessageDialog(null,
44.              "Registro não cadastrado");
```

```java
45.         }else
46.            JOptionPane.showMessageDialog(null,
47.              "Registro não cadastrado");
48.         arquivo.close();
49.      }catch(IOException e){
50.         JOptionPane.showMessageDialog(null,
51.           "Erro no arquivo");
52.      }
53.   }
54.   public static String ler(int quant)throws IOException{
55.      char letra;
56.      String texto = "";
57.      for(int i = 0; i < quant; i++){
58.         letra = arquivo.readChar();
59.         if(letra != '\u0000')
60.            texto += letra;
61.      }
62.      return texto;
63.   }
64.   public static void gravar(String dado, int tamanho)
65.        throws IOException{
66.      StringBuffer buffer = new StringBuffer(dado);
67.      buffer.setLength(tamanho);
68.      arquivo.writeChars(buffer.toString());
69.   }
70.   public static void gravar(int cod_cli)throws IOException{
71.      arquivo.writeInt(cod_cli);
72.   }
73. }
```

O código Java do Exemplo 9.7 implementa a busca com base em um número de cliente, conforme o exemplo anterior, utilizando o método seek(), que posiciona o ponteiro do arquivo no registro desejado, caso ele esteja dentro da faixa de 0 até o final (arquivo.length). Uma vez posicionado o ponteiro, a leitura do código do cliente pode ser feita e comparada com aquele digitado pelo usuário. Confirmando essa igualdade, as leituras dos caracteres podem ser feitas.

O método ler() é acionado, efetuando a leitura caractere a caractere por meio de um laço, que executa a quantidade de vezes de acordo com o tamanho do campo, fornecido por meio do parâmetro quant. Cada caractere é armazenado na variável letra do tipo char, que, após a verificação, se não se tratar de um caractere nulo (letra !=

'\u0000'), é armazenado na variável `texto` do tipo `String`. O caractere lido pode ser um valor nulo, visto que, quando da entrada de dados, a quantidade de caracteres digitada pode ter sido inferior à quantidade total do campo, sendo o restante preenchido com nulos (veja Exemplo 9.5).

O texto retornado pelo método `ler()` é atribuído à respectiva variável, que será utilizada para instanciar um objeto da classe `Clientes` (linha 23). O objeto é utilizado para a exibição dos atributos, linhas 24 até 27 e, posteriormente, para realizar as operações de alteração (linhas 28 a 36).

Após as atualizações dos atributos, é necessário gravar o registro no arquivo, porém, é preciso reposicioná-lo no início do registro original, pois as leituras sucessivas alteram o ponteiro, o que é feito pela instrução da linha 37. As chamadas ao método de gravação são feitas nas linhas 38 a 41, de maneira semelhante ao que foi feito no Exemplo 9.5.

EXEMPLO 9.8 – O programa a seguir faz a leitura de 10 valores em um vetor e apresenta o valor da média aritmética desses valores.

Pseudocódigo:

```
1.      Algoritmo Exemplo9.8
2.      Var tipo reg_cliente = registro
3.                      Cod_cli: inteiro
4.                      Nome: caracter
5.                      Tel: caracter
6.                      Email: caracter
7.                  Fim_registro
8.        Tipo arq_cliente: arquivo direto de reg_cliente
9.        Auxiliar: reg_cliente
10.       Cliente:  arq_cliente
11.       Consulta_codcli: inteiro
12.       Resposta: caracter
13.     Início
14.       Abrir (Cliente)
15.       Ler (Consulta_codcli)
16.       Se (Consulta_codcli = Auxiliar.Cod_cli) Então
17.          Posicionar (Cliente, Auxiliar.Cod_cli)
18.          Mostrar ("Deseja Excluir? S/N") Ler(Resposta)
19.          Se (Resposta = "S") Então
20.             Deletar (Cliente,Auxiliar)
21.          Fim-Se
22.       Senão
23.          Mostrar("Registro não cadastrado")
24.       Fim-Se
25.       Fechar (Cliente)
26.     Fim.
```

Fluxograma:

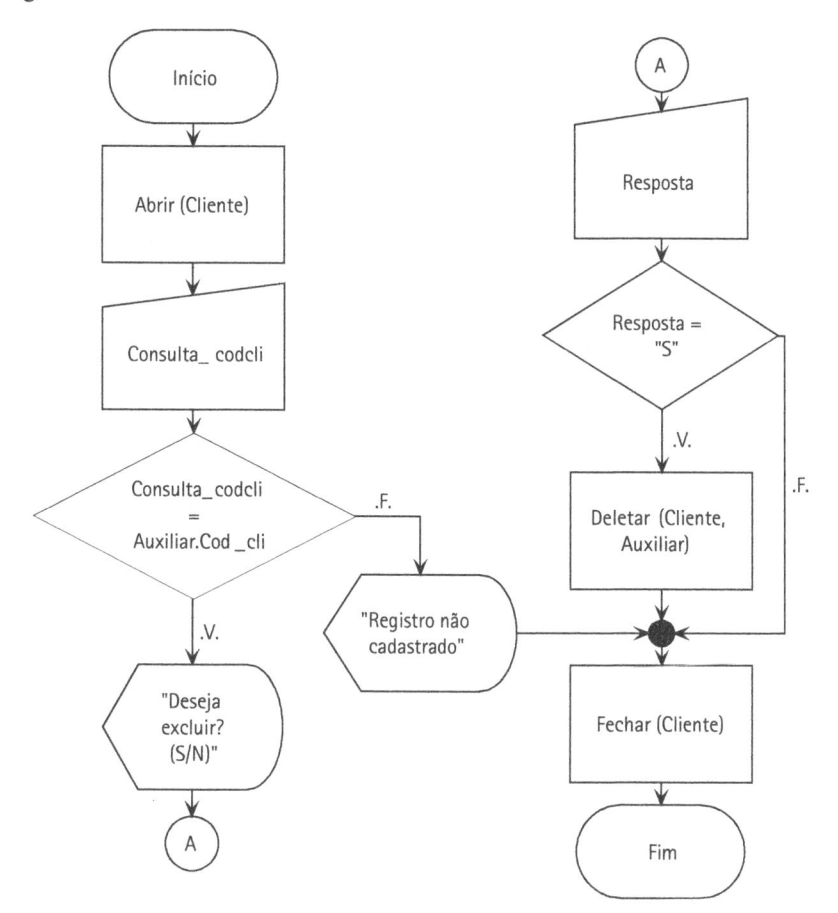

```
                    Início
                      │
                      ▼
                Abrir (Cliente)
                      │
                      ▼
               Consulta_ codcli
                      │
                      ▼
              ╱ Consulta_codcli ╲       .F.
             ╱        =          ╲────────┐
             ╲  Auxiliar.Cod _cli ╱       │
              ╲                  ╱        │
                     .V.                  ▼
                      │            "Registro não
                      ▼              cadastrado"
                  "Deseja                 │
                  excluir?                │
                  (S/N)"                  │
                      │                   │
                      ▼                   │
                     (A)                  │
                                          │
                     (A)                  │
                      │                   │
                      ▼                   │
                   Resposta               │
                      │                   │
                      ▼                   │
                ╱ Resposta = ╲    .F.     │
                ╲    "S"     ╱────────┐   │
                      │                │  │
                     .V.               │  │
                      ▼                │  │
              Deletar (Cliente,        │  │
                 Auxiliar)             │  │
                      │                │  │
                      ▼                │  │
                      ●────────────────┴──┘
                      │
                      ▼
                Fechar (Cliente)
                      │
                      ▼
                     Fim
```

Java:

```java
1.      import javax.swing.JOptionPane;
2.      import java.io.*;
3.      public class Exemplo98 {
4.         private static RandomAccessFile arquivo;
5.         public static void main(String args[]){
6.            try{
7.               int cod_cli, consultaCod_cli;
8.               long a;
9.               String codigo, nome;
10.              String caminho = EscolherArquivo.caminho();
11.              arquivo = new RandomAccessFile(new File(caminho),
                     "rw");
12.              codigo = JOptionPane.showInputDialog(
13.                  "Digite o código");
14.              consultaCod_cli = Integer.parseInt(codigo);
```

```java
15.            a = (consultaCod_cli - 1) * 100;
16.            if(a < arquivo.length()){
17.              arquivo.seek(a);
18.              cod_cli = arquivo.readInt();
19.              if(consultaCod_cli == cod_cli){
20.                nome = ler(20);
21.                int resp = JOptionPane.showConfirmDialog(null,
22.                   "Deseja excluir?" + "\n" +
23.                   "Código: " + cod_cli + "\n" +
24.                   "Nome: " + nome);
25.                if(resp == 0){
26.                  cod_cli = 0;
27.                  arquivo.seek(a);
28.                  gravar(cod_cli);
29.                  JOptionPane.showMessageDialog(null,
30.                    "Atualização realizada com sucesso");
31.                }else
32.                  JOptionPane.showMessageDialog(null,
33.                    "Operação cancelada");
34.              }else
35.                JOptionPane.showMessageDialog(null,
36.                   "Registro não cadastrado");
37.            }else
38.              JOptionPane.showMessageDialog(null,
39.                 "Registro não cadastrado");
40.            arquivo.close();
41.          }catch(IOException e){
42.            JOptionPane.showMessageDialog(null,
43.               "Erro no arquivo");
44.          }
45.        }
46.     public static String ler(int quant)throws IOException{
47.       char letra;
48.       String texto = "";
49.       for(int i = 0; i < quant; i++){
50.         letra = arquivo.readChar();
51.         if(letra != '\u0000')
52.            texto += letra;
53.       }
54.       return texto;
55.     }
56.     public static void gravar(int cod_cli)throws IOException{
57.       arquivo.writeInt(cod_cli);
58.     }
59.   }
```

Neste exemplo, fazemos a busca do código do cliente como no exemplo anterior. Obtemos, assim, o início do registro a ser excluído, o código do cliente existente no arquivo pelo método `readInt()` (linha 18) e o nome do cliente (linha 20), para exibi-los no pedido de confirmação ao usuário (linha 21 a 24). Se a resposta obtida por meio da caixa de confirmação de exclusão for `Sim` (Yes), que corresponde ao retorno da opção 0 (zero) em `resp`, linha 25, atribui-se o valor `zero` à variável `cod_cli`, que será passada para gravação na linha 28, após o posicionamento correto do ponteiro do arquivo feito na linha 27.

Utiliza-se a estratégia de gravação do valor 0 (zero) no lugar do código, já que a exclusão do registro não pode ser feita, uma vez que existe um vínculo da posição deste com o código do cliente.

9.5 EXERCÍCIOS PARA FIXAÇÃO

1. Faça uma modificação na aplicação Java do Exemplo 9.1 de forma que seja possível incluir mais de um registro sem que seja necessário reiniciar o programa, até que o usuário escolha a opção para encerrar.

2. Agrupe o código Java dos exercícios dos exemplos 9.1 a 9.4 em uma aplicação que permita a escolha da opção desejada: incluir, consultar, alterar, excluir e encerrar o programa.

3. Faça uma modificação na aplicação Java do Exemplo 9.5 de forma que seja possível incluir mais de um registro sem que seja necessário reiniciar o programa, até que o usuário escolha a opção para encerrar.

4. Elabore um programa em Java para um cadastro que armazene os dados dos atletas de um clube. Deverão ser armazenados: nome, idade, altura, sexo, peso e modalidade esportiva. O programa deverá permitir a manipulação dos dados armazenados, por meio da escolha por um menu, cujas opções seriam: incluir, consultar, alterar, excluir e sair. Utilize o método seqüencial.

5. Elabore um programa que possibilite o armazenamento dos dados dos funcionários de uma empresa para que seja gerada a folha de pagamento. Deverão ser armazenados: nome do funcionário, código funcional, data de admissão, salário bruto, número de dependentes e cargo. O programa deverá permitir a manipulação das informações e possuir uma opção para calcular o salário líquido de cada funcionário. Utilize o método de acesso aleatório.

9.6 EXERCÍCIOS COMPLEMENTARES

1. Escreva uma aplicação em Java para um sistema de controle acadêmico que permita:
    a) o cadastro dos dados pessoais dos alunos;
    b) o cadastro da grade escolar do aluno;
    c) o cadastro das notas associadas à grade do aluno;
    d) a manipulação dos dados com controle de senha.

   Crie um menu de opções e utilize todos os recursos aprendidos até agora. O programa deverá verificar se o aluno foi aprovado ou reprovado nas disciplinas, considerando que a média de aprovação é de 7,0 sem exame e de 5,0 com exame. Utilize o método de acesso aleatório.

2. Elabore um controle de estoque desenvolvendo uma aplicação Java que permita:

a) cadastrar novos produtos;
b) manipular as informações cadastradas;
c) acompanhar a quantidade de produtos disponíveis;
d) consultar o nome do produto, a quantidade disponível e o preço.

Faça um menu de opções e utilize todos os recursos aprendidos. Utilize o método seqüencial.

3. Elabore o fluxograma e o pseudocódigo para uma aplicação que utilize uma matriz de duas colunas que deve armazenar o código e o nome do cliente. Cada código de cliente deve estar associado a uma posição de um arquivo de acesso aleatório, o qual deve guardar os demais dados desse cliente como: endereço, telefone e e-mail. A localização de um cliente deve ser feita por meio da busca de seu nome na matriz, a recuperação de seu código que deve tornar possível o acesso direto aos demais dados no arquivo de acesso aleatório.

4. Crie uma aplicação que gere 5.000 registros em um arquivo de acesso aleatório. Localize um determinado elemento usando, primeiro, a busca direta. Utilize o valor encontrado para fazer a busca pelo método seqüencial. Compare e comente o resultado. Se necessário, ajuste a quantidade de registros, em função dos recursos de seu equipamento.

10 Estruturas de dados dinâmicas

» Listas
» Filas
» Pilhas
» Árvores

OBJETIVOS:
Apresentar as estruturas de dados freqüentemente utilizadas na programação, por meio de diagramas e exemplos simples, para facilitar o entendimento e sua implementação.

As estruturas de dados são, muitas vezes, a maior dificuldade do programador inexperiente. Por isso, tentamos demonstrar de maneira bem simples como construir alguns exemplos. Como existe a possibilidade de implementação dessas estruturas com o uso de arranjos ou alocação dinâmica, demonstramos, para não sermos repetitivos, a implementação de listas e árvores utilizando alocação dinâmica, filas e pilhas por arranjos.

Quando falamos em listas, filas, pilhas e árvores podemos dizer que todas são, na verdade "listas de informações" cuja diferença principal está no acesso a essas "listas" para inclusão e remoção de informações.

Os arranjos (vetores ou matrizes) são mais simples de implementar: o conteúdo da "lista" é armazenado em um espaço de memória com tamanho para N elementos que serão dispostos em posições contínuas, isto é, um seguido do outro. Mas, apesar de ser mais fácil de compreender como manipular seus dados, os arranjos possuem limitação no que se refere à quantidade de elementos que o conjunto suporta, isto é, o arranjo possui um tamanho predeterminado que pode ou não ser totalmente ocupado, além da possibilidade de ser necessário mais espaço do aquele inicialmente reservado.

Quando falamos em alocação dinâmica, utilizamos posições descontinuadas da memória RAM. Isso é possível pois cada um dos elementos da "lista" deve possuir uma referência para os elementos seguinte e anterior. Essa referência é o endereço da posição de memória em que se encontra tal elemento.

A seguir serão apresentados os conceitos e exemplos de listas, listas encadeadas, filas, pilhas e árvores. As estruturas não estão apresentadas em ordem de importância e/ou facilidade para compreensão. O conceito de lista é abordado inicialmente e, por uma questão de continuidade, a construção de listas encadeadas é abordada em seguida.

> A linguagem de programação Java não suporta ponteiros. Assim, ao usar ponteiros nos exemplos, serão utilizados, na linguagem, objetos que farão referência aos elementos.

10.1 LISTAS

Uma lista é uma coleção de elementos do mesmo tipo dispostos linearmente que podem ou não seguir determinada organização, por exemplo: $[E_1, E_2, E_3, E_4, E_5, ..., E_n]$, onde n deve ser $>= 0$.

Como exemplos de listas podemos citar: lista de chamada de alunos, lista de compras de supermercado e lista telefônica, entre outros. O exemplo a seguir – que também será utilizado nos tópicos adiante – é de uma lista simples de pagamentos a serem efetuados em um mês.

Lista de pagamentos
Prestação do carro
Cartão de crédito
Conta de luz
Condomínio
TV a cabo
Supermercado

Quando criamos uma lista para ser utilizada como estrutura de dados, podemos usar como contêiner para armazenamento dos dados um vetor ou uma matriz, então dizemos que se trata de uma lista implementada por meio de arranjo. Por outro lado, também podemos utilizar a alocação dinâmica, isto é, não criamos um contêiner para armazenar os dados, mas precisamos referenciar os elementos seguinte e anterior de cada elemento, então teremos uma lista encadeada.

Veja um exemplo de lista simples:

Lista de pagamentos ← [prestação do carro, cartão de crédito, conta de luz, condomínio, TV a cabo, supermercado]

Essa é uma lista que possui seis elementos do tipo `literal`, e os elementos estão armazenados em um vetor.

10.1.1 Listas encadeadas

Uma lista encadeada é um conjunto de elementos que estão dispostos em uma dada organização física não-linear, isto é, estão espalhados pela memória. Para organizar a lista de maneira para que ela possa ser utilizada como um conjunto linear, é necessário que cada elemento do conjunto possua informações sobre o seu elemento anterior e o seu elemento seguinte. Para exemplificar será utilizada uma lista de pagamentos que devem ser efetuados no mês. Os pagamentos estão dispostos em uma ordem linear:

Lista de pagamentos
Prestação do carro
Cartão de crédito
Conta de luz
Condomínio
TV a cabo
Supermercado

Olhando para a lista, pode-se perceber qual é o primeiro elemento, qual é o segundo elemento, e assim por diante. Porém, quando desejamos implementar essa lista em uma estrutura de dados, precisamos dizer qual será o próximo elemento. Para isso, cada elemento da lista é representado por um nó, e cada nó deve conter os dados e um campo que indique qual é o próximo elemento da lista — esse campo é chamado de ponteiro. Observe a seguinte lista com um campo para encadeamento:

Lista de pagamentos	Ponteiro para o próximo elemento
Prestação do carro	2
Cartão de crédito	3
Conta de luz	4
Condomínio	5
TV a cabo	6
Supermercado	Este é o último elemento do conjunto, então não aponta para nenhum outro

O elemento 1 aponta para o elemento 2, o elemento 2 aponta para o elemento 3, e assim por diante:

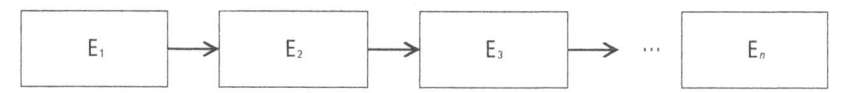

$E_1 \rightarrow E_2 \rightarrow E_3 \rightarrow \cdots \rightarrow E_n$

FIGURA 10.1 Listas encadeadas.

onde:

» o primeiro elemento da lista é E_1;
» o último elemento da lista é E_n;
» o predecessor de E_2 é E_1;
» o sucessor de E_2 é E_3;
» e assim por diante até o último elemento.

De acordo com o exemplo apresentado, teremos:

| 1 | Prestação do carro | → | 2 | Cartão de crédito | → | 3 | Conta de luz |
| 4 | Condomínio | → | 5 | TV a cabo | → | 6 | Supermercado |

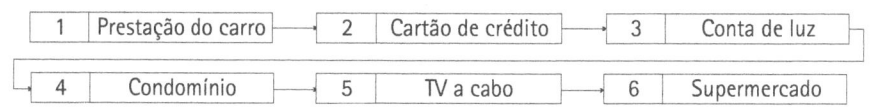

FIGURA 10.2 Listas encadeadas.

Trata-se de uma lista de encadeamento simples, onde:

» o primeiro elemento da lista, ou seja, o seu começo, é prestação do carro;
» o seu sucessor é cartão de crédito, que tem como predecessor prestação do carro, e assim por diante;
» o último elemento da lista, ou seja, o seu final, é supermercado.

> O ponteiro guarda o endereço de memória do elemento; o exemplo anterior é hipotético.

Na representação algorítmica, é bastante simples ilustrarmos esses apontadores ou ponteiros, mas a linguagem de programação Java não aceita ponteiros, então eles são representados por uma referência ao elemento.

10.1.2 Tipos de listas encadeadas

As listas encadeadas podem ser do tipo:

» **Encadeamento simples:** os elementos da lista possuem apenas um ponteiro que aponta para o elemento sucessor ou próximo (como no exemplo apresentado anteriormente), como mostra a Figura 10.3.
» **Duplamente encadeadas:** cada elemento possui um campo que aponta para o seu predecessor (anterior) e outro para o seu sucessor (próximo). Veja a Figura 10.4.
» **Ordenadas:** a ordem linear da lista corresponde à ordem linear dos elementos, isto é, quando um novo elemento é inserido na lista ele deve ser colocado em tal posição que garanta que a ordem da lista será mantida. Essa ordem pode ser definida por um campo da área de dados, por exemplo, se tivermos uma lista ordenada com os seguintes valores [1, 5, 7, 9] e desejarmos incluir um novo elemento com o valor 6, este valor deverá ser incluído entre os valores 5 e 7 (Figura 10.5).

Uma lista ordenada pode ser de encadeamento simples ou duplo, mas o princípio para a ordenação é o mesmo.

» **Circulares:** o ponteiro próximo do último elemento aponta para o primeiro; e o ponteiro anterior do primeiro elemento aponta para o último. Na Figura 10.6, E_1 é o primeiro elemento e E_n, o último.

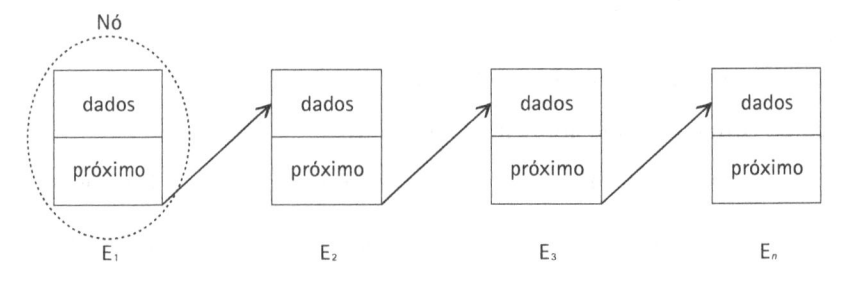

FIGURA 10.3 Listas com encadeamento simples.

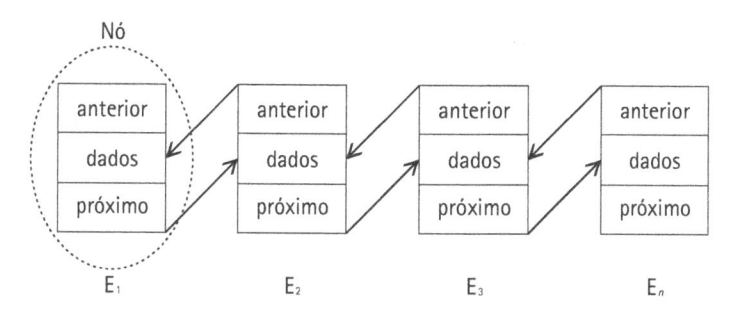

FIGURA 10.4 Listas duplamente encadeadas.

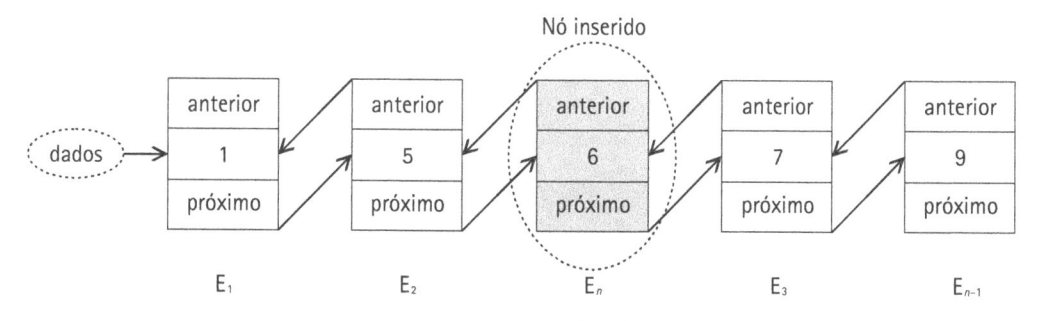

FIGURA 10.5 Listas ordenadas.

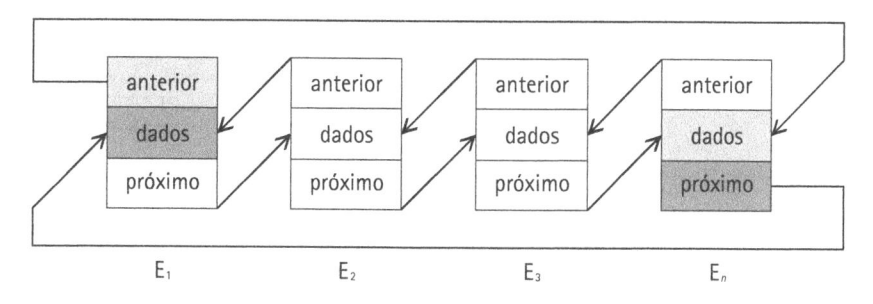

FIGURA 10.6 Listas circulares.

Neste livro, para exemplificar as explicações, adotaremos as listas simples e duplamente encadeadas.

> As listas podem ser implementadas por meio de arranjos ou apontadores (referência). Na implementação por meio de arranjos, os elementos da lista são armazenados em posições de memória seguidas. Os dados são armazenados em uma matriz com tamanho predefinido.

As listas implementadas por meio de apontadores permitem que os seus elementos sejam armazenados em posições descontínuas na memória, tornando mais fáceis as operações de inserção e remoção de elementos. Filas, pilhas e árvores também podem ser implementadas dessa maneira; a diferença entre essas estruturas está na manipulação.

10.2 LISTAS DE ENCADEAMENTO SIMPLES

Agora que você já sabe o que é uma lista simples, vamos implementá-la. A seguir será apresentado o algoritmo que representa a criação e a manipulação de uma lista de encadeamento simples.

EXEMPLO 10.1 – Criação e manipulação de uma lista simples.

```
1.    Algoritmo ExemploListaSimples
2.    Tipo apontador: ^NoSimples
3.        NoSimples = registro
4.                    valor: inteiro
5.                    prox: apontador
6.                fim
7.        ListaSimples = registro
8.                        primeiro: apontador
9.                        ultimo: apontador
10.                   fim
11.   Início
12.       ListaSimples.primeiro ← nulo
13.       ListaSimples.ultimo ← nulo
14.       Procedimento InsereNo_fim (var novoNo: NoSimples)
15.       início
16.          novoNo^.prox ← nulo
17.          Se (ListaSimples.primeiro = nulo) Então
18.             ListaSimples.primeiro ← novoNo
19.          Fim-Se
20.          Se (ListaSimples.ultimo <> nulo) Então
21.             Lista.Simples.ultimo^.prox ← novoNo
22.          Fim-Se
23.          ListaSimples.ultimo ← novoNo
24.       Fim
25.       Procedimento excluiNo(var elemento: inteiro)
26.       var
27.          temp_no: NoSimples
28.          temp: NoSimples
29.       início
30.          temp ← ListaSimples.primeiro
31.          temp_no ← ListaSimples.primeiro^.prox
32.          Enquanto (temp_no^.prox <> nulo ou temp_no.valor <> elemento) faça
33.             temp ← temp_no
34.             temp_no ← temp_no^.prox
35.          Fim-Enquanto
36.          temp^.prox ← temp_no^.prox
37.          desposicione(temp_no)
38.   Fim.
```

Na linha 2, a variável `apontador` é um tipo construído cuja função será referenciar o próximo elemento de cada um dos elementos da lista, por isso ele deve ser declarado como do mesmo tipo da variável que representará o nó. Em nosso exemplo, o nó está representado pelo `NoSimples`. O ^ que precede o tipo de dado é utilizado para representar a função de "apontar para" (`^NoSimples`), isto é, a variável `apontador` sempre apontará para algum outro elemento do tipo `NoSimples`.

Note, na linha 3, a declaração do `NoSimples`, também um tipo construído. Ele possui as variáveis `valor`, que é do tipo `inteiro` e `prox`, que é do tipo `apontador`. Lembrando que o apontador fará referência a outro elemento, observamos que, nesse caso ele o fará ao próximo nó, do elemento em questão.

Na linha 7 é declarada a `ListaSimples`, que também é um tipo construído; é um registro que contém as variáveis `primeiro` e `ultimo`, as quais serão utilizadas na construção da lista. Isso é possível, pois o `primeiro^.prox` aponta para o próximo elemento, e o próximo, para o próximo, e assim por diante, porque a variável `apontador` é do tipo referência para `NoSimples`.

O procedimento `InsereNo`, linha 14, recebe o parâmetro `novoNo`, que é uma variável do tipo `NoSimples`, então `novoNo` é um registro que possui as variáveis `valor` e `prox`. Esse procedimento é utilizado para inserir um novo nó no final da lista. Note que o `novoNo^.prox` recebe nulo – isso deve ser feito para que esse nó seja considerado o último.

Nas linhas seguintes, é verificado se esse deve ser o primeiro elemento da lista no teste `ListaSimples.primeiro = nulo`; se isso for verdadeiro, então o `novoNo` será o primeiro da lista.

Na linha 20, é verificado se o último nó é diferente de nulo quando já existem elementos na lista. Isso é feito para que o `novoNo` seja inserido na última posição da lista.

Na linha 23, a variável `ListaSimples.ultimo` recebe o valor do `novoNo`.

> Se o `prox` for nulo, significa que esse elemento é o último.
> Se o primeiro e o último elementos tiverem valor nulo, significa que a lista está vazia.
> Se o `prox` do primeiro elemento for nulo, significa que a lista só tem um elemento.

O procedimento `excluiNo`, na linha 25, recebe como parâmetro um valor para a variável `elemento`, que é do tipo `inteiro`, e guarda o dado do nó que deve ser excluído, nesse caso, para a variável `valor`. Esse procedimento também utiliza as variáveis `temp` e `temp_no`, que são variáveis auxiliares do tipo `NoSimples`. Nas linhas 30 e 31, essas variáveis recebem, respectivamente, o valor do primeiro nó e o valor do próximo nó (do primeiro).

> É aconselhável criar uma rotina para verificar se a lista está vazia ou com apenas um elemento antes de implementar esse método, porque se estiver ocasionará um erro. Isso pode ser feito com o seguinte teste, que deve preceder a atribuição de valores das variáveis `temp` e `temp_no`: Se `ListaSimples.primeiro <> nulo` e `ListaSimples.primeiro.prox <> nulo` então...

Na linha 32, é feito um teste de repetição, que utiliza a estrutura `Enquanto` para repetir as instruções enquanto `prox`, do `temp_no`, for diferente de nulo ou `temp_no.valor` for diferente do elemento. Se o `temp_no.prox` for igual a nulo, significa que o elemento lido é o último da lista, e, se o valor do elemento for igual ao valor de `temp_no.valor`, significa que o elemento a ser excluído foi encontrado, então o laço de repetição é encerrado, e são executadas as instruções `temp.prox ← temp_no^.prox`, por meio da qual o valor do próximo elemento do elemento a ser excluído é armazenado no próximo elemento do nó anterior ao que será excluído. Lembre-se de que o `temp` inicia com o valor do `primeiro` e o `temp_no`, com o valor do `primeiro.prox`. Com isso, o elemento a ser excluído deixa de ser referenciado. Por último, a instrução `desposicione(temp_no)` indica que o nó a ser excluído deixa definitivamente de ser referenciado — em algumas linguagens, isso não precisa ser feito.

A seguir veremos uma situação para utilizar o algoritmo anterior. Suponha que a lista contenha os números inteiros 1, 3, 5, 7. Vamos inserir o número 2 na lista utilizando o procedimento `insereNo`.

O número 2 deverá ser passado como parâmetro para o procedimento e ficará armazenado na variável `novoNo`. Isso será feito no algoritmo principal da seguinte forma:

```
InsereNo (2)
```

Nesse momento, o procedimento é acionado e verifica se esse será o primeiro elemento da lista. Como no nosso exemplo isso é falso, pois a lista já contém os elementos 1, 3, 5 e 7, então será executada a instrução `ListaSimples.ultimo^.prox ← novoNo`, isto é, a referência do último elemento apontará para o `novoNo`, no caso, o número 2, e a variável que representa o último elemento receberá o `novoNo`.

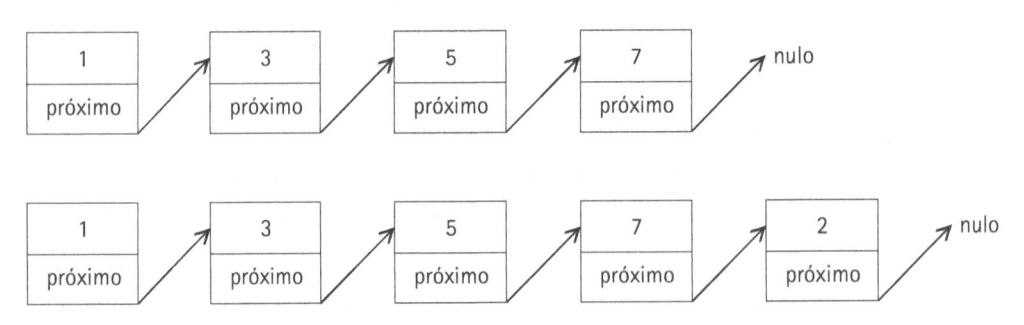

FIGURA 10.7 Inserção de um nó no final da lista (simples).

Também é possível inserir um novo nó em uma determinada posição da lista. Para isso, é preciso que sejam passados como parâmetros o valor a ser inserido e a posição que ele deverá ocupar, por exemplo: `incluiNo(2,1)`.

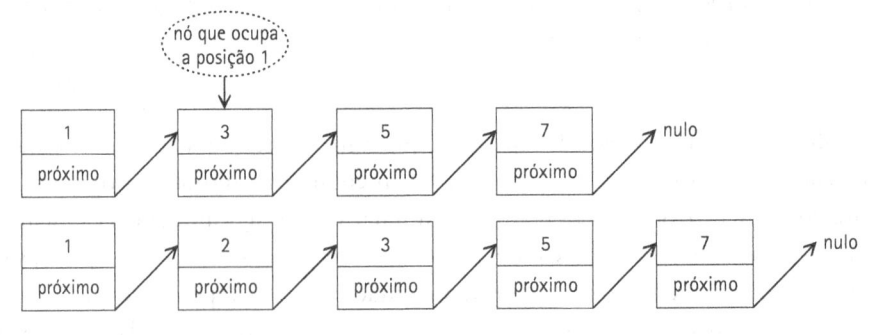

FIGURA 10.8 Inserção de um nó em uma posição específica da lista (simples).

A seguir serão apresentados os algoritmos para incluir nós em posições predeterminadas. A função ContarNos será utilizada para verificar a quantidade de nós existentes na lista. Ela não recebe parâmetros e retorna a quantidade de nós.

EXEMPLO 10.2 – Pseudocódigo para representar uma função para contagem de nós de uma lista.

```
1.  Função ContarNos( ): inteiro
2.      var
3.    numero_nos: inteiro
4.          temp_no : NoSimples
5.       início
6.           numero_nos  ← 0
7.           temp_no  ← ListaSimples.primeiro
8.           Enquanto(temp_no^.prox <> nulo) faça
9.              numero_nos  ← numero_nos + 1
10.             temp_no  ← temp_no^.prox
11.         fim_enquanto
12.      retornar (numero_nos)
13. Fim
```

O procedimento insereNo_posicao recebe como parâmetros as variáveis novoNo, que é do tipo NoSimples, e posicao, que é do tipo inteiro.

EXEMPLO 10.3 – Pseudocódigo para representar a inserção de um nó em uma posição específica em uma lista de encadeamento simples.

```
1.      Procedimento InsereNo_posicao(var novoNo: NoSimples,
        posicao: inteiro)
2.      var
3.         temp_no: NoSimples
4.         pos_aux: inteiro
5.         numero_nos: inteiro
6.      inicio
7.         pos_aux  ← 0
8.         numero_nos  ← ContarNos()
9.         Se (posicao = 0) então
10.          novoNo^.prox  ← ListaSimples.primeiro
11.          ListaSimples.primeiro  ← novoNo
12.      Se (ListaSimples.ultimo = ListaSimples.primeiro) então
13.             ListaSimples.ultimo  ← novoNo
14.          fim-se
15.      Senão
16.          Se (posicao <= numero_nos) então
17.      Enquanto (temp_no^.prox <> nulo .ou. posicao <> pos_aux)
         então
18.             temp_no  ← temp_no^.prox
19.             pos_aux  ← pos_aux + 1
```

```
20.              Fim-Enquanto
21.              novoNo^.prox ← temp_no^.prox
22.              temp_no^.prox ← novoNo
23.          Senão
24.              Se (posicao > numero_nos()) então
25.                  Listasimples.ultimo.prox ← novoNo
26.                  ultimo ← novoNo
27.              fim-se
28.          fim-se
29.      fim-se
30. Fim
```

Verifica-se, na linha 9, se a posição para inserção é 0, isto é, se o nó a ser inserido deve ser o primeiro. Também é verificado se ele será o último elemento da lista (linha 12); se isso for verdadeiro, o valor do seu prox será nulo, o que significa que a lista só tem um elemento.

Se o novo nó tiver de ser inserido em outra posição, então se verifica se a posição é menor do que a quantidade de nós existentes na lista, o que é feito com o auxílio da função ContarNos, construída anteriormente. Se isso for verdadeiro, utiliza-se uma estrutura de repetição (Enquanto) para encontrar o nó atual que ocupa a posição, e depois, faz-se um deslocamento dos ponteiros, para o que é utilizada uma variável que armazena temporariamente os valores do nó. Esse descolamento é feito nas linhas 21 e 22.

Por último, é verificado se o nó deve ser o último da lista, isto é, se a posição desejada é igual ao número de nós nas linhas 24 e 25.

Observação: foi convencionado que qualquer valor para posição superior à quantidade de nós será o último da lista.

Para implementar os algoritmos para criação e manipulação de listas de encadeamento simples em Java, é preciso pensar um pouco diferente: nos algoritmos, declaramos uma variável do tipo registro, a qual conterá os elementos da lista (nós), declaramos uma variável que será utilizada para referenciar os elementos (apontador) e, então, declaramos a lista. Em Java, isso pode ser muito mais simples: basta criarmos uma classe que representará o nó, que deve conter a área de dados – no caso do exemplo, a variável do tipo inteiro – e a variável que referenciará o próximo elemento – no caso do exemplo, representada pelo prox.

EXEMPLO 10.4 – Classe que cria a estrutura de um nó simples.

```
1.    class IntNoSimples{
2.        int valor;
3.        IntNoSimples prox;
4.
5.        IntNoSimples(int ValorNo){
6.            valor = ValorNo;
7.            prox = null;
8.        }
9.    }
```

A classe IntNoSimples possui a declaração de duas variáveis: valor, que é do tipo inteiro, e prox, que é do tipo IntNoSimples. Observe que essa variável recebe o mesmo nome da classe; isso é necessário porque a variável prox; é o campo que faz referência ao próximo elemento da lista. Como em Java não são aceitos ponteiros, essa variável deve referenciar o próprio elemento, portanto deve possuir a mesma estrutura do nó.

> Os programas escritos em Java podem ser reutilizados, então a classe IntNoSimples poderá ser utilizada por vários programas que façam uso da estrutura de um nó com encadeamento simples.

Essa classe também possui um método construtor chamado IntNoSimples (linha 5), que recebe como parâmetro um valor para a variável ValorNo. Nesse caso, utiliza-se a passagem de parâmetro por valor, pois isso garante que o valor original da variável será preservado.

Na linha 7, a variável prox recebe nulo; isso acontece porque quando um novo elemento é inserido na lista ele pode vir a ser o último elemento e, desse modo, não possui próximo elemento. Veja na ilustração abaixo:

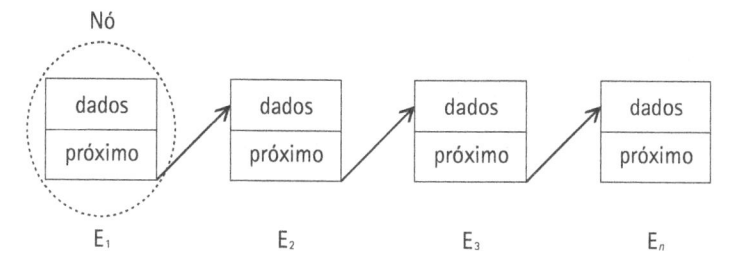

FIGURA 10.9 Inserção de um nó no início da lista (simples).

EXEMPLO 10.5 — A classe ListaSimples105 cria a estrutura de uma lista, cujos nós terão a estrutura definida pela classe IntNoSimples. Neste exemplo, os nós são inseridos sempre no final da lista.

```
1.     class ListaSimples105{
2.         IntNoSimples primeiro, ultimo;
3.         int numero_nos;
4.
5.         ListaSimples105 (){
6.             primeiro = ultimo = null;
7.             numero_nos = 0;
8.         }
9.
10.        void insereNo_fim (IntNoSimples novoNo){
11.            novoNo.prox = null;
12.            if (primeiro == null)
13.                primeiro = novoNo;
14.
15.            if (ultimo != null)
16.                ultimo.prox = novoNo;
```

```
17.            ultimo = novoNo;
18.            numero_nos++;
19.       }
20.  }
```

Na linha 2, as variáveis `primeiro` e `ultimo`, que representaram, respectivamente, o primeiro e o último elemento da lista, são definidas como do tipo `IntNoSimples`.

O construtor `ListaSimples105( )`, na linha 5, constrói uma lista vazia. Na linha 10, o método `insereNo_fim` recebe como parâmetro a variável `novoNo`, que é do tipo `IntNoSimples`; se esse for o primeiro elemento da lista, então a variável primeiro receberá o valor do `novoNo`; se já houver outros elementos, ele será acrescentado no final da lista.

> O método construtor sempre leva o nome da classe.

O programa `Exemplo106` acrescenta valores à lista. Na linha 3, é criado o objeto `Slist`, que é do tipo `ListaSimples105`. Nas linhas seguintes, o método `insereNo_fim` é utilizado para inserir os valores na lista. Observe que o valor do nó é passado como parâmetro para o método `IntNoSimples` e ficará armazenado na variável `ValorNo`.

EXEMPLO 10.6 – Programa em Java para utilizar a lista simples exemplificada no programa `ListaSimples105`.

```
1.   class Exemplo106{
2.      public static void main(String[] args){
3.         ListaSimples101 Slist = new ListaSimples101 ();
4.         Slist.insereNo_fim (new IntNoSimples (1));
5.         Slist.insereNo_fim (new IntNoSimples (3));
6.         Slist.insereNo_fim (new IntNoSimples (5));
7.         Slist.insereNo_fim (new IntNoSimples (7));
8.      }
9.  }
```

No Exemplo 10.6, os valores são inseridos na lista sem o auxílio do usuário. Já no Exemplo 10.7 é o usuário quem digita os valores a serem inseridos na lista.

EXEMPLO 10.7 – Programa completo para implementação de uma lista de encadeamento simples na qual são acrescentados os métodos para manipulação da lista: `buscaNo`, `insereNo_inicio`, `insereNo_fim`, `insereNo_posicao`, `ContarNos` e `exibeLista`. Confira no programa.

```
1.   import javax.swing.JOptionPane;
2.   class Exemplo107 {
3.              IntNoSimples primeiro, ultimo;
4.              int numero_nos;
5.         ListaSimples107(){
6.                   primeiro = ultimo = null;
```

```
7.          }
8.      void insereNo_fim (IntNoSimples novoNo){
9.          novoNo.prox = null;
10.         if (primeiro == null)
11.             primeiro = novoNo;
12.         if (ultimo != null)
13.             ultimo.prox = novoNo;
14.             ultimo = novoNo;
15.     }
16.     void insereNo_inicio (IntNoSimples novoNo){
17.        if (primeiro != null)
18.           novoNo.prox = primeiro;
19.        Else
20.             {if (primeiro == null)
21.                primeiro = novoNo;
22.                ultimo = novoNo;
23.             }
24.     }
25.     int ContarNos(){
26.             int tamanho = 0;
27.             IntNoSimples temp_no = primeiro;
28.             while (temp_no != null)
29.                {tamanho++;
30.                 temp_no = temp_no.prox;
31.                }
32.     return tamanho;
33.      }
34.      void insereNo_posicao(IntNoSimples novoNo, int posicao){
35.         IntNoSimples temp_no = primeiro;
36.                 int numero_nos = ContarNos();
37.                 int pos_aux;
38.                 if(posicao == 0)
39.                    {novoNo.prox = primeiro;
40.                     if(primeiro == ultimo)
41.                       {ultimo = novoNo;}
42.                       primeiro = novoNo;}
43.                    Else
44.                      {if (posicao <= numero_nos)
45.                         {pos_aux = 1;
46.                          while(temp_no != null && posicao > pos_aux)
47.                             {temp_no = temp_no.prox;
48.                              pos_aux ++;
49.                             }
50.                           novoNo.prox = temp_no.prox;
51.                           temp_no.prox = novoNo;
52.                          }
53.                         Else
```

```
54.                         {if(posicao > numero_nos)
55.                             {ultimo.prox = novoNo;
56.                              ultimo = novoNo;
57.                             }
                            }
                        }
                    }
58.         IntNoSimples buscaNo (int buscaValor){
59.             int i = 0;
60.             IntNoSimples temp_no = primeiro;
61.             while (temp_no != null)
62.                 {if (temp_no.valor == buscaValor)
63.                     {JOptionPane.showMessageDialog(null, "No
                        " + temp_no.valor + " posição " + i);
64.                     return temp_no;
65.                     }
66.                 i++;
67.                 temp_no = temp_no.prox;
68.                 }
69.             return null;
70.         }
71.         void excluiNo (int valor){
72.             IntNoSimples temp_no = primeiro;
73.             while (temp_no != null && temp_no.valor != valor)
74.                 temp_no = temp_no.prox;
75.
76.                 temp_no.prox = temp_no.prox.prox;
77.                 if (ultimo == temp_no.prox)
78.                     ultimo = temp_no;
79.         }
80.         void exibeLista(){
81.             IntNoSimples temp_no = primeiro;
82.             int i = 0;
83.             while (temp_no != null)
84.                 {System.out.println("Valor" + temp_
                    no.valor + " posição " + i);
85.                 temp_no = temp_no.prox;
86.                 i++;
87.                 }
88.         }
        }
```

Vamos compreender o funcionamento dos métodos do Exemplo 10.7:

» `insereNo_fim (IntNoSimples novoNo)` — esse método deve receber como parâmetro o valor que será incluído no final da lista; nesse caso, esse valor é representado pela variável `novoNo` do tipo `IntNoSim-ples` (linha 8). O valor de `prox` do `novoNo` deve ser nulo, e, se a lista estiver vazia, o primeiro elemento receberá o `novoNo`. Se o último elemento for diferente de nulo, o `prox` (apontador) do último nó deverá fazer referência ao `novoNo`, e então o valor do `novoNo` deverá ser armazenado na variável `ultimo`.

O método `insereNo_fim` não retorna nenhum valor, por isso é do tipo `void`.

» `insereNo_inicio (IntNoSimples novoNo)` — esse método deve receber como parâmetro o valor que será incluído no início da lista; nesse caso, esse valor é representado pela variável `novoNo` do tipo `IntNoSimples` (linha 16). Deve-se verificar se já existe algum nó na lista, isto é, se a variável que representa o primeiro nó contém valores; se isso for verdadeiro, o `prox` do `novoNo` deverá fazer referência ao primeiro nó (linha 18) e armazenar o valor do `novoNo` na variável `primeiro`; caso contrário, deverá ser verificado se o primeiro é nulo, isto é, se a lista está vazia, pois se estiver, as variáveis `primeiro` e `ultimo` receberão o valor do `novoNo`.

O método `inserNo_inicio` não retorna nenhum valor, por isso é do tipo `void`.

> Quando a lista está vazia ou contém apenas um nó, o valor das variáveis que representam o primeiro e o último nós são iguais.

» `ContarNos()` — esse método não recebe nenhum parâmetro, mas deve retornar um valor do tipo `inteiro` (linha 26). É utilizado para verificar a quantidade de nós que a lista contém.

» `insereNo_posicao(IntNoSimples novoNo, int posicao)` — esse método recebe dois parâmetros, um para `novoNo` do tipo `IntNoSimples` e outro para `posicao`, que é do tipo `inteiro`. A variável `posicao` representa a posição em que o nó deverá ser inserido no conjunto. Para determiná-la, devemos verificar a quantidade de nós da lista com o método `ContarNos()` e, se ela não for a primeira posição da lista, varre-se a lista à procura da posição desejada (linha 46). Para isso, utiliza-se um nó auxiliar chamado `temp_no`. Cada vez que um nó é lido, deve-se indicar a leitura do próximo, então `temp_no` deverá receber o valor de `temp_no.prox` (linha 47), que traz a referência ao próximo nó e, conseqüentemente, o seu valor.

No caso de a posição desejada ser maior do que o número de nós, o `novoNo` será inserido como último nó da lista (linha 54).

Em todos os casos, deve-se fazer o posicionamento do `novoNo` no conjunto, e para isso, devem-se alterar as referências. Veja como exemplo `novoNo.prox = temp_no.prox; temp_no.prox = novoNo` (linhas 50 e 51).

A Figura 10.10 ilustra a inserção de um novo nó na lista simples do Exemplo 10.6. O objetivo é inserir o nó com valor 2 na posição 1 da lista. O comando para isso é `insereNo_posicao(2,1)`.

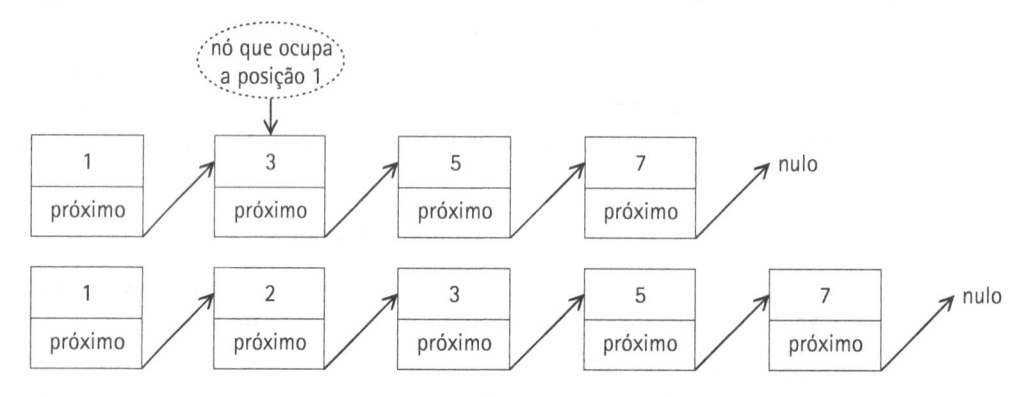

FIGURA 10.10 Inserção de um nó em uma posição específica na lista (simples).

Quando o nó que ocupa a posição desejada (1) for encontrado, o laço de repetição será encerrado (linhas 46 a 49), então o valor armazenado em `temp_no` será o valor do nó que ocupa a posição anterior à desejada, e o `temp_no.prox` conterá a referência ao nó que está na posição desejada. Após o encerramento do teste de repetição, alteram-se as referências dos nós para que o `novoNo` possa ser inserido:

» `novoNo.prox = temp_no.prox` — em nosso exemplo, temos: `novoNo.prox = a` referência para o nó com valor 3;
» `temp_no.prox = novoNo` – com isso, o nó de valor 1 (que ocupa a posição 0) fará referência para o `novoNo`, e este fará referência para o nó com valor 3.
» `buscaNo (int buscaValor)` — esse método recebe como parâmetro um valor inteiro para a variável `buscaValor`. Novamente foi utilizado a variável `temp_no` para auxiliar na localização do nó; para isso, faz-se a varredura de todos os nós da lista por meio de uma estrutura de repetição (linha 58) que compara `temp_no.valor` com a `buscaValor` e, quando encontra o nó, retorna o `temp_no`, caso contrário, retorna nulo.
» `excluiNo (int valor)` — esse método recebe como parâmetro um valor `inteiro` para a variável `valor`, que será o valor do nó a ser excluído. Nesse caso, também utiliza-se o `temp_no` e uma estrutura de repetição para percorrer a lista enquanto o valor não for igual ao `temp_no.valor` ou enquanto o `temp_no.prox` não for nulo. Quando o nó é encontrado, em que é necessário que se deixe de fazer referência a ele, o que é feito na linha 76, em que o `temp_no.prox` recebe o valor do próximo elemento do próximo. O método `excluiNo` não retorna valores.
» `exibeLista()` — esse método não recebe parâmetros e também não retorna valores. Ele exibe os nós da lista e, para isso, é utilizada a estrutura de repetição, a qual repetirá o bloco para exibir o nó enquanto não for encontrado nenhum nó nulo.

EXEMPLO 10.8 – O programa a seguir faz a leitura de 10 valores em um vetor e apresenta o valor da média aritmética desses valores.

```java
1.      import javax.swing.JOptionPane;
2.      class Exemplo108 {
3.           static ListaSimples108 Slist = new
        ListaSimples108();
4.        int i = 0;
5.        IntNoSimples temp_no;
6.        int valor;
7.
8.        public static void main(String args[]){
9.        int opcao = 1, valor, posicao;
10.       while (opcao != 7) {
11.       opcao = Integer.parseInt (JOptionPane.
          showInputDialog(null, "Escolha uma Opçao \n" + "1-Inserir
          Nó no início \n" + "2-Inserir Nó no fim \n" + "3-Inserir
          Nó em uma posição\n" + "4-Localizar Nó \n" + "5-Excluir
          Nó \n" + "6-Exibir lista \n" + "7-Sair"));
12.       switch (opcao) {
13.       case 1 :
14.          valor = Integer.parseInt (JOptionPane.
          showInputDialog(null, "Inserir um Nó no início da lista
          \n" + "Digite um valor"));
15.          Slist.insereNo_inicio(new IntNoSimples(valor));
16.          break;
17.       case 2 :
18.          valor = Integer.parseInt (JOptionPane.
          showInputDialog(null, "Inserir um Nó no final da lista \n"
          + "Digite um valor"));
19.          Slist.insereNo_fim(new IntNoSimples(valor));
20.          break;
21.       case 3 :
22.          valor = Integer.parseInt (JOptionPane.
          showInputDialog(null, "Inserir um Nó em uma posição \n" +
          "Digite um valor"));
23.           posicao = Integer.parseInt (JOptionPane.
          showInputDialog(null, "Digite a posição"));
24.          Slist.insereNo_posicao(new
          IntNoSimples(valor),posicao);
25.          break;
26.       case 4:
27.          valor = Integer.parseInt (JOptionPane.
          showInputDialog(null, "Localiza um valor \n" + "Digite um
          valor"));
28.          Slist.buscaNo(valor);
29.          break;
30.       case 5:
```

```
31.                valor = Integer.parseInt (JOptionPane.
        showInputDialog(null, "Exlui um nó da lista \n" + "Digite
        um valor"));
32.                Slist.excluiNo(valor);
33.            break;
34.        case 6:
35.            JOptionPane.showMessageDialog(null,"Exibe a lista");
36.                Slist.exibeLista();
37.            break;
38.        default : JOptionPane.showMessageDialog(null,"Sair");
39.                }
40.            }
41.        }
42.    }
```

10.3 LISTAS DUPLAMENTE ENCADEADAS

Quando se percorre uma lista de encadeamento simples é bastante difícil fazer o caminho inverso. Nas listas de encadeamento duplo esse problema não existe, pois cada nó possui uma referência para o próximo elemento da lista e outra para o anterior.

A construção de uma lista duplamente encadeada é bastante similar à construção de listas simples, bastando acrescentar ao nó uma variável para fazer a referência ao elemento anterior, da mesma maneira que é feito com o próximo. Veja na linha 6 do Exemplo 10.9.

EXEMPLO 10.9 – Pseudocódigo para representar uma lista duplamente encadeada.

```
1.      Algoritmo ExemploListaDupla
2.      Tipo apontador: ^NoDuplo
3.         NoDuplo = registro
4.                    valor: inteiro
5.                    prox: apontador
6.                    ant: apontador
7.               fim
8.         ListaDupla = registro
9.                     primeiro: apontador
10.                    ultimo: apontador
11.                    numero_nos: inteiro
12.              fim
13.     Início
14.         ListaDupla.numero_nos ← 0
15.         ListaDupla.primeiro ← nulo
16.         ListaDupla.ultimo ← nulo
```

Para escrevermos algoritmos de manipulação de lista duplamente encadeada podemos seguir o mesmo raciocínio adotado para o entendimento da lista de encadeamento simples, mas devemos lembrar que o nó anterior também precisa ser referenciado a cada manipulação.

No algoritmo a seguir, que é continuação do algoritmo `ExemploListaDupla`, demonstraremos os procedimentos para inserir um nó no final da lista e para excluir um nó de acordo com a sua posição.

Nessa solução para exclusão de nó, é necessário descobrir qual é o nó que ocupa a posição desejada para a exclusão; para isso, utilizaremos a função `pegarNo()`. Essa função recebe como parâmetro o índice do nó a ser excluído e retorna o próprio nó.

```
17.     Procedimento InsereNo_fim(var novoNo: NoDuplo)
18.     inicio
19.        NovoNo^.prox  ← nulo
20.        NovoNo^.ant   ← ultimo
21.        if(ListaDupla.primeiro = nulo)
22.           ListaDupla.primeiro ← novoNo
23.        fim-se
24.        if(ListaDupla.ultimo < > nulo)
25.           ListaDupla.ultimo^.prox ← novoNo
26.        fim-se
27.        ListaDupla.ultimo ← novoNo
28.     ListaDupla.numero_nos ← ListaDupla.numero_nos + 1
29.     fim
30.     Procedimento pegarNo(var indice: inteiro): NoDuplo
31.        var
32.           temp_no: NoDuplo
33.           i: inteiro
34.     inicio
35.        temp_no ← ListaDupla.primeiro
36.        Enquanto (temp_no < > nulo && i < = indice)
37.           temp_no ← temp_no^.prox
38.           i ← i + 1
39.        fim_enquanto
40.        Return temp_no
41.     fim
42.     Procedimento InsereNo_posicao(novoNo: NoDuplo, indice: inteiro)
43.        var
44.           temp_no: NoDuplo
45.        inicio
46.           temp_no ← pegarNo(indice)
47.           novoNo^.prox ← temp_no
48.           Se (temp_no^.prox < > nulo) então
49.              novoNo^.ant ← temp_no^.ant
50.              novoNo^.prox^.ant ← novoNo
51.           Senão
52.              novoNo^.ant ← novoNo
53.              ListaDupla.ultimo ← novoNo
54.           fim-se
```

```
55.        Se (indice = 0) então
56.            ListaDupla.primeiro  ← novoNo
57.        Senão
58.            novoNo^ant^.prox  ← novoNo
59.        fim-se
60.        ListaDupla.numero_nos  ← ListaDupla.numero_nos + 1
61.    fim
62.    Procedimento excluiNo(indice: inteiro)
63.    var
64.        temp_no: NoDuplo
65.    inicio
66.        Se (indice = 0) então
67.          ListaDupla.primeiro  ← ListaDupla.primeiro^.prox
68.            Se (ListaDupla.primeiro < > nulo) então
69.                ListaDupla.primeiro^.ant  ← nulo
70.            fim-se
71.        Senão
72.          Se (temp_no < > ultimo) então
73.              temp_no  ← pegarNo(indice)
74.              temp_no^.ant^.prox  ← temp_no^.ant
75.          Senão
76.              ListaDupla.ultimo  ← temp_no
77.          fim-se
78.        fim-se
79.        ListaDupla.numero_nos  ← ListaDupla.numero_nos - 1
80.    fim
81.  fim.
```

A seguir será apresentada a implementação da lista duplamente encadeada em Java. Observe que na classe IntNoDuplo, é criada a estrutura do nó, assim como fizemos para a lista simples, apenas acrescentamos o campo de referência ant que fará referência ao nó anterior.

EXEMPLO 10.10 – O programa a seguir faz a leitura de 10 valores em um vetor e apresenta o valor da média aritmética desses valores.

```
1.   class IntNoDuplo{
2.       int valor;
3.       IntNoDuplo prox;
4.       IntNoDuplo ant;
5.
6.       IntNoDuplo (int ValorNo){
7.           valor = ValorNo;
8.           prox = ant = null;
9.       }
10. }
```

EXEMPLO 10.11 – Implementação em Java dos métodos utilizados no algoritmo Exemplo-ListaDupla.

```
1.      class ListaDupla{
2.          IntNoDuplo primeiro, ultimo;
3.          int numero_nos;
4.
5.          ListaDupla(){
6.              primeiro = ultimo = null;
7.              numero_nos = 0;
8.          }
9.
10.         void insereNo (IntNoDuplo novoNo){
11.             novoNo.prox = null;
12.             novoNo.ant = ultimo;
13.             if (primeiro == null)
14.                 primeiro = novoNo;
15.             if (ultimo != null)
16.                 ultimo.prox = novoNo;
17.             ultimo = novoNo;
18.             numero_nos++;
19.         }
20.         IntNoDuplo pegarNo (int indice){
21.             IntNoDuplo temp_no = primeiro;
22.             for (int i = 0; (i < indice) && (temp_no != null); i++)
23.                 temp_no = temp_no.prox;
24.             return temp_no;
25.         }
26.         void incluiNo (IntNoDuplo novoNo, int indice){
27.             IntNoDuplo temp_no = pegarNo (indice);
28.             novoNo.prox = temp_no;
29.             if (novoNo.prox != null){
30.                 novoNo.ant = temp_no.ant;
31.                 novoNo.prox.ant = novoNo;
32.             } else {
33.                 novoNo.ant = ultimo;
34.                 ultimo = novoNo;
35.             }
36.             if (indice == 0)
37.                 primeiro = novoNo;
38.             else
39.                 novoNo.ant.prox = novoNo;
40.             numero_nos++;
41.         }
42.         void excluiNo (int indice){
43.             if (indice == 0){
44.                 primeiro = primeiro.prox;
```

```
45.              if (primeiro != null)
46.                  primeiro.ant = null;
47.          }else{
48.              IntNoDuplo temp_no = pegarNo (indice);
49.              temp_no.ant.prox = temp_no.prox;
50.              if (temp_no != ultimo){
51.                  temp_no.prox.ant = temp_no.ant;
52.              }else{
53.                  ultimo = temp_no;
54.              }
55.          }
56.          numero_nos--;
57.      }
58.}
```

EXEMPLO 10.12 — Este programa utiliza as classes criadas no Exemplo 10.11.

```
1.   class Exemplo1012{
2.       public static void main(String[] args){
3.           ListaDupla1012 Slist = new ListaDupla1012 ();
4.           Slist.insereNo (new IntNoDuplo (1));
5.           Slist.insereNo (new IntNoDuplo (3));
6.           Slist.insereNo (new IntNoDuplo (5));
7.           Slist.insereNo (new IntNoDuplo (7));
8.           IntNoDuplo temp_no = Slist.primeiro;
9.           while (temp_no != null){
10.              System.out.println (temp_no.valor);
11.              temp_no = temp_no.prox;
12.          }
13.          Slist.incluiNo (new IntNoDuplo (2), 1);
14.          System.out.println ("Apos incluir o no 2...");
15.          temp_no = Slist.primeiro;
16.          while (temp_no != null){
17.              System.out.println (temp_no.valor);
18.              temp_no = temp_no.prox;
19.          }
20.          Slist.excluiNo (2);
21.          System.out.println ("Apos excluir o no 3...");
22.          temp_no = Slist.primeiro;
23.          while (temp_no != null){
24.              System.out.println (temp_no.valor);
25.              temp_no = temp_no.prox;
26.          }
27.      }
28.  }
```

10.4 FILAS

Quem nunca ficou em uma fila? Fila para comprar ingressos para shows, fila para sacar dinheiro no banco e, às vezes, até para comprar o pãozinho para o café-da-manhã. O conceito de uma fila em programação é o mesmo dessas filas, nas quais esperamos para ser atendidos em ordem: o primeiro elemento a entrar na fila será o primeiro elemento a sair. Esse conceito é conhecido como *first in, first out* ou FIFO, expressão conhecida em português como PEPS ou "primeiro que entra, primeiro que sai". Então, no conceito de fila, os elementos são atendidos, ou utilizados, seqüencialmente, na ordem em que são armazenados.

As filas (*queues*) são conjuntos de elementos (ou listas) cujas operações de inserção são feitas por uma extremidade, e as de remoção, por outra.

Como exemplo, pode-se implementar uma fila de impressão, na qual os arquivos que devem ser impressos são organizados em uma lista e serão impressos na ordem de chegada, à medida que a impressora estiver disponível.

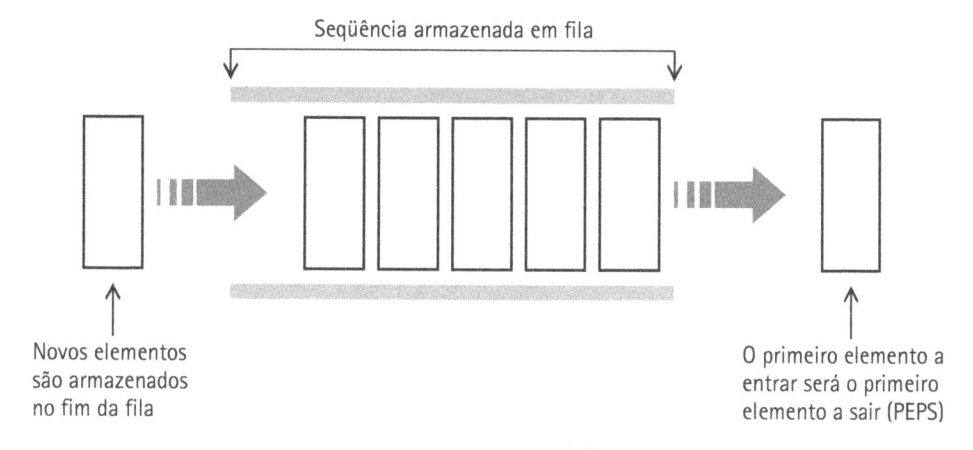

FIGURA 10.11 Conceito de fila.

Conforme comentado na introdução de listas, a implementação das listas, filas, pilhas e árvores pode ser feita por meio de arranjos ou de ponteiros. Primeiramente, fizemos as implementações utilizando ponteiros (referências). Agora, exemplificaremos a implementação de filas e pilhas por meio de arranjos, uma vez que o exemplo pode ser facilmente adaptado para o uso de ponteiros (referências).

> Para implementarmos a fila por meio de arranjos, utilizaremos um vetor como contêiner para o armazenamento dos elementos.

Para definir a estrutura de uma fila implementada por arranjo é necessário construir um registro que contenha as informações da fila, como o início, o final e o contêiner de elementos, que é um vetor; neste caso cada um dos elementos da fila será representado por uma posição no vetor. Veja a estrutura:

EXEMPLO 10.13 – Pseudocódigo que representa uma fila implementada com arranjo.

```
1.     Algoritmo Fila
2.     var
3.        Tipo fila_reg = registro
4.                       inicio: inteiro
5.                       fim: inteiro
6.                       elemento: vetor [1..50] de inteiro
7.                   fim
8.        total: inteiro
9.        fila: fila_reg
10.    início
11.       fila.inicio ← 0
12.       fila.fim ← 0
13.       total ← 0
14.    Função vazia( ): lógica
15.       inicio
16.          Se(total = 0) então
17.             return .v.
18.          Senão
19.             return .f.
20.          fim-se
21.       fim
22.    Função cheia( ): lógica
23.       inicio
24.          Se(total >= 50) então
25.             return .v.
26.          Senão
27.             return .f.
28.          fim-se
29.       fim
30.    Procedimento enfileirar(elem: inteiro)
31.       inicio
32.          Se (cheia( ) = .f.) então
33.             fila.elemento[inicio] ← elem
34.             fila.fim ← fila.fim + 1
35.             total ← total + 1
36.             Se (fila.fim >= 50) então
37.                fila.fim = 0
38.             fim-se
```

```
39.            Senão
40.                Mostre("Fila cheia!")
41.            fim-se
42.        fim
43.    Funcao desenfileirar( ): literal
44.        var
45.            elem: literal
46.        inicio
47.            Se (vazia( ) = .f.) então
48.                elem ← fila.elemento[inicio]
49.                fila.inicio ← fila.inicio + 1
50.                Se (fila.inicio > = tamanho) então
51.                    fila.inicio ← 0
52.                fim-se
53.                total ← total - 1
54.            Senão
55.                elem ← "Fila vazia"
56.             fim-se
57.             retorne elem
58.        fim
59.
60.    Procedimento exibeFila( )
61.        var
62.            i: inteiro
63.        inicio
64.            Para(i ← 0 até total) faça
65.                Mostre("Posição ", i, " valor ", elemento[i])
66.            fim-para
67.        fim
68.    fim.
```

Observe no Exemplo 10.13 que a variável elemento, na linha 6, é do tipo vetor e comporta 50 números inteiros. Essa característica é um limitador para trabalharmos com arranjos, pois poderemos inserir apenas 50 valores. Por isso, antes de inserir um novo elemento, isto é, enfileirar um novo elemento, é necessário verificar se a fila já está cheia, para o que utilizamos a função cheia(). Para enfileirar os elementos, foi criado o procedimento enfileirar(elem: inteiro), que recebe como parâmetro um valor inteiro, e se a fila não estiver cheia, insere-o no final da fila.

Os elementos também podem ser retirados da fila, isto é, desenfileirados. Para isso, foi criada a função desenfileirar ( ), na linha 43, mas antes de desenfileirar um elemento é necessário checar se a fila não está vazia, o que é realizado com a função vazia() (linha 14). Se a fila não estiver vazia, o primeiro elemento é excluído.

Por último, para a apresentação dos elementos da fila temos o procedimento `exibeFila( )`, na linha 60, que percorre a fila apresentando do primeiro elemento até o último.

> Para implementar uma fila com o uso de ponteiros, no caso da linguagem Java referência (alocação dinâmica), basta utilizar a estrutura de nó (conforme exemplificado nas seções 10.2 e 10.3 e fazer as manipulações de acordo com o conceito PEPS.

A seguir será apresentado o programa escrito em Java para representar o algoritmo do Exemplo 10.13, e em seguida, os procedimentos e as funções utilizados são explicados com mais detalhes.

```
1.      class Fila{
2.          int tamanho;
3.          int inicio;
4.          int fim;
5.          int total;
6.          int vetor[];
7.          Fila(int tam) {
8.              inicio = 0;
9.              fim = 0;
10.             total = 0;
11.             tamanho = tam;
12.             vetor = new int [tam];
13.         }
14.         public boolean vazia () {
15.             if (total == 0)
16.                return true;
17.             Else
18.                return false;
19.         }
20.         public boolean cheia () {
21.             if (total >= tamanho)
22.                return true;
23.             Else
24.                return false;
25.         }
26.         public void enfileirar(int elem) {
27.             if (!cheia())
28.             { vetor[fim] = elem;
29.                fim++;
30.                total++;
31.                if (fim >= tamanho)
32.                    fim = 0;
33.             }
34.             Else
35.                System.out.println("Fila Cheia");
36.         }
37.
```

```
38.            public String desenfileirar(){
39.         String elem ;
40.            {if (vazia() == false)
41.              {elem = String.valueOf(vetor[inicio]);
42.               inicio++;
43.               if (inicio >= tamanho)
44.                  inicio = 0;
45.               total --;
46.              }else
47.                 elem = "Fila vazia";
48.             }
49.          return elem;
50.    }
51.      public void exibeFila(){
52.           for (int i = 0; i < total; i++)
53.              System.out.println("posicao " + i + " valor " + vetor[i]);
54.     }
55.  }
```

Para representarmos uma fila em Java criamos a classe Fila, que contém as variáveis para representar o tamanho, o início, o fim e o total de elementos da fila, além do vetor utilizado como contêiner para armazenamento dos elementos (linhas 1 a 6). O tamanho do vetor é passado como parâmetro para o método construtor da fila na linha 7 e as variáveis total, inicio e fim são inicializadas com valor 0 para criarmos uma fila vazia; a variável total é responsável por receber a quantidade total de elementos da fila.

A variável total é utilizada pela função (método) vazia(), criada na linha 14, e retornará .v. se o valor armazenado na variável total for igual a 0, isto é, se a fila estiver vazia. Com a função cheia(), na linha 20, verifica-se se o valor armazenado na variável total é maior ou igual ao tamanho do vetor; se o resultado for verdadeiro, retorna .v., o que significa que a fila está cheia.

Essas funções serão utilizadas nas chamadas aos métodos para enfileirar ou desenfileirar elementos. Elas são importantes para que seja verificado se essas operações serão ou não possíveis de ser realizadas.

enfileirar(int elem) (linha 26) – recebe como parâmetro um valor do tipo inteiro para a variável elem e não retorna nenhum valor, por isso é do tipo void. Na linha 27, é feita uma chamada ao método cheia() para verificar se é possível a inserção de um novo elemento na fila. A expressão !cheia() é similar a cheia()==false. O elemento deve ser inserido no final da fila, a fim de que seja respeitado o conceito PEPS, então o último elemento do vetor deverá ser o elemento que está sendo inserido: vetor[fim]=elem (linha 28). As variáveis fim e total devem ser incrementadas, então é verificado se a variável fim é maior ou igual a tamanho, para garantir que a fila contenha a quantidade de elementos comportados pelo vetor — esse recurso força a circularidade da fila. Veja o esquema a seguir:

Suponha que a fila tenha capacidade para cinco elementos do tipo `inteiro`:

posição	0	1	2	3	4
valor	45	7	9	32	1
organização	primeiro elemento				último elemento

FIGURA 10.12 Representação de uma fila.

Se retirarmos um elemento, o elemento a ser retirado será o que está em primeiro lugar na fila; no caso, ele ocupa a posição 0, e seu valor é 45. Com a retirada do elemento a fila ficará da seguinte maneira:

posição	1	2	3	4
valor	7	9	32	1
organização	primeiro elemento Início			último elemento Fim

FIGURA 10.13 Representação da fila após a remoção de um elemento.

O elemento que passou a ser o primeiro da fila ocupa a posição 1 no vetor, e o seu valor é 7. Observe que ainda cabe um elemento. Conforme os elementos são retirados da fila, o início dela deve ser incrementado, de maneira que o primeiro elemento do conjunto a entrar na fila seja sempre o primeiro a sair.

Quando o tamanho da fila (que determina o número de posições que o vetor pode conter) estiver completo, se existirem posições vazias, os elementos inseridos deverão ocupar as posições "desocupadas" que estão no início do vetor; por isso o fim da lista é zerado (linhas 31 e 32), sempre respeitando a ordem imposta por PEPS. Para isso, o início e o fim devem ser incrementados. Se um novo valor for inserido na fila, será armazenado na posição 0, que está na última posição da fila.

posição	1	2	3	4	0
valor	7	9	32	1	novo valor
organização	primeiro elemento Início			último elemento	Fim

FIGURA 10.14 Representação do fim da fila.

» `String desenfileirar()` — o método desenfileirar não recebe nenhum parâmetro, pois o elemento a ser excluído é o que está no início da fila. Esse método retorna o valor do elemento que está sendo excluído ou uma mensagem informando que a fila está vazia. Para isso, foi declarada a variável `elem`, que é do tipo `String`. Na linha 40, é feita uma chamada ao método `vazia()`, cujo resultado será testado. A instrução `vazia()==false` é similar a `!vazia()`, então, se a fila não estiver vazia, a variável `elem` recebe o valor do primeiro elemento do vetor. Esse elemento é do tipo inteiro. Como a variável elem foi declarada como String, faz-se a conversão de tipos com a operação String.*valueOf*(vetor[inicio]) na linha 41. Quando um elemento é excluído da fila, o total de elementos deve ser decrementado (linha 45). Note que, na linha 43, se inicio for maior ou igual a tamanho, o valor de inicio será zerado. Assim como fizemos com a variável fim no método enfileirar, devemos aqui também garantir a circularidade da fila. Se a fila estiver vazia, a variável elem receberá a mensagem "Fila vazia", por isso a variável elem foi declarada como String.

» exibeFila( ) — esse método (procedimento) não recebe nenhum parâmetro e também não retorna nada. É utilizado para exibir os elementos da fila, o que é feito com o uso da estrutura de repetição for, que repete o processo de exibição do valor do elemento e da posição que ele ocupa até que a variável de controle i atinja o valor do total de elementos.

> Se a fila estiver vazia, o procedimento exibeFila() não exibirá nada, entretanto o usuário ficará sem informação. Uma boa prática seria incluir uma chamada à função vazia(), e para o caso de retornar .v., apresentar uma mensagem ao usuário. Veja o exemplo a seguir:

```
public void exibeFila(){
        if vazia() == true
            System.out.println("Fila vazia");
     else
    for (int i = 0; i < total; i++)
        System.out.println("posicao " + i + " valor " + vetor[i]);
}
```

A classe usaFila possibilita que o usuário selecione a opção desejada para manipulação da fila e utiliza os métodos que implementamos na classe Fila.

```
1.      import javax.swing.JOptionPane;
2.      class usaFila {
3.         static Fila F = new Fila(50);
4.         int i = 0;
5.         int valor;
6.       public static void main(String args[]){
7.         int opcao = 1;
8.         while (opcao != 4) {
9.            opcao = Integer.parseInt (JOptionPane.showInputDialog(null, "Escolha uma Opção \n" + "1-Inserir um elemento na fila \n" + "2-Excluir elemento da fila \n" + "3-Exibir elementos da fila\n" + "4-Sair \n"));
10.           int valor;
11.           switch (opcao) {
12.             case 1 :
13.                valor = Integer.parseInt (JOptionPane.showInputDialog(null, "Enfileirar elemento \n" + "Digite um valor"));
```

```
14.                    F.enfileirar(valor);
15.                 break;
16.              case 2 :
17.                 JOptionPane.showMessageDialog(null,"Elemento
    excluído " +     F.desenfileirar());
18.                 break;
19.              case 3 :
20.                    F.exibeFila();
21.                 break;
22.              default : JOptionPane.
    showMessageDialog(null,"Sair");
23.              }
24.           }
25.        }
26.    }
```

10.5 PILHAS

As pilhas também são conhecidas como lista LIFO ou PEPS. Trata-se de uma lista linear em que todas as operações de inserção e remoção são feitas por um único extremo denominado topo. Um exemplo bastante comum em que se aplica o conceito de pilhas é o de uma pilha de pratos que estão guardados no armário: quando a pessoa utiliza um deles, pega sempre o prato que se encontra no topo da pilha, assim como, quando um novo prato for guardado, será colocado no topo. Isso acontece porque apenas uma das extremidades da pilha está acessível.

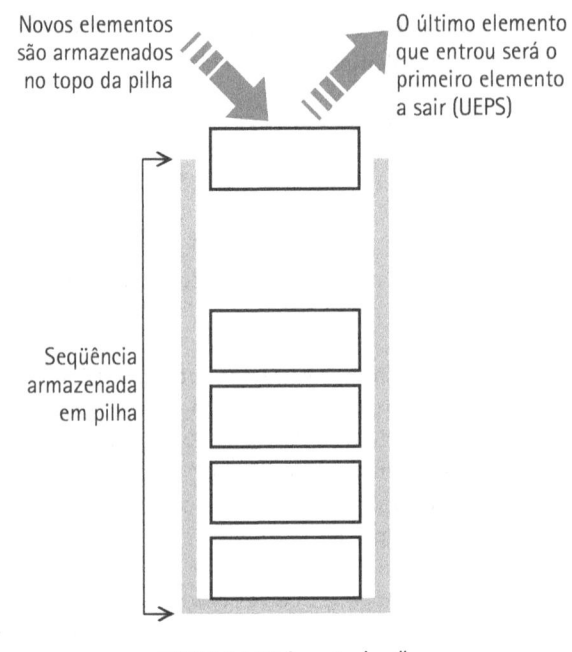

FIGURA 10.15 Conceito de pilha.

> A operação de inserção de um elemento na pilha é denominada empilhamento, e a operação de exclusão, desempilhamento.

EXEMPLO 10.14 – Pseudocódigo que representa uma pilha implementada com arranjo.

```
1.    Algoritmo Pilha
2.       var
3.          Tipo pilha_reg = registro
4.                              topo: inteiro
5.                              elemento: vetor[1..50] de
      inteiros
6.                           fim
7.          pilha: pilha_reg
8.    inicio
9.       pilha.topo  ← -1
10.      Função vazia( ): lógica
11.         início
12.            Se (pilha.topo = -1) então
13.               retorne .v.
14.            Senão
15.               retorne .f.
16.            fim-se
17.         fim
18.      Função cheia( ): lógica
19.         início
20.            Se (pilha.topo = 50) então
21.               retorne .v.
22.            Senão
23.               retorne .f.
24.            fim-se
25.         fim
26.      Procedimento empilhar(elem: inteiro)
27.         início
28.            Se (cheia( ) = .f.) então
29.               elemento.topo  ← elem
30.               pilha.topo  ← pilha.topo + 1
31.            Senão
32.               Mostre("Pilha Cheia!")
33.            fim-se
34.         fim
35.      Função desempilhar( ): literal
36.         var
37.            valorDesempilhado:literal
38.         início
39.            Se (vazia ( ) = .f.) então
40.               valorDesempilhado  ← "Pilha Vazia"
41.            Senão
```

```
42.            valorDesempilhado ← pilha.vetor[topo]
43.            pilha.topo ← pilha.topo - 1
44.         Fim-se
45.         retorne(valorDesempilhado)
46.      Fim
47.      Procedimento exibePilha( )
48.         var
49.            i:inteiro
50.         início
51.            Se vazia() = .v. então
52.               Mostre("Pilha vazia")
53.            Senão
54.               Para(i ← 0 até topo) faça
55.   Mostre("Elemento ", elemento[i], "  posição ", i)
56.               Fim-para
57.         fim
58.   fim.
```

A definição da estrutura da pilha é bastante similar à de uma fila. Na fila, temos o início, o fim e o vetor; na pilha, temos o topo e o vetor (linhas 3 a 7). Como na pilha as inserções e remoções são feitas por uma única extremidade, denominada topo, não é necessário que se conheça o elemento da outra extremidade; na fila isso se faz necessário, pois as inserções são feitas por uma extremidade (fim), e as remoções, por outra (início).

> Para implementar uma pilha com o uso de ponteiros ou no caso da linguagem Java referência (alocação dinâmica), basta utilizar a estrutura de nó (conforme exemplificado nas seções 10.2 e 10.3) e fazer as manipulações de acordo com o conceito PEPS.

A seguir apresentarmos o programa em Java para implementar uma pilha e, então, faremos os comentários sobre o código.

```
1.      class Pilha {
2.      int tamanho;
3.      int topo;
4.      Object vetor[];
5.      Pilha(int tam) {
6.        topo = -1;
7.        tamanho = tam;
8.        vetor = new Object[tam];
9.      }
10.   public boolean vazia (){
11.      if (topo == -1)
12.         return true;
13.      Else
14.   return false;
15.   }
16.   public boolean cheia (){
17.      if (topo == tamanho -1)
```

```
18.         return true;
19.      Else
20.       return false;
21.    }
22.    public void empilhar(Object elem){
23.       if (cheia( ) == false)
24.         { topo++;
25.            vetor[topo] = elem;
26.          }else
27.         System.out.println("Pilha Cheia");
28.    }
29.    public Object desempilhar(){
30.       Object valorDesempilhado;
31.       if (vazia( ) == true)
32.         valorDesempilhado = "Pilha Vazia";
33.    else{
34.              valorDesempilhado = vetor[topo];
35.          topo--;
36.    }
37.       return valorDesempilhado;
38.    }
39.    public void exibePilha(){
40.       if (vazia() == true)
41.    System.out.println("Pilha Vazia");
42.       else{
43.         for(int i = topo; i >= 0; i--)
44.            System.out.println("Elemento " + vetor[i] + " posicao " + i);
45.    }
46.     }
47.   }
```

No algoritmo, criamos um registro para representar a pilha; no programa em Java, devemos criar uma classe. Na definição do vetor, no algoritmo, determinamos o tamanho máximo de elementos aceitos: `elemento: vetor[1..50]` de inteiros. Na classe, fizemos algo diferente – utilizamos o tipo `Object`[1] (linha 4) na definição do vetor, e no método construtor da classe, o tamanho do vetor é passado como parâmetro: `vetor = new Object(tam)`.

Vamos discutir cada método apresentado no programa Fila:

» `boolean vazia()` – esse método ou função verifica se a pilha está vazia. Isso ocorre quando o valor da variável topo é igual a 0; se isso ocorrer, retornará .v., caso contrário, .f.

---

1 `Object` é uma superclasse do Java, da qual derivam os tipos primitivos nativos do Java, de modo que uma variável do tipo `Object` pode receber qualquer tipo de dado sem a necessidade da conversão de tipos. Os `Objects` são passados por referência.

» `boolean cheia()` – esse método ou função verifica se a pilha está cheia. Isso ocorre quando a pilha atinge a capacidade de elementos determinada por meio da variável `tamanho`.

> Para verificar se a pilha está cheia, realiza-se a operação if (`topo == tamanho -1`) (linha 17). É necessário subtrair 1 da variável tamanho porque o vetor comporta 50 elementos, mas o topo, que representa o índice do elemento no vetor, varia de 0 até 49.

Os métodos `vazia()` e `cheia()` são importantes para verificar se é possível realizar métodos `empilhar()` e `desempilhar()`.

» `empilhar(Object elem)` — (linha 20) recebe como parâmetro um valor do tipo `Object` para a variável `elem` e não retorna nenhum valor, por isso é do tipo `void`. Na linha 23, é feita uma chamada ao método `cheia()` para verificar se é possível a inserção de um novo elemento na pilha. O elemento deve ser inserido no topo da pilha, a fim de que o conceito PEPS seja respeitado, então o elemento do topo deverá ser o elemento que está sendo inserido: `vetor[topo]= elem` (linha 25), e a variável `topo` deve ser incrementada.

Veja o esquema a seguir. Suponha que a pilha tenha capacidade para cinco elementos, e vamos empilhar o elemento 45:

posição	valor
0	45	topo

FIGURA 10.16 Inserção de um elemento na pilha.

Se empilharmos um novo elemento, por exemplo, o número 7, a pilha ficará da seguinte maneira:

posição	valor
1	7	topo
0	45

FIGURA 10.17 Representação da pilha após a inserção de um novo elemento.

Se continuarmos empilhando novos elementos até que a pilha fique cheia, teremos:

posição	valor
4	1	topo
3	32
2	9
1	7
0	45

FIGURA 10.18 Representação da pilha completamente preenchida.

Observe que o último valor que foi inserido, o número 1, é o valor que ocupa o topo da pilha, ao passo que o primeiro valor inserido, o número 45, fica no final da pilha e, nesse caso, será o último elemento a ser retirado da pilha (desempilhado). Ao desempilhar o elemento do topo, o elemento seguinte passa a representar o topo; essa operação é realizada na linha 35: `topo --;`.

posição	valor	
4		
3	32	topo
2	9	
1	7	
0	45	

FIGURA 10.19 Representação da pilha após uma remoção.

> Na representação da Figura 10.19, deixamos de mencionar o número 1, que estava no topo, mas na verdade essa é uma operação lógica, e não física. A referência ao topo passa para o elemento seguinte; com isso, o valor que estava no topo deixa de ser referenciado na pilha, e o seu espaço poderá ser ocupado por outro valor.

» `Object desempilhar()` — o método desempilhar não recebe nenhum parâmetro, pois, por definição, o elemento a ser excluído é o que está no topo da pilha. Esse método retorna o elemento que está sendo excluído, que é do tipo `Object`, e para isso foi declarada a variável `valorDesempilhado`, na linha 30. Nesse caso, se não existir nenhum valor na fila, o retorno do método será a mensagem "Pilha vazia" (linha 32). Para realizar essa verificação, na linha 31 é realizada uma chamada ao método `vazia()`. Se a pilha não estiver vazia, a variável `valorDesempilhado` receberá o elemento do topo da pilha (linha 34) e a variável que representa o topo da pilha deverá ser decrementada, conforme ilustrado na Figura 10.19.

» `exibePilha()` — esse método não recebe nenhum parâmetro e também não retorna nada. É utilizado para exibir os elementos da pilha, o que é feito com o uso da estrutura de repetição `for`, que repete o processo de exibição do valor do elemento e da posição que ele ocupa até que a variável de controle `i` atinja o valor do total de elementos.

> Antes de realizar essa operação é necessário verificar se a pilha está vazia, o que ocorre na linha 41.

A classe `usaPilha` possibilita que o usuário selecione a opção desejada para manipulação da pilha e utiliza os métodos que implementamos na classe Pilha.

```
1.      import javax.swing.JOptionPane;
2.      class usaPilha {
3.        static Pilha P = new Pilha(5);
4.      int i = 0;
5.      static Object valor;
6.      public static void main(String args[]){
7.        int opcao = 1;
```

```
8.            while (opcao != 4) {
9.     opcao = Integer.parseInt (JOptionPane.showInputDialog(null,
       "Escolha uma Opção \n" + "1-Inserir um elemento na fila \n"
       + "2-Excluir elemento da fila \n" + "3-Exibir elementos da
       fila\n" + "4-Sair \n"));
10.          switch (opcao) {
11.             case 1 :
12.    valor = JOptionPane.showInputDialog(null, "Empilhar elemento
       \n" + "Digite um valor");
13.       P.empilhar(valor);
14.      break;
15.         case 2 :
16.    System.out.println("Elemento desempilhado " +
       P.desempilhar());
17.              break;
18.         case 3 :
19.           P.exibePilha();
20.           break;
21.       default: JOptionPane.showMessageDialog(null,"Sair");
22.         }
23.     }
24.    }
25.   }
```

10.6 ÁRVORES

Uma árvore é uma estrutura de dados bidimensional, não-linear, que possui propriedades especiais e admite muitas operações de conjuntos dinâmicos, tais como: pesquisa, inserção, remoção, entre outros. É diferente das listas e pilhas, uma vez que estas são estruturas de dados lineares. As árvores são muito úteis para implementação de algoritmos que necessitam de estruturas hierárquicas, como, por exemplo, os diretórios ou as pastas de arquivos de um computador (Figura 10.20).

FIGURA 10.20 Estrutura de pastas de arquivos de um computador.

Uma árvore, de modo geral, possui as seguintes características:

- » nó raiz — nó do topo da árvore, do qual descendem os demais nós. É o primeiro nó da árvore;
- » nó interior — nó do interior da árvore (que possui descendentes);
- » nó terminal — nó que não possui descendentes;
- » trajetória — número de nós que devem ser percorridos até o nó determinado;
- » grau do nó — número de nós descendentes do nó, ou seja, o número de subárvores de um nó;
- » grau da árvore — número máximo de subárvores de um nó;
- » altura da árvore — número máximo de níveis dos seus nós;
- » altura do nó — número máximo de níveis dos seus nós.

Para exemplificar a explicação sobre as características de uma árvore, segue uma análise da árvore apresentada na Figura 10.21.

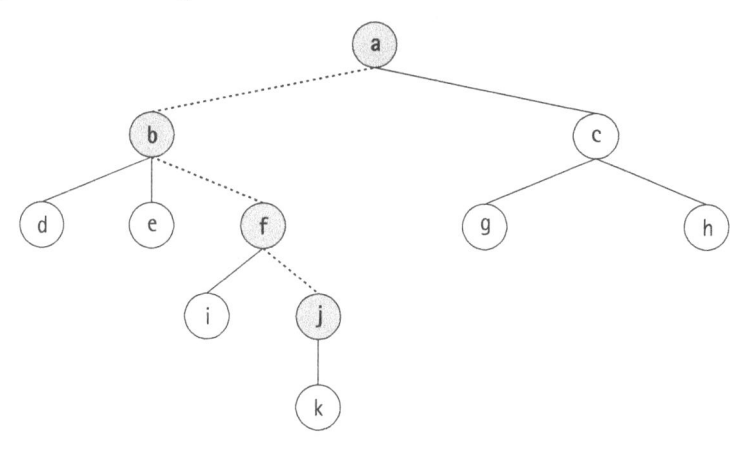

FIGURA 10.21 Árvores.

- » o nó **a** é denominado nó raiz; tem grau dois, pois possui dois filhos, os nós **b** e **c**, que também podem ser chamados de subárvores ou nós descendentes;
- » o nó **b** tem grau três, pois possui três filhos: os nós **d**, **e** e **f**; o nó b também é denominado pai dos nós **d**, **e** e **f**;
- » os nós **d** e **e** são nós terminais, isto é, não possuem descendentes, e por isso têm grau zero;
- » o nó **f** tem grau dois e tem como filhos os nós **i** e **j**;
- » o nó **i** é um nó terminal e possui grau zero;
- » o nó **j** tem grau um e é pai do nó **k**, que é terminal;
- » o nó **c** tem grau dois e é pai dos nós **g** e **h**, que são nós terminais;
- » a árvore possui grau três, pois este é o número máximo de nós descendentes de um único pai;
- » a árvore tem altura igual a 5, o nó **b** tem altura igual a 4, o nó **c** tem altura igual a 2, o nó **k** tem altura igual a 1, e assim por diante;

» para definirmos a trajetória a ser percorrida, vamos supor que se deseje chegar ao nó **j**; o caminho a ser percorrido, então, seria **a**, **b**, **f**, **j**, conforme ilustrado na Figura 10.21.

As árvores podem ser do tipo listas generalizadas ou binárias, entre outras. As árvores do tipo listas generalizadas possuem nós com grau maior ou igual a zero, enquanto uma árvore do tipo binária sempre possui nós com grau menor ou igual a 2. Veja os exemplos de árvores apresentados na Figura 10.22.

Neste livro, abordamos apenas as árvores binárias.

10.6.1 Árvores binárias

Uma árvore binária sempre possui nós com grau menor ou igual a 2, isto é, nenhum nó possui mais do que dois descendentes diretos (dois filhos). Nesse tipo de árvore também existe uma particularidade quanto à posição dos nós: os nós da direita sempre possuem valor superior ao do nó pai, e os nós da esquerda sempre possuem valor inferior ao do nó pai.

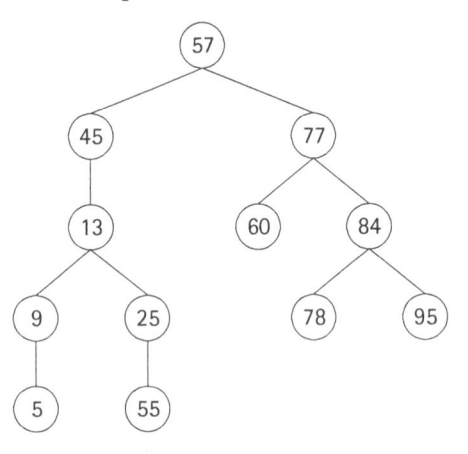

FIGURA 10.22 Árvore binária.

O algoritmo a seguir representa as variáveis que serão utilizadas para a manipulação da árvore — note que existe grande similaridade com os nós criados para manipulação das listas. O algoritmo tem a definição do registro `no_arvore`, que possui a variável `valor` e as variáveis `esq` e `dir`, as variáveis que são do tipo `apontador` e que serão utilizadas para fazer a referência aos nós localizados à direita e à esquerda (da raiz ou do nó pai). A variável `raiz` é responsável por armazenar o valor do nó raiz da árvore.

EXEMPLO 10.15 – Pseudocódigo que representa uma árvore binária.

```
1.    algoritmo BArvore
2.       tipo apontador: ^no_arvore
3.       tipo no_arvore = registro
4.                  valor: inteiro
```

```
5.                         esq: apontador
6.                         dir: apontador
7.                    fim
8.      var
9.         raiz: apontador
10.   Função inserir (arvore: no_arvore, novoNo: inteiro): no_
      arvore
11.      var
12.         apoio: no_arvore
13.      início
14.         Se (arvore = nulo) então
15.            apoio.valor ← novoNo
16.            retorne (apoio)
17.         Senão
18.            Se (novoNo < arvore.valor) então
19.               arvore^.esq ← inserir(arvore^.esq, novoNo)
20.            Senão
21.               arvore^.dir ← inserir(arvore^.dir, novoNo)
22.            Fim-se
23.         Fim-se
24.         retorne(arvore)
25.      Fim
26.
27.   Procedimento inserirNo (novoValor: inteiro)
28.      início
29.         raiz ← inserir(raiz, novoValor)
30.      fim
31.
32.   Procedimento exibir_esquerdo
33.      arv: no_arvore
34.      início
35.         arv ← raiz
36.         Se(arv <> nulo) então
37.            exibir_esquerdo(arv^.esq)
38.            mostre(arv^.valor)
39.      fim
40.
41.   Procedimento exibir_direito
42.      arv: no_arvore
43.      início
44.         arv ← raiz
45.         inicio
46.            Se(arv <> nulo) então
47.               exibir_direito(arv^.dir)
48.               mostre(arv^.valor)
49.      fim
50.
51.   Procedimento exibir_raiz( )
```

```
52.        início
53.            mostre("Raiz", raiz)
54.        fim
```

Os comentários serão feitos juntamente com os comentários do programa.

Para implementação de árvores binárias em Java, criaremos uma classe `BIntNo`, que implementará o nó da árvore. A cada novo nó inserido na árvore, uma instância da classe `BIntNo` será criada, ou seja, um novo objeto nó.

EXEMPLO 10.16 – Classe que representa o nó da árvore.

```
1.      class BIntNo{
2.          int valor;
3.          BIntNo esq, dir;
4.
5.          BIntNo (int novoValor){
6.              valor = novoValor;
7.          }
8.      }
```

No programa, assim como no algoritmo, podemos observar que o nó possui as variáveis `valor` do tipo `inteiro`, que guarda os elementos do nó, e as variáveis `esq` e `dir`, que são do tipo `BIntNo`. Na linha 5, temos o método construtor do objeto `BIntNo`, que recebe como parâmetro `novoValor`, que é o elemento do novo nó.

Da mesma forma que para o nó, criaremos uma classe para a árvore, que será instanciada toda vez que uma nova árvore for criada. Essa classe deve conter os métodos que possibilitam a inclusão e exclusão de novos nós, conforme será visto a seguir.

EXEMPLO 10.17 – Programa em Java que implementa uma árvore binária.

```
1.      class BArvore{
2.          private BIntNo Raiz;
3.          private BIntNo inserir (BIntNo arvore, int novoNo){
4.              if (arvore == null)
5.                  return new BIntNo (novoNo);
6.              else if (novoNo < arvore.valor)
7.                  arvore.esq = inserir (arvore.esq, novoNo);
8.              else
9.                  arvore.dir = inserir (arvore.dir, novoNo);
10.             return arvore;
11.         }
12.         public void inserirNo (int novoValor){
13.             Raiz = inserir (Raiz, novoValor);
14.         }
15.         private void exibir_esquerdo (BIntNo arv){
16.             if (arv != null){
```

```
17.              exibir_esquerdo (arv.esq);
18.              System.out.println (arv.valor);
19.       }}
20.       private void exibir_direito (BIntNo arv){
21.           if (arv != null){
22.              exibir_direito (arv.dir);
23.              System.out.println (arv.valor);
24.           }
25.       }
26.       public void exibir_raiz()
27.           {System.out.println("Raiz " + Raiz.valor);
28.       }
29.       public void exibirNo_esq (){
30.           exibir_esquerdo (Raiz);
31.       }
32.       public void exibirNo_dir (){
33.           exibir_direito (Raiz);
34.       }
```

A classe chamada `BArvore` possui como variável o nó `Raiz` do tipo `BIntNo`, o qual é um objeto que será instanciado toda vez que for inserido um novo nó na árvore. A classe `BArvore` possui os métodos `inserirNo` para criar um novo nó na árvore, e `exibirNo_dir` e `exibirNo_esq` para mostrar todos os nós existentes. Vejamos os métodos/procedimentos da árvore exemplo:

- » `inserirNo (int novoValor)` recebe como parâmetro um valor inteiro para a variável `novoValor`. Chama, então, o método `inserir`;
- » `inserir (BIntNo arvore, int novoNo)` recebe como parâmetro um valor para `arvore`, que é uma variável do tipo `BIntNo`, e `novoNo`, que é do tipo `inteiro`. Esse método percorre recursivamente a árvore partindo da raiz, buscando uma posição de referência nula para, então, inserir o novo elemento.

Se a árvore estiver vazia, o método `inserirNo` chama o método `inserir`, passando como parâmetros: `Raiz`, que é nulo, e o valor do elemento. O método `inserirNo` (linha 12) recebe os valores, atribuindo `Raiz` à `arvore` e o valor do elemento a `novoNo` (que são as variáveis recebidas como parâmetro no método `inserir`).

Quando é feita a verificação na linha 4, como `arvore` é nulo, o método retorna um novo nó, que passará a ser o nó raiz. Quando a árvore já possui mais de um elemento, o método `inserirNo` chama o método `inserir`, passando os parâmetros: `Raiz` e o valor do elemento. O método `inserir` verifica se o valor a ser inserido é maior ou menor que o nó (linhas 4 a 10). Sendo menor, será inserido à esquerda; caso contrário, à direita. A recursividade é acionada nas linhas 7 (para nós à esquerda) e 9 (para nós à direita). Enquanto a referência de um nó (`arvore.esq` ou `arvore.dir`) não for nula, o método `inserir` continuará a ser chamado. Quando isso ocorrer, o método retornará um novo nó, que passará a fazer parte da árvore. Dessa forma, uma referência leva a outra até que se encontre um nó, vazio (nulo), que possibilite a inserção de um novo nó.

> A recursividade ocorre, nesse caso, com uma chamada interna do próprio método no qual ela está inserida.

> No programa `BArvore`, deve-se observar a visibilidade dos métodos. Esse recurso define se os métodos poderão ser chamados por outras classes ou apenas pelos métodos da própria classe nas quais estão declarados. Os métodos declarados como `public` podem ser chamados ou invocados por outros procedimentos em execução, enquanto os métodos declarados como `private`, somente dentro da própria classe.

» Os métodos `exibirNo_esq` (linha 29) e `exibirNo_dir` (linha 32) usam o mesmo princípio do método `inserirNo`. Eles não recebem parâmetros e chamam os métodos `exibir_esquerdo` ou `exibir_direito`, enviando como parâmetro o nó `Raiz`.

» Os métodos `exibir_direito` e `exibir_esquerdo` recebem como parâmetro um valor para `arv`, do tipo `BIntNo`, que é passado pelo método `exibirNo_esq` ou `exibirNo_dir`. Por meio de chamadas recursivas, buscam os nós à esquerda ou à direita da árvore. Encontrando uma referência nula, isto é, se `arv` não for diferente de nulo (linhas 16 e 21), mostra-se o valor do nó (linha 18 e 23). Esse processo garante o percurso na árvore ao recuperar e imprimir uma saída sempre na ordem ascendente de valor.

O exemplo a seguir faz a inclusão dos nós em uma árvore passando os valores de forma aleatória e exibe o resultado. Como o programa, constrói a árvore obedecendo à relação: nós à esquerda possuem valor inferior ao nó pai e nós à direita possuem valor superior. A exibição do resultado (método `exibirNo`) produz uma saída ordenada dos elementos por valor e ascendente. Lembre-se de que no exemplo é instanciado um objeto `BArvore` com o nome `arvore1`, cujo código apresentamos anteriormente.

EXEMPLO 10.18 – Classe que utiliza a árvore implementada no Exemplo 10.17.

```
1.      class usaArvore{
2.        public static void main(String[] args){
3.          BArvore arvore1 = new BArvore ();
4.          arvore1.inserirNo (14);
5.          arvore1.inserirNo (16);
6.          arvore1.inserirNo (12);
7.          arvore1.inserirNo (11);
8.          arvore1.inserirNo (17);
9.          arvore1.inserirNo (15);
10.         arvore1.exibirNo ();
11.         arvore1.inserirNo (10);
12.         arvore1.inserirNo (13);
13.         System.out.println ("Nós a esquerda");
14.         arvore1.exibirNo_esq ();
15.         System.out.println ("Nós a direita");
```

```
16.             arvore1.exibirNo_dir ();
17.        }
18.}
```

A figura a seguir representa a árvore do Exemplo 10.18 após a inserção dos nós.

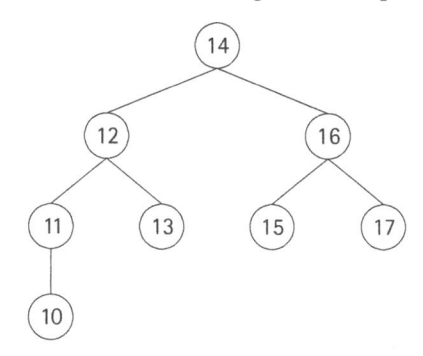

FIGURA 10.23 Representação da árvore após a inserção dos nós.

Fizemos a inclusão e exibição dos elementos em uma árvore. Agora, implementaremos a exclusão de nós. A exclusão de um nó é um processo um pouco mais complexo, uma vez que as referências ao nó excluído e a seus filhos precisam ser devidamente ajustadas.

> No Exemplo 10.19 é apresentado apenas o trecho correspondente ao processo de exclusão, mas ele é continuação do algoritmo BArvore, e o método excluirNo é continuação da classe BArvore.

EXEMPLO 10.19 – O programa a seguir faz a leitura de 10 valores em um vetor e apresenta o valor da média aritmética desses valores.

```
1.     Procedimento excluirNo(item: inteiro)
2.     var
3.        tempNo: no_arvore
4.        pai: no_arvore
5.        filho: no_arvore
6.        temp: no_arvore
7.     inicio
8.        tempNo ← raiz
9.        pai ← nulo
10.       filho ← raiz
11.       Enquanto(tempNo <> nulo .e. tempNo^.valor <> item) faça
12.          pai ← tempNo
13.          Se(item < tempNo^.valor) então
14.             tempNo ← tempNo^.esq
15.          Senão
```

```
16.            tempNo ← tempNo^.dir
17.         Fim-se
18.         Se(tempNo = nulo) então
19.            Mostre("Item não localizado")
20.         Fim-se
21.         Se(pai = nulo) então
22.            Se(tempNo^.dir = nulo)
23.               raiz ← tempNo^.esq
24.            Fim-se
25.            Se(tempNo.esq = nulo)
26.               raiz ← tempNo^.dir
27.            Fim-se
28.         Senão
29.            temp ← tempNo
30.            filho ← tempNo^.esq
31.            Enquanto(filho.dir <> nulo) faça
32.               temp ← filho
33.               filho ← filho^.dir
34.            Fim-enquanto
35.            Se (filho < > tempNo^.esq) então
36.               temp^.dir ← filho.^esq
37.               filo.^esq ← raiz.^esq
38.            Fim-se
39.            filho.^dir ← raiz.^dir
40.            raiz ← filho
41.         Fim-se
42.         Se (tempNo.^dir = nulo) então
43.            Se(pai.^esq = tempNo.^esq)
44.               pai.^esq ← tempNo.^esq
45.            Senão
46.               pai.^dir ← tempNo.^esq
47.            Fim-se
48.         Senão
49.            Se(tempNo^.esq = tempNo) então
50.               Se(pai.^esq = tempNo) então
51.                  pai^.esq ← tempNo^.dir
52.               Senão
53.                  pai^.dir ← tempNo^.dir
54.               Fim-se
55.            Senão
56.               temp ← tempNo
57.               filho ← tempNo^.esq
58.               Enquanto(filho.dir <> nulo) faça
59.                  temp ← filho
60.                  filho ← filho^.dir
```

```
61.                    Fim-enquanto
62.                    Se(filho <> tempNo.^esq) então
63.                        temp.^dir  ← filho.^esq
64.                        filho.^esq ← tempNo.esq
65.                    Fim-se
66.                    filho.^dir ← tempNo. ^dir
67.                    Se(pai^.esq = tempNo) então
68.                        pai.^esq  ← filho
69.                    Senão
70.                        pai.^dir  ← filho
71.                    Fim-se
72.                Fim-se
73.    Fim.
```

A seguir apresentamos o método `excluirNo`, que implementa o processo de exclusão.

```
1.    public void excluirNo (int item){
2.       try{
3.          BIntNo tempNo = Raiz, pai = null, filho = Raiz, temp;
4.          while (tempNo != null && tempNo.valor != item){
5.             pai = tempNo;
6.             if (item < tempNo.valor)
7.                tempNo = tempNo.esq;
8.             else
9.                tempNo = tempNo.dir;
10.         }
11.         if (tempNo == null)
12.            System.out.println ("Item nao localizado.");
13.         if (pai == null){
14.            if (tempNo.dir == null)
15.               Raiz = tempNo.esq;
16.            else if (tempNo.esq == null)
17.               Raiz = tempNo.dir;
18.            else{
19.               for (temp = tempNo, filho = tempNo.esq;
20.               filho.dir != null; temp = filho, filho = filho.dir);
21.               if (filho != tempNo.esq){
22.                  temp.dir = filho.esq;
23.                  filho.esq = Raiz.esq;
24.               }
25.               filho.dir = Raiz.dir;
26.               Raiz = filho;
27.            }
28.         } else if (tempNo.dir == null){
29.            if (pai.esq == tempNo)
30.               pai.esq = tempNo.esq;
```

```
31.              else
32.                  pai.dir = tempNo.esq;
33.          } else if (tempNo.esq == null){
34.              if (pai.esq == tempNo)
35.                  pai.esq = tempNo.dir;
36.              else
37.                  pai.dir = tempNo.dir;
38.          } else {
39.              for (temp = tempNo, filho = tempNo.esq;
40.              filho.dir != null; temp = filho, filho = filho.dir);
41.              if (filho != tempNo.esq){
42.                  temp.dir = filho.esq;
43.                  filho.esq = tempNo.esq;
44.              }
45.              filho.dir = tempNo.dir;
46.              if (pai.esq == tempNo)
47.                  pai.esq = filho;
48.              else
49.                  pai.dir = filho;
50.          }
51.      } catch (NullPointerException erro) {
52.          //Item nao encontrado
53.      }
54.  }
55. }
```

» O método `excluirNo (int item)` recebe como parâmetro o valor do elemento a ser excluído. No trecho entre as linhas 4 e 10, faz-se a busca nos diversos nós da árvore, comparando o valor fornecido (`item`) com o valor do nó. Posteriormente, são tratadas as diversas possibilidades, conforme segue:

» linha 11 — se `tempNo` for nulo, significa que a árvore foi percorrida totalmente e o valor não foi encontrado;

» linha 13 — se `pai` for nulo, significa que o nó pesquisado se encontra na própria raiz e a condição da linha 4 não foi satisfeita, ou seja, o valor de `tempNo` é igual a `item`, que é o valor pesquisado;

» linha 14 — se `tempNo.dir` for nulo, significa que o nó não possui filho à direita, bastando atribuir a `Raiz` o nó à esquerda, dado por `tempNo.esq`;

» linha 16 — se `tempNo.esq` for nulo, significa que o nó não possui filho à esquerda, bastando atribuir a `Raiz` o nó à direita, dado por `tempNo.dir`;

» linha 20 — se o nó tiver filhos à esquerda e à direita, executa-se o laço `for` à linha 19, que busca pelo elemento mais à direita do ramo esquerdo da árvore (maior valor em relação à raiz que será excluída). Esse elemento é trocado pela raiz, e as referências, ajustadas. Isso pode ser mais bem visualizado pelo esquema a seguir, que usa os valores do Exemplo 10.18.

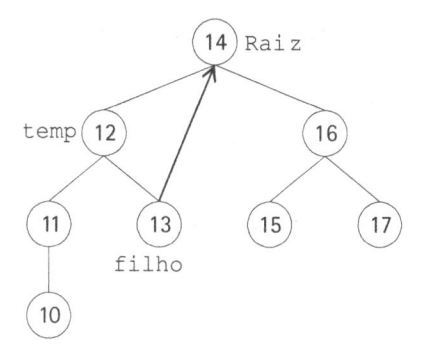

FIGURA 10.24 Representação da exclusão de um elemento da árvore.

» linha 28 — se `pai` não for nulo (condição `senão` do `if` à linha 38), significa que o nó a ser excluído não é o nó raiz;
» linha 29 — se o nó a ser excluído não possuir filho à direita, a referência do nó pai é trocada pela do nó a ser excluído;
» linha 33 — se o nó a ser excluído não possuir filho à esquerda, a referência do nó pai é trocada pela do nó a ser excluído;
» linha 38 — se o nó a ser excluído possuir filhos à esquerda e à direita, é utilizado procedimento semelhante à exclusão do nó raiz, porém, nesse caso, devem ser ajustadas as referências do pai do nó a ser excluído.

Usando os valores do Exemplo 10.18, pode-se visualizar esquematicamente, pela figura a seguir, como o rearranjo da árvore é realizado.

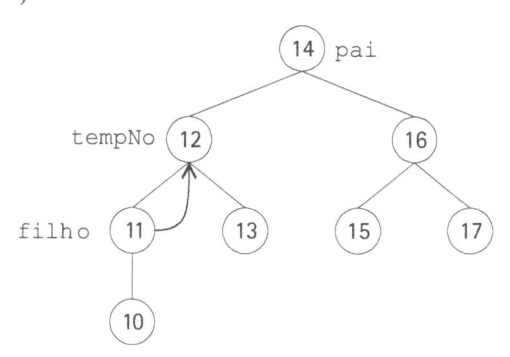

FIGURA 10.25 Representação da exclusão de um elemento da árvore.

Neste exemplo o ramo esquerdo do nó a ser excluído não possui nó à direita. A busca pelo nó mais à direita (linha 39) retorna como `filho` o nó à esquerda de `tempNo`, pela própria condição do laço. De fato, esse nó representa o maior valor dos elementos do ramo esquerdo do nó a ser excluído.

Para entender o funcionamento do processo é importante simular graficamente a entrada de valores e a construção da respectiva árvore. A modificação na ordem e na quantidade dos valores de entrada e dos nós excluídos dará uma idéia mais clara do comportamento assumido para cada caso.

O exemplo a seguir implementa a entrada de valores, a exclusão de um nó e a exibição dos nós da árvore antes e depois da exclusão.

EXEMPLO 10.20 – Programa que utiliza a árvore binária criada nos exemplos 10.18 e 10.19.

```
1.   class Exemplo1020{
2.     public static void main(String[] args){
3.       BArvore2 arvore1 = new BArvore2 ();
4.       /* inserção de nos na arvore */
5.       arvore1.inserirNo (14);
6.       arvore1.inserirNo (16);
7.       arvore1.inserirNo (12);
8.       arvore1.inserirNo (11);
9.       arvore1.inserirNo (17);
10.      arvore1.inserirNo (15);
11.      arvore1.inserirNo (10);
12.      arvore1.inserirNo (13);
13.
14.      /* exibição dos nós da árvore */
15.      arvore1.exibir_raiz();
16.      System.out.println("Nós a esquerda");
17.      arvore1.exibirNo_esq();
18.      System.out.println("Nós a direita");
19.      arvore1.exibirNo_dir();
20.
21.      /*  exclusao de um nó */
22.      System.out.println("Valor excluído 12");
23.      arvore1.excluirNo(12);
24.
25.      /* exibicao da árvore após a exclusão */
26.      System.out.println("Exibicao da arvore após a exclusão");
27.      arvore1.exibir_raiz();
28.      System.out.println("Nós a esquerda");
29.      arvore1.exibirNo_esq();
30.      System.out.println("Nós a direita");
31.      arvore1.exibirNo_dir();
32.    }
33.  }
```

10.7 EXERCÍCIOS PARA FIXAÇÃO

1. Leia cem números e construa uma pilha apenas com os números pares.

2. Utilizando a estrutura de uma pilha, leia uma palavra ou frase e exiba-a na ordem inversa.

3. Considere que o usuário fará a entrada de valores (números e operadores) que representarão uma expressão matemática. A expressão poderá conter parênteses para isolar as operações. O programa deverá verificar se todos os parênteses estão fechados. Para isso, represente o empilhamento dos "(' e ')"; cada vez que um par for formado deverá ser desempilhado, e se sobrar algum elemento na pilha significará que a expressão não está correta.

4. Descreva a saída da seguinte seqüência sobre a pilha:

   empilha(5), empilha(3), desempilha(), empilha(2), empilha(8), desempilha(), desempilha(), empilha(9), empilha(1), desempilha(), empilha(7), empilha(6), desempilha(), desempilha(), empilha(4), desempilha(), desempilha().

5. Cite e justifique pelo menos três atividades realizadas em computadores que requeiram o uso de pilhas.

6. Escreva uma fila com implementação por meio de arranjos, cuja capacidade seja para quatro elementos. Na fila, deverão ser enfileirados apenas os números ímpares.

7. Considerando a solução do Exercício 6, faça o teste da seqüência abaixo, indicando o valor da saída e o resultado da fila.

   Instruções: na coluna "saída", mostre uma das mensagens: Valor enfileirado, Valor não atende à condição, Erro! Fila cheia, Erro! Fila vazia, Verdadeiro, Falso; na coluna "resultado da fila", mostre todos os elementos da fila na passagem.

Operação	Saída	Resultado da fila
desenfileirar( )		
enfileirar(5)		
enfileirar(8)		
desenfileirar( )		
enfileirar(7)		
enfileirar(4)		
enfileirar(1)		
enfileirar(3)		
desenfileirar( )		
desenfileirar( )		
desenfileirar( )		
vazio( )		
enfileirar(9)		
enfileirar(7)		
tamanho( )		
enfileirar(13)		
enfileirar(15)		
desenfileirar( )		

8. Cite e justifique pelo menos três atividades realizadas em computadores que requeiram o uso de filas.

9. Crie uma lista com os itens que você precisa comprar, podendo ser material de escritório ou produtos para sua casa. Faça o pseudocódigo e a implementação em Java de forma que, à medida que os itens forem adquiridos, possam ser removidos da lista.

10. Implemente o Exercício 7 utilizando o conceito de lista simples.

11. Implemente o Exercício 2 utilizando o conceito de listas duplamente encadeadas.

12. Construa uma árvore binária com valores numéricos inteiros e:

a) crie uma rotina para inserir valores na árvore;

b) crie uma rotina para excluir elementos de uma árvore;

c) crie uma função para mostrar a quantidade de elementos na árvore.

13. Considere uma árvore binária cuja raiz é o valor 59, desenhe a árvore correspondente para a seqüência numérica {103, 48, 33, 51, 28, 33, 49, 38, 79, 1, 235, 121, 223, 161}.

14. Escreva o algoritmo para representar a árvore do Exercício 13.

15. Escreva um algoritmo para retornar a quantidade de nós da árvore do exercício anterior.

16. Escreva um algoritmo para possibilitar ao usuário a inclusão de novos nós à árvore criada no Exercício 14.

17. Escreva um algoritmo que possibilite ao usuário solicitar a exclusão de um nó na árvore criada no Exercício 14.

18. Escreva um algoritmo para recuperar um determinado nó da árvore e exibir os seus antecessores até a raiz.

19. Crie uma lista duplamente encadeada para receber nomes.

a) Escreva um algoritmo para inserir um novo nó.

b) Escreva um algoritmo para excluir um determinado nó, cujo valor deverá ser fornecido pelo usuário.

20. Escreva um algoritmo para ordenar os elementos da lista anterior.

10.7 EXERCÍCIOS COMPLEMENTARES

1. Uma determinada loja que presta serviços relacionados a telefonia celular está sofrendo muitas críticas de seus clientes, os quais perdem muito tempo nas filas para atendimento. Com o objetivo de desenvolver um plano de ação para melhoria do atendimento ao cliente, com a diminuição do tempo de espera nas filas, o responsável pela loja contratou você para desenvolver um estudo sobre as filas. Para isso, solicitou que desenvolvesse uma simulação do atendimento. Na loja existem 4 atendentes, e a cada minuto chegam entre 3 e 11 clientes; cada atendente demora entre 5 e 15 minutos para atender um cliente. Para cada atendente existe uma fila; os clientes escolhem aquela que está vazia ou com menos pessoas. Para cada cliente que entra na fila, deve-se registrar quanto tempo ficou na fila, (diferença entre o horário que chegou na fila e horário de atendimento). O algoritmo ou programa deverá informar o tempo médio que cada cliente permaneceu na fila e o total de atendimentos realizados por atendente.

2. A conversão de um valor decimal para o seu correspondente em binário é feita pelas sucessivas divisões dele por 2 até que o quociente seja 0. O representante binário desse número será composto por todos os restos, mas na ordem inversa à que foram calculados. Elabore um algoritmo e um programa capazes de resolver essa questão utilizando o conceito de pilhas. O número deverá ser fornecido pelo usuário.

3. Construa um algoritmo/programa que administre as filas de reservas de filmes em uma videolocadora, levando em conta que para cada filme existem sete filas — uma para cada dia da semana — e é o usuário quem determina qual é o dia da semana de sua preferência para alugar o filme. O cliente é informado da disponibilidade da fita, e quando é confirmada, a sua locação ele deve sair da fila. O número de cópias de cada fita não deverá ser considerado nessa solução, devendo ser considerada uma fita de cada filme.

4. Considere um labirinto qualquer, representado por uma matriz 20 × 20 e crie um programa/algoritmo para:
   a) encontrar um caminho entre o ponto de entrada e saída;
   b) armazenar as posições já percorridas;
   c) ser capaz de retornar em um caminho que não tem saída.

   Observações: o usuário deve escolher o caminho a ser percorrido via console; para isso, defina padrões de movimentação, por exemplo, direita, esquerda, acima e abaixo.

5. Crie uma árvore para armazenar os elementos da seguinte expressão matemática: A + B * C – D / E. Cada letra ou símbolo matemático deverá ocupar a posição de um elemento. O arranjo dos elementos deve seguir uma ordem que gere uma saída representando a ordem em que a expressão deve ser executada, considerando a precedência dos operadores.

6. Crie uma árvore que receba palavras. O programa/algoritmo deve contar as palavras, as quais deverão ser inseridas pelo usuário por meio do teclado. Deve ser criado um menu com as opções para: inserir uma nova palavra, excluir uma palavra fornecida pelo usuário e exibir a árvore.

7. Uma palavra é um palíndromo se a seqüência de letras que a forma é a mesma quando lida da esquerda para a direita ou vice-versa, por exemplo, arara. Escreva um algoritmo que leia palavras e retorne .v. para palíndromos e .f. para não-palíndromos.

8. Considere a pilha p1 contendo números inteiros dispostos aleatoriamente. Utilizando outra(s) pilha(s), construa uma função para determinar o maior e o menor dos números contidos na pilha p1.

9. No jogo Torre Hanoy o objetivo é mover os discos da haste A para a haste C mantendo a mesma ordem. Em hipótese nenhuma um disco maior poderá ficar sobre um menor. Para que um disco seja movido de A para C, deve-se passar pelo pino B e vice-versa.

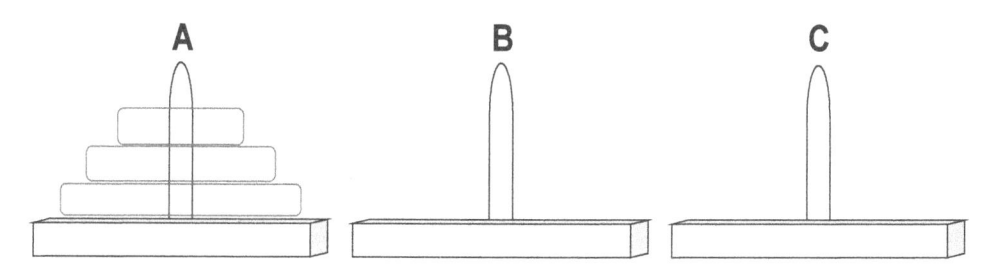

Escreva uma aplicação que implemente este jogo utilizando pilhas. Esta aplicação deve:
a) Inicializar os pinos (o primeiro deve conter 3 discos, os demais ficam vazios);
b) Criar um método para representar o movimento de um disco de uma haste (pilha) para outra, avaliando se a jogada é legal ou ilegal.

10. Utilizando o conceito de pilhas, avalie se o aninhamento de expressões delimitadas por "{ }", "( )" e "[ ]" está correto. Exemplos:
x = b + (c − d) * (e − f)
Mostre ("Sandra Puga")

Apêndice — Um pouco sobre o Java

Java é uma linguagem de programação desenvolvida pela Sun Microsystems, lançada no mercado em 1995, tendo como base a orientação a objetos e a portabilidade.

ALGUMAS CARACTERÍSTICAS

- Orientação a objetos — O Java é uma linguagem puramente orientada a objetos. Tudo nela, com exceção dos tipos primitivos de dados, são classes, interfaces ou instâncias de classes. Obedece aos princípios básicos da abstração, encapsulamento e herança.
- Portável — Seus programas, a princípio, podem ser executados em qualquer plataforma operacional. Isso porque a compilação produz um código intermediário, em bytecodes, que é executado em uma máquina virtual (JVM – *Java Virtual Machine*) implementada por software e associada à plataforma.
- Ausência de ponteiros — O Java não permite nem a manipulação direta de endereços de memória, nem a destruição de objetos. Tudo é feito automaticamente pela JVM.
- Desempenho — Seu código de programação é interpretado, o que garante maior velocidade de desenvolvimento e portabilidade, possuindo um alto desempenho. O Java é uma linguagem compilada e interpretada, aproveitando o melhor de cada uma das estratégias.
- *Multithreading* — Permite a execução de várias rotinas ao mesmo tempo, sendo cada fluxo de execução chamado de um *thread*; característica importante para aplicações complexas.

A linguagem de programação Java possui um ambiente de desenvolvimento e um ambiente de aplicativos. Ela resulta da busca de uma linguagem com as características do C++ aliadas à segurança do Smalltalk.

O JVM cria uma máquina imaginária, implementada por meio da emulação de um software executado em uma máquina real. Possui como funções: carregar de forma segura todas as classes do programa para execução; verificar se os bytecodes aderem às especificações da JVM e se não violam a integridade e segurança do sistema; e interpretar o código para a plataforma em questão.

O JVM possui o recurso da coleta de lixo automática (*garbage collection*), utilizado para evitar os chamados "vazamentos de recursos". Quando não houver mais referências a um objeto, ele é marcado para coleta de lixo pela JVM. A memória ocupada por esse objeto pode ser requerida pela máquina virtual quando o coletor de lixo (*garbage collector*) é executado.

AMBIENTE DE DESENVOLVIMENTO JAVA

O desenvolvimento de uma aplicação Java passa por uma seqüência de etapas, que vai da edição do programa à compilação, à carga das classes, à verificação e à execução, conforme Figura A.1.

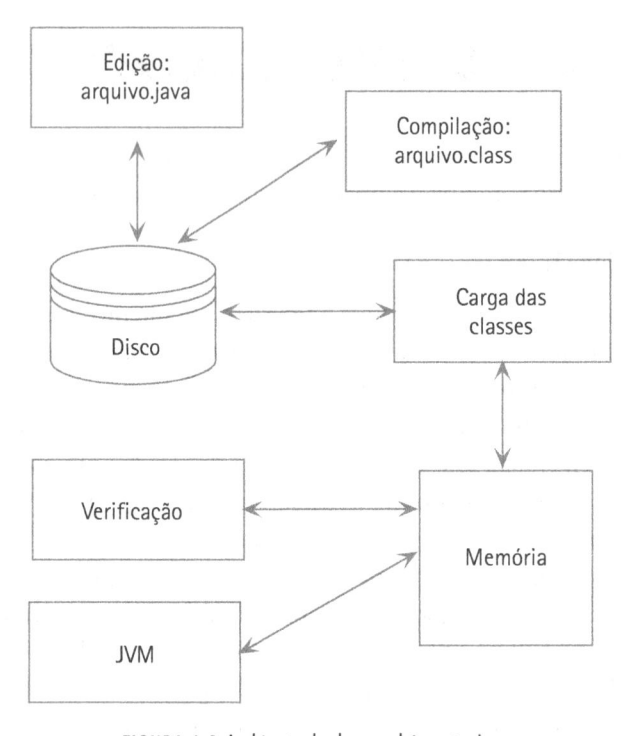

FIGURA A.1 Ambiente de desenvolvimento Java.

O programa Java é criado em um editor e armazenado no disco em um arquivo com a extensão .java. O compilador faz a verificação de erros no código-fonte e, uma vez correto, cria os bytecodes e os armazena no disco em um arquivo com a extensão .class.

Em tempo de execução, o carregador de classes lê o arquivo .class do disco e o armazena na memória; o verificador de bytecodes confirma que todos são válidos e não violam restrições de segurança do Java. Para executar o programa, o JVM lê os bytecodes e os traduz para uma linguagem que o computador possa "entender".

Para desenvolver e compilar os programas, será necessário utilizar o Java Development Kit (JDK), um ambiente de desenvolvimento que, além das ferramentas de compilação, contém todos os elementos básicos da plataforma Java, que pode ser baixado gratuitamente do site da Sun (www.sun.com). Poderão ser utilizados, também, os ambientes integrados de desenvolvimento, que costumam integrar os recursos do JDK a ferramentas de edição e compilação, os quais não serão tratados aqui.

INSTALANDO O J2SE DEVELOPMENT KIT (JDK)

Para fazer o download do instalador do JDK, basta acessar o site da Sun (www.sun.com) e selecionar a guia Downloads, que abre uma lista na qual deve-se clicar em *Java SE (Standard Edition)*. Uma nova página será aberta e então deve-se clicar no botão correspondente ao **Java SE Development Kit (JDK) 6**. Selecione a plataforma e aceite os termos da licença para prosseguir. Outra página será aberta, com um link que permite baixar o arquivo executável de instalação.

Depois de fazer o download, dê um clique duplo no programa para iniciar a instalação. A janela de abertura do instalador (Figura A.2) é exibida e você deve aguardar que o assistente termine a configuração.

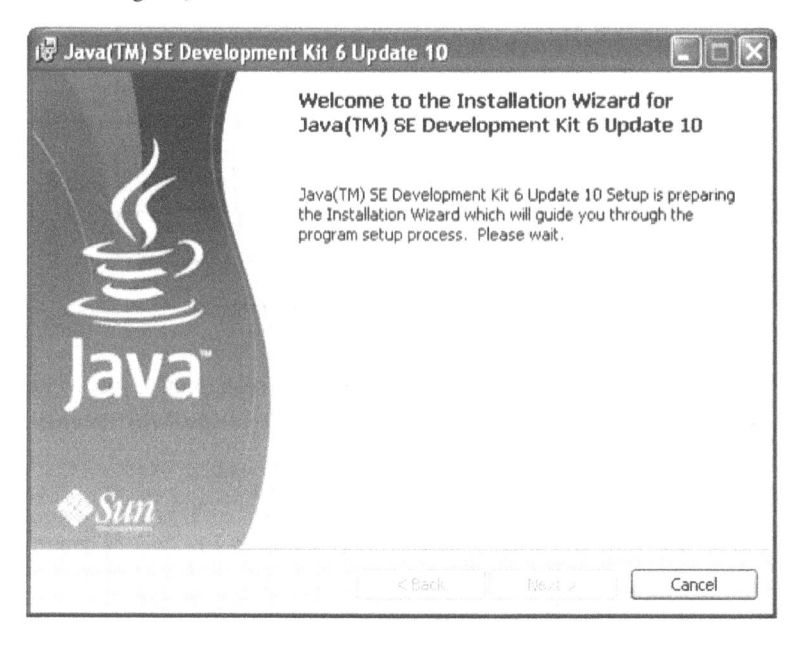

FIGURA A.2 Tela de abertura do instalador (JDK).

Siga os passos de instalação, lendo e aceitando o contrato de licença; escolhendo o diretório de instalação para o JDK; escolhendo o diretório de instalação do Java Runtime Environment (JRE) e selecionando o navegador. Selecionar o navegador significa aceitar que ele use o JRE instalado como ambiente de execução. Para a escolha dos diretórios de instalação, recomenda-se que sejam utilizadas as opções padrão.

A última etapa da instalação é configurar a variável de ambiente *Path* no computador, que serve para especificar os diretórios que devem ser pesquisados para procurar aplicativos que permitem compilar (javac.exe) e executar os programas (java.exe), por exemplo. Para isso, seguir os passos:

1. Abrir a janela **Propriedades do sistema**, clicar na guia **Avançado** e clicar no botão **Variáveis de ambiente**.

FIGURA A.3 Caixa Variáveis de ambiente.

2. Role para baixo a caixa **Variáveis do sistema** para selecionar a variável **Path**. Clique no botão **Editar**, o que fará com que a caixa **Editar variável do sistema** apareça.

FIGURA A.4 Caixa Editar variável do sistema.

3. Mova o cursor para o início da lista e digite o diretório que você escolheu para instalação do JDK. Supondo a instalação padrão, seria incluída a seguinte linha:

```
C:\Arquivos de Programas\Java\jdk1.6.0_05\bin;
```

Clique no botão **OK** para completar a alteração, fechando as demais caixas de diálogo usando **OK** para confirmar.

Após a instalação, a pasta `bin` contém os arquivos executáveis (binários) necessários à compilação e execução dos programas, cujo conteúdo pode ser acessado de qualquer ponto do computador, motivo pelo qual se configura a variável de ambiente *path*.

COMPILADOR JAVAC

O código-fonte de um programa Java — um arquivo com a extensão .java — contém instruções de alto nível, em uma linguagem que o homem é capaz de compreender, mas a máquina não. Portanto, esse código precisa ser compilado ou traduzido para uma linguagem que permita a execução pelo computador. O arquivo responsável pelo processo de compilação em Java é o Java *compiler*, chamado `javac.exe`.

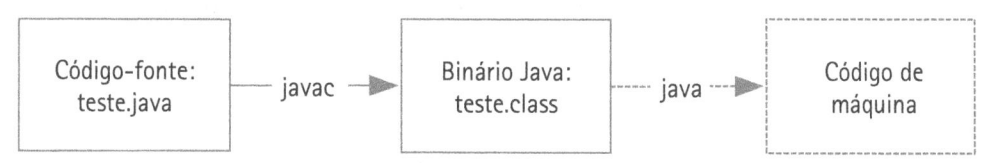

```
Código-fonte:    javac    Binário Java:    java    Código de
teste.java       ────▶    teste.class      ┄┄▶     máquina
```

FIGURA A.5 O processo de compilação.

O `javac` gera, do código-fonte, um arquivo de bytecodes, que terá o mesmo nome do arquivo-fonte, mas com a extensão .`class`. Por exemplo, um arquivo de código chamado `teste.java` terá como resultado da compilação a geração de um arquivo com o nome `teste.class`.

Para compilar um arquivo usando uma interface de linha de comando, basta digitar `javac` e o nome do arquivo. Por exemplo, no prompt de uma janela DOS, deve ser digitado:

```
C:\> javac teste.java
```

Existem algumas opções que podem ser utilizadas para compilar o programa, com a sintaxe `javac [opções] arquivo [arquivo...]`. Essas opções são relacionadas a seguir:

» `classpath path[;...]` — localização das classes já definidas. Sobrepõe a variável de ambiente Classpath, que indica o caminho-padrão das classes da linguagem;
» `d dir` — especifica o diretório raiz onde as classes compiladas serão armazenadas;
» `depend` — efetua a compilação de todos os arquivos que dependem do código-fonte que está sendo compilado. Sem esta opção, são compilados apenas os arquivos cujas classes são invocadas no arquivo que está sendo compilado;
» `deprecation` — ativa as mensagens de advertência que indicam os membros ou as classes que estão em desuso;
» `g` — cria tabelas de *debugging* que serão usadas pelo *debugger*. Contém informações como variáveis locais e números de linha. A ação-padrão do compilador é somente gerar números de linhas. A opção `-g:nodebug` suprime a geração dos números de linha;
» `Jopção` — passa a string opção como argumento para o interpretador que executará esse código. A string opção não pode conter espaços em branco e o argumento **-J** pode ser utilizado várias vezes;
» `o` — otimiza o código compilado para gerar programas mais rápidos. Na versão 1.1, inclui o código de todos os métodos, em vez de simplesmente invocá-los (call), aumentando o tamanho dos arquivos compilados;

- » `nowarn` — desativa as mensagens de advertência que informam problemas potenciais com o código-fonte;
- » `sourcepath path[;...]` — especifica a localização de outros códigos-fonte que podem ser necessários para a compilação;
- » `target` versão — especifica a JVM destino do código compilado, podendo ser: 1.1, 1.2 ou 1.3. O valor-padrão é 1.1, ou seja, executa em qualquer JVM;
- » `verbose` — mostra informações adicionais sobre a compilação, ao contrário do -nowarn.

INTERPRETADOR JAVA

Usado para executar as aplicações, bastando digitar no prompt da linha de comando a palavra `java`, seguida do nome do programa. Essa instrução aciona o interpretador `java.exe`, previamente instalado na pasta `bin`. Seguindo o exemplo anterior, seria digitado:

```
C:\> java teste
```

É importante digitar o nome correto do arquivo com as letras maiúsculas correspondentes, se houver, já que existe uma sensibilidade ao uso de letras maiúsculas e minúsculas nos nomes.

PALAVRAS RESERVADAS

No Capítulo 4, foi abordado o assunto identificadores de variáveis (nomes). Repetindo, não devem ser utilizadas palavras reservadas à linguagem de programação. A seguir são apresentadas as palavras reservadas da linguagem Java.

abstract	else	interface	switch
boolean	extends	long	synchronized
break	false	native	this
byte	final	new	throw
case	finally	null	throws
catch	float	package	transient
char	for	private	true
class	goto	protected	try
const	if	public	void
continue	implements	return	volatile
default	import	short	while
do	instanceof	static	
double	int	super	

Essas palavras não podem ser usadas como nomes de variáveis, métodos, interfaces ou classes.

VARIÁVEIS

A declaração de variáveis em Java pode ser feita em qualquer parte do programa, e a variável pode ser declarada e inicializada. Para relembrar os tipos de dados em Java, consulte o Capítulo 4.

Exemplos:

```
byte idade;
short a1;
int i = 100;
long l = 5000; // l: identificador long
float v1,v2=4.578f; // f:identificador float
double d = 5,02e19; // notação científica
char h = 'h';
boolean resposta = true;
/* String são objetos, mas podem ser inicializados como tipos
primitivos */
String cadeia = "String em Java não é tipo primitivo";
```

As variáveis podem ser declaradas dentro de uma classe. São as chamadas **variáveis membro**, que podem ser acessadas por qualquer conjunto de instruções da classe. Já as variáveis declaradas dentro de um dos métodos da classe são chamadas de variáveis locais.

MODIFICADORES DE VARIÁVEIS

Os modificadores são palavras-chave que alteram a visibilidade das variáveis, restringindo seu acesso para leitura e alteração.

private — a variável só é visível pela classe;
protected — a variável só é visível para a classe onde foi criada e para suas herdeiras;
public — a variável é visível por todos;
static — a variável será chamada pelo nome da classe e não por um objeto dela;
final — a variável não pode ter seu valor alterado, pois é uma constante;
sem modificador — podem ser utilizadas apenas no mesmo pacote.

MODIFICADORES DE CLASSES

A exemplo dos modificadores para as variáveis, as classes possuem os seus, que atuam de forma bastante semelhante.

abstract — não pode ser instanciada. Esse modificador é utilizado para definir apenas superclasses genéricas;
final — não permite definição de subclasses;
private — pode ser utilizada apenas na classe externa;
protected — pode ser utilizada apenas no mesmo pacote ou em subclasses da classe externa;
public — pode ser instanciada e utilizada livremente, mesmo na classe interna;
sem modificador — pode ser instanciada e utilizada apenas no mesmo pacote.

Modificadores de métodos e variáveis membro

abstract — não podem ser definidos nem métodos, nem variáveis membro;
final — os métodos não podem ser sobrescritos; é utilizado para declarar constantes;

`native` — é utilizado para a definição de métodos em código nativo. Não se aplica a variáveis membro;

`private` — os métodos e as variáveis membro podem ser chamados apenas na classe;

`protected` — os métodos e as variáveis membro podem ser chamados apenas no mesmo pacote e em subclasses; as variáveis membro seguem o mesmo padrão;

`public` — pode ser chamado livremente e as variáveis membro podem ser utilizadas livremente;

`static` — tanto os métodos como as variáveis membro podem ser invocados do nome da classe;

`synchronized` — para métodos, não permite acesso simultâneo a programas *multithread*. Não se aplica a variáveis membro;

`transient` — não se utiliza em métodos e não há persistência em variáveis membro;

`volatile` — não é aplicável à definição de métodos e em variáveis membro não permite *cache*.

COMENTÁRIOS

Como boa prática de programação, é importante a escrita de textos no meio do código do programa para explicar detalhes sobre o funcionamento de terminado trecho. Isso é denominado comentário e é um recurso muito utilizado para documentar partes do código. Em Java, os comentários podem ser feitos de três maneiras:

`//` — para uma linha de comentário, por exemplo: `// comentário`

`/*` — para um trecho de comentários mais longo. O trecho deve ser delimitado pela seqüência de `/*` e `*/`, por exemplo: `/* comentário */`

`/**` — para documentação. O trecho deve ser delimitado, por exemplo: `/** trecho */`

Todos os trechos marcados como comentário são desconsiderados pelo compilador.

PRECEDÊNCIA DE OPERADORES

Os operadores são mostrados em ordem de precedência, de cima para baixo.

Operador	Descrição
`++ -- + - ~ !` `(cast)`	Operadores unários de pós-incremento, pós-decremento, negação e cast
`* / %`	Operadores binários de multiplicação, divisão e módulo
`<< >> >>>`	Deslocamento de bits
`< > <= >= instanceof`	Operadores relacionais e de tipo
`== !=`	Relacional igual e não-igual
`&`	E lógico booleano
`^`	OU lógico booleano exclusivo
`|`	OU inclusivo lógico booleano
`&&`	E condicional
`||`	Ou condicional
`?:`	Condicional
`= += -= *= /= %= &=` `^= |= <<= >>= >>>=`	Operadores de atribuição

PACOTES DA API DO JAVA

Java possui muitas classes predefinidas que são agrupadas em categorias denominadas pacotes (*packages*), referenciados como Application Programming Interface (API) ou bibliotecas do Java. Para especificar que um programa usa uma determinada classe de um pacote, incluímos a declaração:

```
Import javax.swing.JOptionPane;
```

Essa declaração permite ao programador instanciar objetos da classe, usar seus métodos, simplificando a representação no código.

Um ponto forte do Java é a grande disponibilidade de pacotes e o número disponível no J2SE Development Kit (JDK) é enorme. Além dos pacotes básicos possui muitos outros, para imagens gráficas, interfaces gráficas, impressão, rede, segurança, processamento de banco de dados, multimídia etc., que podem ser baixados do site.

A Sun disponibiliza a documentação dos pacotes existentes, suas classes, métodos com os tipos de parâmetros e tipo de retorno e sua finalidade. Essa documentação pode ser acessada no endereço: http://java.sun.com/j2se/1.5.0/docs/api/ para consulta on-line ou pode ser baixada para acesso local. A Figura A.6 mostra um detalhe de como essa documentação é apresentada, destacando-se os quadros onde aparecem os pacotes, as classes do pacote selecionado e a documentação da classe JOptionPane.

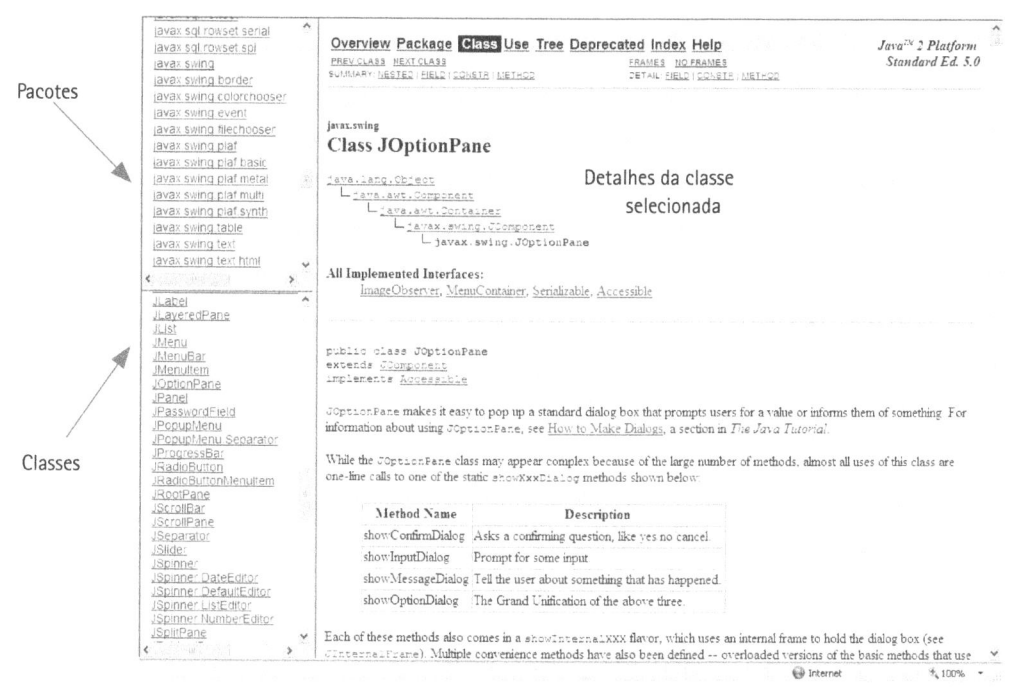

FIGURA A.6 Página da API do Java.

Um conjunto de pacotes da linguagem com sua finalidade está relacionado na Tabela A.1, para que se possa ter uma idéia da forma como estão organizados e de seu conteúdo.

TABELA A.1 Parte dos pacotes da API do Java

Pacote	Descrição
java.applet	Contém uma classe e várias interfaces para trabalhar com applets, que são programas que executam nos navegadores da Internet
java.awt	O Abstract Window Toolkit contém as classes e interfaces necessárias para manipular janelas gráficas nas versões Java 1.0 e 1.1. Atualmente substituído pelo javax.swing
java.io	O Java Input/Output possui as classes e interfaces que permitem aos programas operar com entrada e saída de dados
java.lang	O Java Language contém as classes básicas da linguagem, utilizadas na maioria dos programas e é importada automaticamente pelo compilador
java.net	Java Networking é um pacote que possui classes e interfaces que possibilitam aos programas comunicarem-se pela rede de computadores e Internet
java.text	O Java Text é formado pelas classes e interfaces que permitem aos programas manipular números, datas, caracteres e strings
java.util	Java Utilities é um pacote de classes e interfaces que possibilitam a manipulação de data e hora, processamento de números aleatórios, processamento de grandes quantidades de dados e operações em strings
java.swing	O pacote Java Swing contém classes e interfaces para componentes gráficos portáveis

Bibliografia

AHO, Alfred V.; HOPCROFT, John E.; ULLMAN, Jeffrey D. *Data structures and algorithms*. Massachusetts: Addison-Wesley, 1987.

BERLINSKI, David. *O advento do algoritmo: a idéia que governa o mundo*. São Paulo: Globo, 2000.

DEITEL, Harvey M.; DEITEL, Paul J. *Java como programar*. 6ª ed. São Paulo: Prentice Hall, 2007.

FORBELLONE, André L. V.; EBERSPÄCHER, Henri F. *Lógica de programação*. São Paulo: Makron Books, 2000.

HORSTMANN, Cay S.; CONELL, Gary. *Core Java 2*: volume I – fundamentos. São Paulo: Makron Books, 2001.

SZWARCFITER, Jayme L.; MARKENZON, Lilian. *Estruturas de dados e seus algoritmos*. Rio de Janeiro: LTC, 2003.

TANENBAUM, Andrew S. *Organização estruturada de computadores*. 5ª ed. São Paulo: Prentice Hall, 2007.

WIRTH, Niklaus. *Algoritmos e estruturas de dados*. Rio de Janeiro: LTC, 1999.

ZIVIANI, Nívio. *Projeto de algoritmos: com implementações em Pascal e C*. São Paulo: Pioneira, 1995.

Índice remissivo

A

Algoritmo(s)
    de busca, 144-154
    conceitos básicos sobre, 35-47
    constantes, 39
    dados, tipos de, 36-37
    de ordenação por trocas (ou método da bolha), 136-144
    definição de, 3, 9
    e escopo de variáveis, 121-122
    função dos, 10
    funções de, 122-127
    operadores, 39-45
    parâmetros, 127-130
    procedimentos (ou sub-rotina), 111-121
    tabela-verdade, 41-42
    tipos de, 11
    e variáveis, 38

Argumentos
    dedutivos, 2
    indutivos, 1-2

Arquivo(s), 144
    operações de manipulação de, 160-195
    seqüenciais, 146-165
    operação de consulta, 159-160
    operação de exclusão, 176-180
    operação de inclusão, 181-185
    de acesso aleatório, 185-188
    operação de alteração, 172-177
    de acesso aleatório (randômico ou direto), 188-192
    seqüenciais, 159
    arquivo-texto, 158

Árvore(s), 232-244
    características de uma, 233
    representação da,
        após a inserção de nós, 244
        exclusão de um elemento da, 243

C

Compilador javac, 253

D

Descrição narrativa, 11
Desempilhamento, 227
Diagrama de blocos. *Veja* Fluxograma
Diagrama de Chapin, 11
Diagrama Nassi-Shneiderman. *Veja* Diagrama de Chapin
Diagrama N-S. *Veja* Diagrama de Chapin

E

Empilhamento, 227
Estruturas de dados
    indexadas, 84-100
    matrizes, 100-107

F

FIFO (primeiro que entra, primeiro que sai — PEPS), 219
Fila(s), 219-226
Fluxograma, 13-14
    definição de, 13
    sentido, 14-15
    simbologia, 13-14

H

Hardware
    definição de, 3

J

Java, linguagem de programação, 249-258
    ambiente de desenvolvimento, 250

características, 246
coleta de lixo, 249
JDK (Java Development Kit), 250
JVM (Java Virtual Machine), 249-250

L

Laço, 70
LIFO (último a entrar, primeiro a sair — UEPS), 226
Lista(s), 198-218
    encadeadas, 198
    tipos de, 200
Lógica, 1-3
    aplicada à informática, 2-4
    definição de, 1
Lógica computacional
    entrada, 49
    estruturas de repetição, 69-78
    estruturas de seleção ou decisão, 56-68
    saída, 50-56

M

Memória RAM, 38
Método da bolha. *Veja* Algoritmo de ordenação por trocas
Modificadores, 255

O

Objeto(s), 21
    herança, 30-31
    instância de, 30

Operação
    de exclusão, 176. *Veja* Desempilhamento
    de inserção, 181. *Veja* Empilhamento

P

Pascal, 11, 21-22, 85
Pilha(s), 226-232
    conceito de, 226
    implementada com arranjo, 220
Português estruturado. *Veja* Pseudocódigo
Programação
    código-fonte, 20
    conceitos de, 19-34
    compilação ou interpretação, 20
    linguagens de, 20
    tipos de, 22
Pseudocódigo, 11

R

Recursividade, 238

S

Software
    definição de, 2
Sun Microsystems, 238

T

Tabela-verdade, 241-42
Técnicas de refinamento
    bottom-up, 111
    top-down, 111

Sobre os autores

SANDRA PUGA é tecnóloga em processamento de dados, pós-graduada em sistemas de informação, mestre em comunicação e semiótica e doutora em engenharia elétrica pela Universidade de São Paulo.

Leciona em cursos técnicos e universitários, trabalhou com desenvolvimento de software e atualmente se dedica à área acadêmica, tendo coordenado cursos de graduação na área de informática, equipes técnicas e projetos de pesquisa e desenvolvimento de software.

Tem especial interesse em educação baseada em Web, bancos de dados e linguagens de programação.

GERSON RISSETTI é tecnólogo em processamento de dados, pós-graduado em sistemas de informação e mestre em energia, área de concentração: softwares aplicados. Possui especial interesse na modelagem de sistemas com o uso de ferramentas Case — *computer-aided software engineering* — e linguagens orientadas a objetos.

Foi pesquisador na Escola Politécnica da Universidade de São Paulo e prestou serviços na Secretaria de Energia do Estado de São Paulo, Comissão de Serviços Públicos de Energia, em desenvolvimento e implementação de sistemas. Além de professor universitário em cursos de graduação e pós-graduação, é consultor em modelagem e otimização de processos e segurança da informação.